浙江省普通高校"十三五"新形态教材

Econometrics Course

计量经济学教程（第2版）

主　编◎樊丽淑　李　浩

副主编◎朱孟进　王　培　刘吉斌

　　　　陶海飞　李雪艳　郑秋红

ZHEJIANG UNIVERSITY PRESS

浙江大学出版社

·杭州·

图书在版编目（CIP）数据

计量经济学教程 / 樊丽淑,李浩主编. —2 版. —
杭州：浙江大学出版社，2023.8
ISBN 978-7-308-21833-7

Ⅰ.①计… Ⅱ.①樊… ②李… Ⅲ.①计量经济学—
教材 Ⅳ.①F224.0

中国版本图书馆 CIP 数据核字（2021）第 204692 号

计量经济学教程(第 2 版)

主　　编　樊丽淑　李　浩

副主编　朱孟进　王　培　刘吉斌　陶海飞　李雪艳　郑秋红

责任编辑　王元新

责任校对　阮海潮

封面设计　春天书装

出版发行　浙江大学出版社
　　　　　（杭州市天目山路 148 号　邮政编码 310007）
　　　　　（网址：http://www.zjupress.com）

排　　版　杭州青翊图文设计有限公司

印　　刷　杭州千彩印务有限公司

开　　本　787mm×1092mm　1/16

印　　张　16.5

字　　数　416 千

版 印 次　2023 年 8 月第 2 版　2023 年 8 月第 1 次印刷

书　　号　ISBN 978-7-308-21833-7

定　　价　58.00 元

前　　言

　　本书是在 2015 年出版的《计量经济学教程》基础上改编而成的,相比前一版本,最大的变化是引入了时间序列分析模型、模型设定等内容,并对部分例题、习题进行了更新,每章配备了电子化的测试题,学生只要扫描书中的二维码即可完成对本章内容学习的测试。本教材在编写过程中尽量避免使用过多的数学语言和理论推导,同时通过大量经济实例把理论与实践生动地结合在一起,避免了枯燥的理论讲解和繁琐的理论推导。考虑到计量经济分析广泛应用计量软件的实际情况和读者的需要,本教材在计量经济建模、参数估计等方面加强了计量经济软件 EViews 的应用,强化了对计算方法、技巧的介绍和要求,并专门引入了计量经济学实验内容。作为经济类各专业的核心课程,用有限的课时使学生既掌握计量经济学的基本理论与方法,又具备用计量经济学的知识分析和解决实际经济问题的初步能力,正是本书的目的;同时在总结多年教学经验的基础上,借鉴了国内外其他计量经济学教材的优点,形成了特色。

　　本书对第一版的内容体系与结构进行了重要调整。前 3 章仍以经典单方程计量经济学模型为主,但在内容上将可化为标准线性回归模型的非线性回归模型内容,并入了第 3 章多元线性回归模型之中,同时从应用研究中发现的问题出发,引入了时间序列计量经济学模型一章,新增了时间序列平稳性、协整、误差修正模型及格兰杰因果检验,新增了实验内容,专门结合例题就 EViews 操作进行了讲解。

　　全书共十章。第 1 至第 3 章为计量经济学基础部分,系统介绍了单方程一元和多元线性回归分析的基本理论和方法,以及重要的几类可化为线性回归模型的非线性回归模型的处理方法,并就模型设定的偏误与建模所需的最小样本容量问题进行了初步介绍。第 4 章为基础模型的扩充,主要介绍在回归情况下如何通过虚拟变量处理性别、种族等非定量变量,并提供了丰富的案例来说明虚拟变量的使用。第 5 至第 7 章主要讨论模型违反基本假设所产生的多重共线性、异方差及序列相关问题,系统介绍诊断及处理这些现象的基本思路与方法,并通过案例与软件的结合,说明这些方法的具体使用。第 8 章主要讲解时间序列的平稳性、协整、误差修正模型及格兰杰因果检验;第 9 和第 10 章属于联立方程计量经济学模型,讲述联立方程模型的识别及参数估计方法。书中每章最后都进行了综合案例分析,从选题、建模到实证分析,系统地介绍运用计量经济学理论与方法分析解决实际经济问题的步骤、方法,同时实验部分详细介绍了模型估计及检验过程中各个参数及估计量计算的软件实施过程。

　　本书第 1 和第 4 章基础内容主要由樊丽淑教授完成;第 2、第 3 和第 8 章基础内容主要由王培老师、樊丽淑教授完成;第 5 至第 7 章基础内容主要由朱孟进教授、郑秋红老师、李雪艳老师完成,第 9 和第 10 章基础内容主要由刘吉斌教授、李浩教授、陶海飞教授完成。本次教材修订与新增内容主要由樊丽淑教授、李浩教授及王培老师完成,新增各章节的测试及实验操作部分主要由李雪艳老师、郑秋红老师完成,全书的校验主要由樊丽淑教授、李浩教授完成。

　　本书深入浅出,语言通俗,注重应用,实用性强,既适合作为高等院校经济和管理类专业本科生一学期计量经济学课程的基本教材,同时也可以作为经济工作者和没有计量经济学基础的经济管理类研究生的入门教材,对于具有高等数学和经济学基本知识,想要学习、运用计量经济学的其他读者也是一本较好的入门教程或参考书。同时,该书也可为已具有计量基础的学习者,提供一个兼具计量经济学理论以及应用与操作的指南。

　　在本书的编写与修订过程中,编者参考了多本计量经济学书籍,其中有些内容为本书所引用,在此向有关作者表示感谢。限于编者的水平,书中难免会存在缺点与错误,恳请使用本书的教师和读者不吝赐教,以利于进一步改进。

编　者

2022 年 12 月

目　　录

第 1 章　绪　　论 ……………………………………………………………………… 1

　1.1　什么是计量经济学 …………………………………………………………… 1

　1.2　计量经济学的方法论 ………………………………………………………… 2

　1.3　计量经济学应用软件介绍 …………………………………………………… 6

第 2 章　一元线性回归分析 …………………………………………………………… 11

　2.1　一元线性回归模型及基本假设 ……………………………………………… 11

　2.2　回归参数的最小二乘估计 …………………………………………………… 15

　2.3　参数估计量的抽样分布及 σ^2 的估计量 ………………………………… 19

　2.4　一元线性回归方程的拟合优度 ……………………………………………… 20

　2.5　回归方程的显著性检验——F 检验 ……………………………………… 22

　2.6　回归参数的显著性检验与区间估计 ………………………………………… 24

　2.7　预　　测 ……………………………………………………………………… 26

　2.8　应用举例 ……………………………………………………………………… 27

　2.9　一元线性回归模型实验 ……………………………………………………… 32

第 3 章　多元线性回归分析 …………………………………………………………… 43

　3.1　多元线性回归模型 …………………………………………………………… 43

　3.2　回归参数的最小二乘估计 …………………………………………………… 45

　3.3　多元线性回归模型的统计检验 ……………………………………………… 48

　3.4　预　　测 ……………………………………………………………………… 54

　3.5　标准化变量的回归模型 ……………………………………………………… 55

　3.6　模型设定与样本容量 ………………………………………………………… 56

　3.7　可化为线性的非线性回归模型 ……………………………………………… 57

　3.8　应用举例 ……………………………………………………………………… 65

　3.9　多元线性回归模型实验 ……………………………………………………… 75

第 4 章　虚拟变量回归模型 …………………………………………………………… 85

　4.1　虚拟变量概念 ………………………………………………………………… 85

　4.2　虚拟变量的设置 ……………………………………………………………… 86

4.3 两分定性变量模型 ………………………………………… 90

4.4 多分定性变量模型 ………………………………………… 92

4.5 多个定性变量模型 ………………………………………… 95

4.6 同时含有定性和定量变量的模型 ………………………… 96

4.7 应用举例 ……………………………………………………… 99

4.8 虚拟变量回归模型实验 …………………………………… 105

第 5 章 多重共线性 …………………………………………… 112

5.1 多重共线性的定义 ………………………………………… 112

5.2 多重共线性产生的原因 …………………………………… 113

5.3 忽略多重共线性的结果 …………………………………… 114

5.4 多重共线性的检验 ………………………………………… 115

5.5 多重共线性的消除方法 …………………………………… 120

5.6 应用举例 ……………………………………………………… 121

5.7 多重共线性实验 …………………………………………… 126

第 6 章 异方差性 ……………………………………………… 148

6.1 异方差性的概念及类型 …………………………………… 148

6.2 异方差性产生的原因与后果 ……………………………… 150

6.3 异方差性的检验 …………………………………………… 151

6.4 异方差的消除 ……………………………………………… 158

6.5 应用举例 ……………………………………………………… 160

6.6 异方差性实验 ……………………………………………… 163

第 7 章 序列相关 ……………………………………………… 175

7.1 序列相关性 ………………………………………………… 175

7.2 序列相关产生的原因及后果 ……………………………… 176

7.3 序列相关的检验方法 ……………………………………… 177

7.4 序列相关性的处理 ………………………………………… 184

7.5 应用举例 ……………………………………………………… 189

7.6 序列相关性实验 …………………………………………… 197

第 8 章 时间序列计量经济学模型 …………………………… 205

8.1 数据的平稳性及其检验 …………………………………… 205

8.2 协整检验 …………………………………………………… 208

8.3 误差修正模型 ……………………………………………… 210

8.4 格兰杰因果检验 …………………………………………… 211

8.5 应用举例(含 EViews 软件操作过程) ………………… 212

第 9 章　联立方程模型识别 ·································· 222

9.1　联立方程模型定义 ···································· 222

9.2　联立方程模型的类型 ·································· 224

9.3　联立方程模型的识别准则 ························· 227

第 10 章　联立方程模型估计 ···························· 234

10.1　联立方程模型估计方法概述 ·················· 234

10.2　间接最小二乘法(ILS) ························· 235

10.3　工具变量法 ··· 236

10.4　二阶段最小二乘法 ································ 237

10.5　应用举例 ·· 239

10.6　联立方程模型实验 ································ 240

附录　统计学用表 ··· 245

参考文献 ·· 254

第1章

绪　　论

⬚▷**知识与技能**：课程性质与地位；课程内容体系；课程重点和难点；课程学习方法；计量经济学模型建立的基本步骤和要点。

计量经济学作为经济学的重要分支学科，已被广泛应用于金融、法律、政治学、国际关系、社会学、心理学、医学和农业科学等诸多领域，因此学习与掌握计量经济学的原理、方法十分必要。作为全书的纲，本章将对计量经济学作概括性的介绍，并对建立应用计量经济学模型的步骤与要点进行简要的说明。

1.1　什么是计量经济学

"计量经济学"（Econometrics）一词最早由挪威经济学家 Ragnar Frish 提出，本意为经济的度量，即研究经济理论和经济现象的计量方法。1930 年，美国成立了"国际经济计量学会"，标志着计量经济学作为一门独立学科正式诞生。1933 年，Ragnar Frish 在国际计量经济学会会刊 *Econometrica* 的创刊词中写道："对经济的数量研究有几个方面，其中任何一个方面都不应和计量经济学混为一谈。计量经济学绝不等同于经济统计学，它也不同于我们所说的一般经济理论，尽管经济理论大部分都具有一定的数量特征；计量经济学也不应该被视为数学应用于经济学的同义语。经验表明，统计学、经济理论和数学三者对于实际理解现代经济生活的数量关系都是必要的，但其中任何单独一种都是不够的。三者的结合才是有力的工具，正是这三者的统一才构成了计量经济学。"

因此，计量经济学是"一门由经济学、统计学和数学结合而成的交叉学科，是以数理经济学和数理统计学为方法论基础，对于经济问题试图就理论上的数量接近和经验上的数量接近这两者进行综合而产生的经济学分支"。该分支的产生，使得经济学对于经济现象从以往只能定性研究，扩展到同时可以进行定量分析的新阶段，而伴随着计算机技术的迅速发展，又为计量经济学提供了强有力的工具，使许多复杂的大规模模型得以应用。所以，还可以将计量经济学定义为："是以经济理论为指导，以统计事实为依据，以数学为方法，以计算机技术为手段，研究经济关系和经济活动数量规律及其应用，并以建立和应用计量经济学模型为核心的一门经济学学科。"

1.2　计量经济学的方法论

1.2.1　研究内容与目的

1.定量描述与分析经济活动,验证经济理论

【例 1.2.1】　如果说我国居民的生活水平总体看没有日本高,这只是一种定性的描述。若用计量经济学方法进行定量分析,将会使我们理解此问题更深刻、更具体。

1946—1998 年中日两国的恩格尔(Engel)系数序列如图 1.2.1 所示。

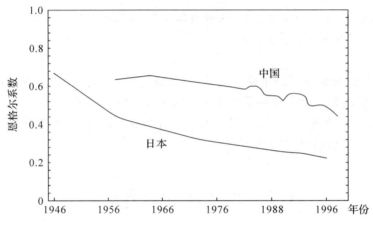

图 1.2.1　1946—1998 年中日两国的恩格尔系数

用中日两国的恩格尔系数分别对时间 t(1981 年 $t=1$)回归得模型如下:

$$中国:Engel= \quad 0.60-0.0077t \qquad (1981—1998) \qquad\qquad (1.2.1)$$
$$(69.9) \quad (-8.9) \qquad R^2=0.83, \quad DW=0.86, \quad F=79.9$$
$$日本:Engel= \quad 0.29-0.0043t \qquad (1981—1998) \qquad\qquad (1.2.2)$$
$$(24.0) \quad (-12.1) \qquad R^2=0.97, \quad DW=1.2, \quad F=372$$

以上模型和图 1.2.1,使我们认识到以下五点:

(1)从恩格尔系数下降速度看,中国先慢后快,日本先快后慢。

(2)中国 1956 年的恩格尔系数与日本 1946 年的恩格尔系数近似相等。食品支出约占总支出的 63%。40 多年间,日本降了 0.4,中国降了 0.2。

(3)从整体看,日本恩格尔系数的年下降速度是中国的 2.3 倍。1980 年以后,中国恩格尔系数的年下降速度是日本的 1.8 倍。

(4)1995 年日本的恩格尔系数是 0.222,1998 年中国的恩格尔系数是 0.445。以 1981—1998 年的年平均速度,中国若要把恩格尔系数降至 0.222 至少需要 30 年。

(5)验证了经济理论。随着收入的增加,恩格尔系数的下降速度减慢。

可见,通过定量分析,对这一问题的了解要比只做定性分析清晰得多。

2. 为制定经济政策服务

通过建立经济计量模型得到参数(边际系数、弹性系数、技术系数、比率、速率等)的可靠估计值,从而为制定政策、实施宏观调控提供依据。

【例 1.2.2】 图 1.2.2 给出了 1952—1998 年中国现金需求量(M_0)和国内生产总值(GDP)的对应关系图。该图显示,改革开放以来,M_0 与 GDP 关系的斜率比改革开放以前大了一倍多。

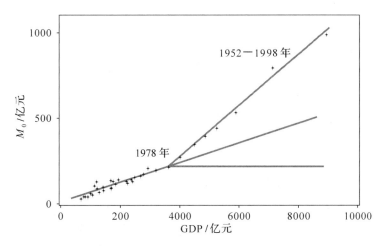

图 1.2.2 现金需求量和国内生产总值的关系

用 1952—1998 年的数据得到的现金需求量模型如下:

$$M_{0t}=0.062\,GDP_t+0.078\,GDP_t \cdot D \quad (1952—1998) \tag{1.2.3}$$
$$(2.4) \qquad\qquad (3.0)$$
$$R^2=0.99, DW=0.67$$

即　　$M_{0t}=0.062\,GDP_t$　　　　$(1952—1978, D=0)$ $\qquad (1.2.4)$

　　　$M_{0t}=0.140\,GDP_t$　　　　$(1979—1998, D=1)$ $\qquad (1.2.5)$

由图 1.2.2 和模型(1.2.3)至模型(1.2.5)可知以下三点:

(1)市场经济与计划经济有明显不同。改革开放后,许多支出进入商品领域(如住房、医疗等)。

(2)改革开放后,GDP 对现金的边际需求相比改革开放前增加了 1.26 倍。

(3)为确定年度的现金投放量提供了一定的科学依据。

3. 经济预测

在发现社会经济活动客观数量规律方面,计量经济学有自身的在数理统计理论和经济学理论方面的优势,但是人们不仅希望通过计量经济学方法找出经济活动中存在的客观数量规律,更希望通过对经济规律的应用、总结以及数字逻辑演绎得出研究对象将来会如何变化,借此为经营活动和经济管理政策的制定提供决策支持。因此,预测也就成为计量经济学所要解决的一项重要内容。

如在项目投资决策领域,决策者为了做出合理的财务预算以及预测项目收益,不可避免地要对以后的目标市场进行预测,因此会采用历史数据通过计量经济模型或其他一些经验数据来预估将来的销售收入和利润;为了更好地制定相关政策,政府部门会预测当地人口、商贸、就业、工业建设等领域的增长对当地学校、道路等公共服务的数量需求等。

1.2.2 研究的基本步骤

一般而言,用计量经济学方法研究经济现象和经济规律,需要经过以下几个步骤。

1. 理论或假说的描述

计量经济学是以经济理论为指导的学科,这意味着我们在用计量经济学方法研究经济问题时,首先应以相应的经济理论或假设为依据。

例 1.2.3 某桶装矿泉水生产企业想要了解桶装矿泉水价格与销售量之间的关系,以预测在不同的市场价格下本企业的销售量。

从经济学角度看,这是有关需求—价格关系的经济问题,理论上的依据是“需求定律”,即“在其他条件不变的情况下,商品的需求量与价格呈反向运动关系”。

2. 建立模型

从“需求定律”可知,需求量与价格之间存在某种因果关系。在计量经济学模型中,通常把要研究的问题,也即因果关系中的结果作为被解释变量(或称因变量),把影响该问题的主要因素或主要原因作为解释变量(或称自变量),非主要因素归入随机项。然后,用适当的数学形式描述这些变量之间的关系。

在例 1.2.3 中,被解释变量是桶装矿泉水的需求量 Q,解释变量是价格 P。为简单起见,假设这两个变量之间的关系是线性的,从而 $Q = \beta_0 + \beta_1 P$。假设两种桶装矿泉水的价格完全一样,但它们的销售量却不一定相同,这可能纯属偶然或更可能是由于两种桶装矿泉水在某些特征上的区别没有被考虑进去(如品牌的不同等)。因此上述关系式可能不会很精确,会存在一定的误差。考虑到这些误差,建立如下模型:

$$Q = \beta_0 + \beta_1 P + \mu \qquad (1.2.6)$$

式中:β_0、β_1 是待估计的参数;μ 为未观察到的其他因素,称为随机误差项。根据理论与经验,我们认为 β_1 应该小于零。

式(1.2.6)称为计量经济学模型,它与 $Q = \beta_0 + \beta_1 P$ 的最大区别在于:存在随机误差项 μ。

3. 收集数据

建立了模型之后,应根据模型中变量的含义和口径收集数据。常用的样本数据有两种类型,分别是截面数据和时间序列数据。

(1)截面数据,是指一个变量发生在某一时点上的数据的集合。如人口普查数据、某年夏季居民用电量数据等。

(2)时间序列数据,是指一个变量按时间序列排列收集得到的数据。如每年的 GDP 数据、每日的股价数据等。

在例 1.2.3 中,我们搜集了不同年份中价格与桶装矿泉水的销售量数据,如表 1.2.1所示。

表 1.2.1　不同价格下桶装矿泉水的销售量

	1991年	1992年	1993年	1994年	1995年	1996年	1997年	1998年	1999年	2001年	2002年	2003年	2004年	2005年	2006年
Q/千桶	47	46	42	38	39	37	36	32	30	28	29	27	25	23	22
P/元	3	4	5	6	7	8	9	10	11	12	13	14	15	16	17

4. 估计模型

如何利用表 1.2.1 中的数据,估计模型(1.2.6)中的参数 β_0、β_1 呢? 这是本书第 2 和第 3 章将要重点介绍的内容。我们将主要运用最小二乘法进行参数的估计。例 1.2.3 中,运用最小二乘法得到的估计结果如下:

$$\hat{Q} = 51.1143 - 1.7714P \tag{1.2.7}$$

我们在 Q 上加上符号^,表示式(1.2.7)是式(1.2.6)的估计式。

5. 模型检验

通过以上步骤估计得到的模型,其准确性如何? 为此,还需要对模型进行检验,检验的内容如下:

(1) 经济意义检验。就是对参数估计值加以评价,从它们的符号、大小等,判别其与相应的经济理论对这些参数的要求是否相符。如果不相符,则要查找原因并修正。

在例 1.2.3 中,价格 P 前的参数符号为负,符合需求定律的内容。

(2) 统计检验。统计检验的目的在于评价参数估计值的可靠性,主要方法包括拟合优度检验、F 检验、t 检验等。这将在本书第 2 和第 3 章中重点介绍。需要说明的是,统计检验是第二位的,第一位的还是经济意义检验,如果经济意义检验不能通过,即使统计检验显著,模型也不能成立。

(3) 计量经济学检验。计量经济学的估计方法是建立在一定假设条件的前提之下的,如果这些假设不能成立,则建立的模型是无效的。因此,"计量经济学检验"就是检验这些假设条件能否成立,如果不成立,应当消除由此造成的影响。这部分内容将在本书第 5 至第 7 章中讲解。

6. 模型运用

计量经济学模型通过了上述各项检验后,就可运用到实际经济工作中,主要包括经济预测、经济结构分析、政策评价三个方面。

例 1.2.3 中,如果知道桶装矿泉水的价格 $P = 20$ 元,就可以预测销售量的估计值 $\hat{Q} = 15.68$ 千桶。当然,当价格真的达到 20 元时,销售量的真实值 Q 会与估计值 $\hat{Q}$ 之间存在误差。

1.2.3　计量经济学研究的重要问题

在开展实证项目研究时,研究者必须对以下问题给出满意的答案:

(1) 模型在经济上有意义吗? 它是否包含了数据生产过程中的所有相关关系?

(2) 所得到的数据可靠吗?

(3) 使用的估计方法合适吗? 获得的估计值是否有偏差?

(4) 采用不同模型所获得结果之间的差别如何?

(5)结果说明了什么？是经济理论或直觉的期望结果吗？

最后需要指出的是,计量经济分析,尤其是估计与检验工作,需要从各个不同的角度对大量的数据进行统计处理,因此利用计算机是必不可少的。目前已经出现了大量功能完备且易于操作的软件包,如 TSP、SAS、SPSS、EViews 等。

1.3　计量经济学应用软件介绍

1.3.1　常用软件简介

(1)EViews (Econometric Views)。计量经济学软件包,由美国 QMS 公司研制,是在 Windows 下专门从事数据分析、回归分析和预测的工具,具有现代 Windows 软件可视化操作的优良性,可以使用鼠标对标准的 Windows 菜单和对话框进行操作,操作结果出现在窗口中并能采用标准的 Windows 技术对操作结果进行处理。此外,EViews 还拥有强大的命令功能和批处理语言功能,在 EViews 的命令行中输入、编辑和执行命令,在程序文件中建立和存储命令,以便在后续的研究项目中使用这些程序。EViews 应用范围包括:科学实验数据分析与评估、金融分析、宏观经济预测、仿真、销售预测和成本分析等。

(2)SPSS(Statistics Package for Social Science)。基本功能包括数据管理、统计分析、图表分析、输出管理等。统计分析包括描述性统计、均值比较、一般线性模型、相关分析、回归分析、对数线性模型、聚类分析、数据简化、生存分析、时间序列分析、多重响应等。SPSS 最突出的特点是操作界面极为友好,使用 Windows 的窗口方式展示各种管理和分析数据方法功能,使用对话框展示各种功能选择项,只要掌握一定的 Windows 操作技能,粗通统计分析原理,就可以使用该软件为特定的科研工作服务,是非专业统计人员的首选统计软件。网址:http://www.spss.com。

(3)SAS(Statistical Analysis System)。SAS 被誉为数据分析的标准软件,在各个领域得到广泛应用,是集数据管理、数据分析和信息处理于一体的应用软件系统,共有 30 多个功能模块,具有十分完备的数据访问、数据管理、数据分析功能,用户可以将各种模块适当组合以满足各自不同的需要。系统中提供的主要分析功能包括统计分析、计量经济分析、时间序列分析、决策分析、财务分析和全面质量管理工具等。将其用于计量经济分析,不仅能完成经典计量经济学模型的估计和检验,而且具有模型诊断功能。但使用 SAS 需要编写程序,较适合统计专业人员使用。网址:http://www.sas.com。

(4)Stata。Stata 是一套能提供给使用者用于数据分析、数据管理以及绘制专业图表的完整及整合性统计软件,具有数据处理、绘图、统计分析、回归分析和编程处理五大主要功能。其特点是采用命令操作,程序容量较小,统计分析方法较齐全,计算结果的输出形式简洁,绘出的图形精美;不足之处是数据的兼容性差,占内存空间较大,数据管理功能需要加强。Stata 提供完整的使用手册,包含统计样本建立、解释、模型与语法、文献等超过 1600 页的出版品。与其他软件相比,Stata 具有以下明显优势:①操作较为简单,方便掌握;②是一个开放的软件系统;③具有强大的数据分析功能;④具有强大的图形制作功能。网址:http://www.stata.com。

1.3.2 Eviews 使用简介

1.启动软件包

(1)EViews 启动

双击 EViews 快捷方式,进入 EViews 窗口。

(2)EViews 窗口介绍

EViews 窗口分为标题栏、主菜单栏、命令窗口、状态栏与工作区(见图 1.3.1)

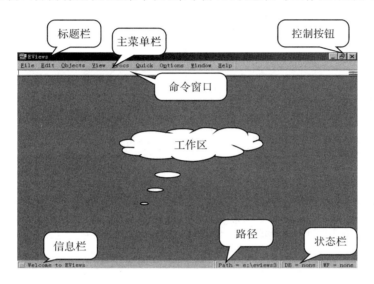

图 1.3.1 EViews 工作窗口

标题栏:窗口顶部是标题栏,显示的是软件名称:EViews。标题栏的右端有三个按钮:最小化、最大化和关闭,点击可以控制窗口大小或关闭窗口。

主菜单栏:标题栏下是主菜单栏,也称工具栏。选项有:File,Edit,Objects,View,Procs,Quick,Options,Add-ins,Window,Help。鼠标点击可打开下拉式菜单。

命令窗口:主菜单栏下是命令窗口,在这可输入 EViews 命令,按 Enter 键马上执行。

工作区:命令窗口之下的中间灰色区域是工作区,所有导入数据的显示、处理结果呈现都出现在这里。

状态栏:主窗口之下是状态栏,显示数据读取的路径、文件名等内容。

EViews 有四种工作方式:①鼠标图形导向方式;②简单命令方式;③命令参数方式〔①与②相结合〕;④程序(采用 EViews 命令编制程序)运行方式。

2.创建工作文件

单击"File"→"New"→"Workfile",出现对话框(见图 1.3.2)。在 Workfile structure type 中选择数据类型,Date specification 中选择数据频率。

Workfile structure type 中可选菜单:①Unstructed/Undated(截面数据);②Dated-regular frequency(时间序列数据);③Balance Panel(面板数据)。

若为截面数据,选择①,Frequency(数据频率)中输入样本个数 n(见图 1.3.2)。

若为时间序列数据,选择②,Frequency 可选的有:Annual(年度)、Semi-annual(半年)、

Quarterly(季度)、Monthly(月度据)、Weekly(周)、daily-5 day week(日,每周五天)、daily-7 day week(日,每周7天)等(见图1.3.3)。在 Start Data 中输入起始日期,End Data 中输入终止日期(见图1.3.4)。然后在 Workfile name 中输入文件名(也可不选择)。输入完毕,点击"OK",可以看到 Workfile(工作文件)窗口。

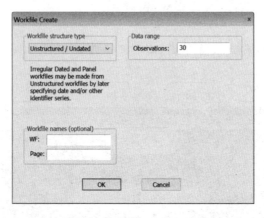

图 1.3.2　选择"Unstructed/Undated"

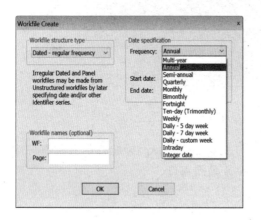

图 1.3.3　选择"Dated-regular frequency"

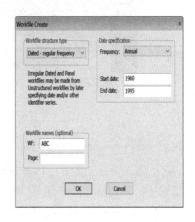

图 1.3.4　输入起始和终止日期

3.创建数据对象与数据录入

在图1.3.5界面主菜单点击"Object"→"Newobject"→"Series",在对话框中输入变量名 y,点击"OK"(见图1.3.6),出现图1.3.7;或者在命令窗口输入:data y x z 按回车键,在变量对应名称下输入数据;或者在主窗口下,选择"Quick"→"Empty group"依次输入序列名称 x、y 等,并输入数据。

以上 2、3 的工作文件的创建与数据输入也可通过文件导入方式完成。

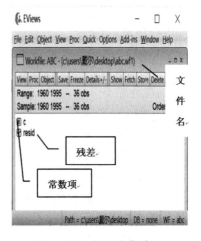

图 1.3.5　界面主菜单

图 1.3.6 输入变量名

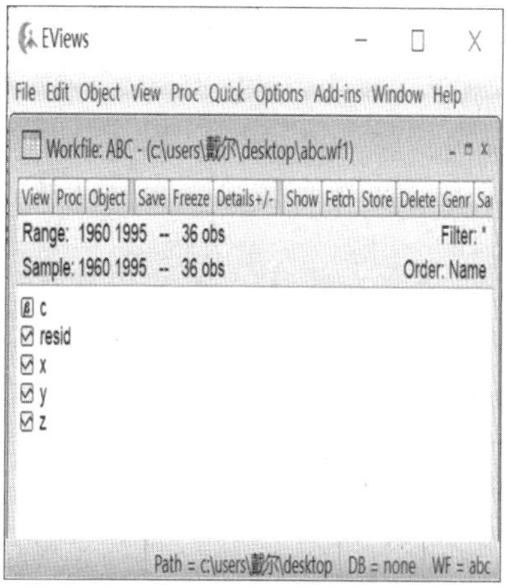

图 1.3.7 结果显示

4. 生成新序列

有时 EViews 软件中已有的数据并不能直接使用,需要进行必要的加工与处理,常用的方法是利用公式生成新的数据或序列。

比如,需要将 y 通过变化转化为 lny,则采用公式:$lny = \log(y)$;需要将 x 转化为倒数,采用:$Z = 1/x$,等。具体的 EViews 操作如下:

主菜单下选择"Quick"→"Generate Series"或文件窗口工具栏中选择 Genr(见图 1.3.8),出现对话框,输入公式:$lny = \log(y)$,点击"OK"(见图 1.3.9);或直接在命令窗口输入:Genr $lny = \log(y)$(见图 1.3.10)

图 1.3.8 选择"Genr"

图 1.3.9 输入"lny＝log(y)"

图 1.3.10 输入"Genr lny＝log(y)"

5.模型估计

假设模型为：$y = \alpha + \alpha_1 x_1 + \alpha_2 x_2 + \mu$

主菜单中单击"Objects"→"New Objects"选择 Equation，或主窗口中单击"Quick"→"Estimate Equation"，进入"输入估计方程"对话框，输入"y c x_1 x_2"（各项之间用空格隔开），点击"确定"（见图 1.3.11）；或打开数据，在数据窗口，点击"Procs"→"Make Equation"（见图 1.3.12）。出现"估计方程"对话框，点击"OK"。

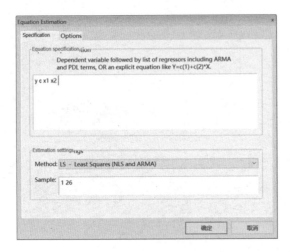
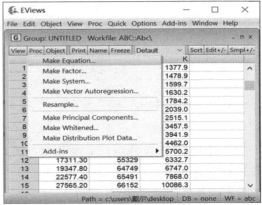

图 1.3.11　输入"y c x_1 x_2"　　　　图 1.3.12　点击"Make Equation"

经济思想　　　　　　　网站　　　　　　　即测即评

【思考与练习】

1.什么是计量经济学？计量经济学方法与一般经济数学方法有什么区别？

2.计量经济学研究的对象和内容是什么？计量经济学模型研究的经济关系有哪两个基本特征？

3.建立与应用计量经济学模型的主要步骤有哪些？

4.计量经济学模型的检验主要包括哪几个方面？其具体含义是什么？

5.下列计量经济学模型是否属于揭示因果关系的计量经济学模型？为什么？

(1) $s_t = 112.0 + 0.12 x_t$，其中 s_t 为第 t 年底农村居民储蓄余额（单位：亿元），x_t 为第 t 年底农村居民可支配收入总额（单位：亿元）。

(2) $s_{t-1} = 4432.0 + 0.302 x_t$，其中 s_{t-1} 为第 t 年底农村居民储蓄余额（单位：亿元），x_t 为第 t 年底农村居民可支配收入总额（单位：亿元）。

第 2 章

一元线性回归分析

⏩**知识与技能**：重点掌握一元线性回归方程的相关概念与基本假定，普通最小二乘法与估计量的性质，回归参数及方程的显著性检验、拟合优度检验；理解普通最小二乘估计方法，随机扰动项的方差估计；了解无条件预测；能熟练应用相关原理、方法、EViews 软件，建立一元线性回归模型，并对结果进行检验。

消费作为引领经济发展的"三驾马车"之一，能够为经济发展提供持久动力。党的二十大报告明确提出，要"着力扩大内需，增强消费对经济发展的基础性作用"。消费的提振取决于收入等诸多因素的影响，在经济学中，对收入等原因是如何导致消费发生变化的这类因果关系的研究是一项重要的内容。其中线性回归分析是变量之间因果关系研究的最常见方法，而一元线性回归模型用于研究两个经济变量之间的因果关系，是最简单的线性回归模型。一元线性回归模型虽然现实中并不常见，但通过对其的学习与理解，会对今后理解更加复杂的模型打下良好的基在础。基于此，本章重点介绍一元线性回归分析的基本思想与估计方法。

2.1 一元线性回归模型及基本假设

社会经济活动可以用某些经济变量来刻画，如投资额、销售量、价格、利润、利息率、GDP 和人均 GDP 等。在生产、分配、交换和消费过程中，各种生产要素和产品等，无论以实物形态出现，还是以货币形态表示，最终总要表现为一定的数量关系。因此，对经济问题的研究，不仅要分析该问题的基本性质，还要对经济变量之间的数量关系进行分析，其中常用的分析方法是回归分析。

2.1.1 变量间的关系

客观世界中，许多现象之间都存在一定的联系，计量经济学的主要问题之一就是要探寻各种经济变量之间的相互联系程度、联系方式及其规律。一般，各种经济变量之间的关系归纳起来可分为两类：一类是确定性的函数关系，即可以用精确的数学表达式表示。如圆的面积(S)与半径的关系:$S=r^2$,只要知道了半径,对应的面积也就随之确定了。另一类是不确定性的关系,即不能用精确的数学公式表示。如居民消费支出与收入的关系。其特点是:居民消费支出伴随收入变化呈现某种有规律性的变化,但与前述函数关系不同的是,给定收入,与之相应的消费支出并不能确定。这是因为除了收入以外,消费者偏好等其他许多因素也都影响着居民的消费支出,我们无法确定居民消费支出与其收入之间确定的函数关系,而这样一类关系在社会经济生活中大量存在。在统计上,我们把这种变量之间具有密切联系但又不能用函数关系精确表达的关系,称为变量间的统计关系或相关关系,而把存在相关关系的变量称为相关变量。

相关变量间的关系一般有两种:一种是平行关系,它们互为因果或共同受到其他因素的影响;另一种是因果关系,即一个变量的变化受另一个或几个变量的影响。在统计学中,通过建立一定的函数方程,来描述这些具有因果关系变量间的数量联系方法,称为回归分析方法,其中表示原因的变量称为解释变量或自变量,表示结果的变量称为被解释变量或因变量。回归分析构成计量经济学的方法论基础,其主要内容包括:

(1)根据样本观察值对经济计量模型参数进行估计,求得回归方程;

(2)对回归方程、参数估计值进行显著性检验;

(3)利用回归方程进行分析、评价及预测。

2.1.2 一元线性回归模型的定义

回归分析起源

由前述可知,回归分析是研究在其他条件不变的情况下,一个变量或一组变量对另一个变量具有的因果效应的分析方法。而变量之间的因果效应或呈线性,如收入(x)与消费(y)之间的因果关系,根据凯恩斯需求理论,呈线性关系:$y=a+bx+\mu$;或表现为非线性关系,如劳动(L)、资本(K)与产出(Q)之间,由道格拉斯生产函数知,呈非线性关系:$Q=AL^{\alpha}K^{\beta}e^{\mu}$。由于两个变量间的线性因果关系在现实经济中较为普遍,同时,虽然许多经济问题涉及多变量关系或不是线性的,但分析方法和原理与线性相似,且非线性关系多数可转化为线性关系,因此,这里首先引进一元线性回归分析的原理和方法。

假设x(解释变量)与y(被解释变量)是具有因果关系的两个相关变量,通过试验或调查获得了两个变量的n对观测值:

$$(x_1,y_1),(x_2,y_2),\cdots,(x_n,y_n)$$

为了直观地看出x和y间的变化趋势,可将每一对观测值在平面直角坐标系描点,做出散点图(见图2.1.1)。

散点图直观、定性地表示了两个变量之间的关系。为了探讨它们之间的规律性,还必须根据观测值将其内在关系定量地表示出来。

如果呈因果关系的相关变量y(被解释变量)与x(解释变量)间的关系是直线关系,如图2.1.1(a)与(d)情形,则y的实际观测值y_i可用x的实际观测值x_i表示为:

$$y_i=\beta_0+\beta_1 x_i+u_i \qquad (2.1.1)$$

称式(2.1.1)为一元线性回归模型(或简单回归模型)。其中,y称作被解释变量(或相依变量、因变量),x称作解释变量(或独立变量、自变量),μ称作随机误差项,β_0为常数项(截距项),β_1为斜率系数。

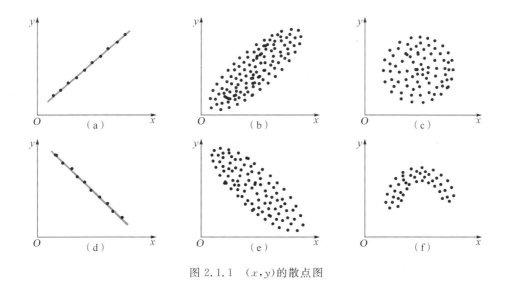

图 2.1.1　(x,y)的散点图

在式(2.1.1)中,x 是影响 y 变化的重要的解释变量;β_0 和 β_1 称作回归系数。截距项截 β_0 为 $x=0$ 时 y 的起始值;β_1 的大小反映了 x 影响 y 的程度,表示 x 改变一个单位,y 平均改变的数量;β_1 的符号则反映了 x 影响 y 的性质。一般,这两个回归系数是未知的,需要估计。随机误差项 μ 主要包括变量观测值的观测误差、模型关系的设定误差、其他随机因素的影响等。

【例 2.1.1】　令 kids 表示一名妇女生育孩子的数目,educ 表示该妇女接受过教育的年数。假设生育率对受教育年数的简单回归模型为:kids$=\beta_0+\beta_1$educ$+\mu$。

(1)β_1 如何解释?

(2)随机误差项包含什么样的因素? 它们可能与教育水平相关吗?

(3)上述简单回归分析能够揭示受教育年数对生育率在其他条件不变下的影响吗?

解:(1)在其他条件不变的情况下,妇女接受过教育的年数每增加一年,妇女生育孩子的数目平均将增加($\beta_1>0$)或减少($\beta_1<0$)$|\beta_1|$ 个。

(2)收入、年龄、家庭状况、政府的相关政策等也是影响生育率的重要因素。在上述简单回归模型中,它们被包含在了随机扰动项之中。有些因素可能与受教育年数相关,如收入水平与受教育年数往往呈正相关。

(3)当归结在随机误差项中的重要影响因素与模型中的受教育年数 educ 相关时,上述回归模型就不能够揭示受教育年数对生育率在其他条件不变下的影响,因为这时出现解释变量与随机误差项相关的情形。

【试一试】　假设毕业论文成绩决定模型为:
$$\text{paper}=\beta_0+\beta_1 x+\mu$$
其中,paper 为毕业论文成绩;x 为计量经济学成绩。

(1)β_1 如何解释?

(2)随机扰动项 u 包含什么样的因素? 它们可能与计量成绩相关吗?

(3)该回归模型能够揭示计量经济学成绩对毕业论文成绩在其他条件不变下的影响吗?

答案

2.1.3 总体回归函数与样本回归函数

1. 总体回归函数（PRF）

从上述回归模型(2.1.1)看,被解释变量 y_i 的取值取决于两部分:一是由解释变量 x_i 决定,即 x_i 的变化引起 y_i 线性变化的部分;二是随机误差项 μ_i,即由其他随机因素引起 y_i 发生改变的部分。第二部分 μ_i 的作用导致了被解释变量 y_i 的非确定性,而回归分析就是研究 y_i 依存 x_i 变动的规律性,这一规律性可表示为:

$$E(y \mid x_i) = \beta_0 + \beta_1 x_i \tag{2.1.2}$$

式(2.1.2)一般称为总体回归函数,也称为总体回归方程、总体回归直线。以后论述中,将不加区别地使用这些名词。

由上可知,总体回归函数可表示为:当解释变量变动时,被解释变量平均水平的变动轨迹,或当解释变量取某一特定值时,被解释变量的平均水平取值。也即总体回归函数描述了被解释变量的均值随解释变量变化的规律。

如果能获得被研究总体中各个单位的全部资料,就可以估计出 β_0、β_1,总体回归函数也就确定了。当给定解释变量的数值(x_0)时,就可以进一步估计得到被解释变量(y)的数值,即 $E(y \mid x_i) = \beta_0 + \beta_1 x_i$,这正是回归分析的目的所在。

2. 样本回归函数（SRF）

为了得到总体回归函数(2.1.2),需要收集该总体的所有相关数据。但实际中,由于种种原因我们经常不可能得到一个总体的全部数据,而能得到的往往是总体的样本资料。为了反映总体的变化,我们只能由样本"信息"来估计总体特征。这种根据样本资料估计得到的总体回归函数的表达式:

$$\hat{E}(y \mid x_i) = \hat{\beta}_0 + \hat{\beta}_1 x_i \tag{2.1.3}$$

就称为样本回归函数。其中,$\hat{\beta}_0$ 是样本回归函数的截距项;$\hat{\beta}_1$ 是样本回归函数的斜率。

一般习惯上常常将式(2.1.3)表示为:

$$\hat{y}_i = \hat{\beta}_0 + \hat{\beta}_1 x_i \tag{2.1.4}$$

其中,$\hat{y}_i$ 是总体条件均值 $E(y_i \mid x_i)$ 的估计值。因此,一元线性回归分析的目的,就是要估计回归系数 $\hat{\beta}_0$ 和 $\hat{\beta}_1$,并建立如上回归方程(2.1.4)。

2.1.4 一元线性回归模型的基本假定

要估计出一元线性回归模型中的参数 $\hat{\beta}_0$ 和 $\hat{\beta}_1$,就需要知道 x_i, y_i 及 μ_i 的值。但由于 u_i 的值不能像 y_i 和 x_i 那样通过观察得到,因而 $\hat{\beta}_0$ 和 $\hat{\beta}_1$ 的数值只能通过估计得到。而在计量经济学中,能否成功地估计出这些参数值,取决于随机项 u_i 和解释变量 x_i 的性质。因此,如何对 u_i 和 x_i 进行统计假定,以及检验这些假定是否满足的方法,在计量经济学中占有十分重要的地位。

模型的基本假设为:

假设 1:解释变量 x_i 是确定性变量。

假设 2:随机误差项 μ_i 具有零均值、同方差性,即:

$$E(\mu_i) = 0, Var(\mu_i) = \sigma^2, i = 1, 2, \cdots, n$$

当假设 $Var(\mu_i)=\sigma^2$ 不成立,我们通常称模型存在异方差问题。

假设 3:随机误差项 u_i 之间彼此独立,$i=1,2,\cdots,n$

假设 4:随机项 u_i 与解释变量不相关,即此假设称为外生性条件。当此假设不成立时,通常称模型有内生性问题

假设 5:随机误差项 u_i 服从零均值、同方差的正态分布,即:

$$\mu_i \sim N(0,\sigma^2), i=1,2,\cdots,n$$

以上假设称为线性回归模型的经典假设或高斯假设,满足以上假设的线性回归模型称为经典线性回归模型。

在上述假定条件成立下,有 $E(y_i|x_i)=E(\beta_0+\beta_1 x_i+u_i|x_i)=\beta_0+\beta_1 x_i$,这就是前述的总体回归函数。通常总体线性回归函数是观察不到的,利用样本得到的只是对它的估计,即对 β_0 和 β_1 的估计。因此,回归分析的主要目的就是如何通过样本回归函数,估计出总体回归函数。

由此可见,总体回归函数是一元回归模型(2.1.1)的一部分。由此可见,一元线性回归模型有以下两个特点:

(1)建立在某些假定条件下抽象出来的回归函数不能百分之百地再现所研究的经济过程。

(2)正是由于这些假定,才能对经济问题进行高度抽象,从而更深刻地揭示经济问题的内在规律。

【例 2.1.2】 假设某社区由多户家庭组成,要研究该社区每月家庭消费支出 c 与每月家庭可支配收入 Inc 的关系。为此建立家庭消费支出对家庭可支配收入的简单回归模型:$C_i=\beta_0+\beta_1 Inc_i+u_i$。

(1)讨论随机扰动项 u_i 通常包含哪些因素? 它们可能与消费支出呈现出统计相关性吗?

(2)上述简单回归模型中的系数,能够揭示家庭可支配收入对家庭消费均值的总影响吗? 请解释。

解:(1)除了可支配收入以外,通货膨胀率、家庭状况、消费习惯和政府的相关政策等因素也是影响家庭消费支出的因素。在上述简单回归模型中,这些可支配收入以外的因素都被包含在了随机扰动项之中。有些因素可能与消费支出统计相关,如通货膨胀率与消费支出往往呈正相关性。

(2)当归结在随机扰动项中的影响因素(如家庭已有财富存量)与模型中的可支配收入 Inc 相关时,不满足经典假设 5,所以回归模型中的系数一般不能揭示家庭可支配收入对平均家庭消费支出的总影响。

2.2 回归参数的最小二乘估计

2.2.1 估计方法的基本思想

回归分析的主要目的,就是要根据样本回归函数 SRF,估计总体回归函数 PRF,即根

据：$\hat{y}_i = \hat{\beta}_0 + \hat{\beta}_1 x_i$，估计 $E(y|x_i) = \beta_0 + \beta_1 x_i$。这里，$\hat{\beta}_0$ 和 $\hat{\beta}_1$ 分别是 β_0 和 β_1 的估计值，$\hat{y}_i$ 为 y_i 的拟合值，y_i 与 $\hat{y}_i$ 的差，即 $\varepsilon_i = y_i - \hat{y}_i$，称作回归残差。回归残差可作为对随机误差 u_i 的估计。于是：

$$y_i = \hat{y}_i + \varepsilon_i = \hat{\beta}_0 + \hat{\beta}_1 x_i + \varepsilon_i \tag{2.2.2}$$

显然，给定一组样本观测值 $(x_i, y_i)(i = 1, 2, \cdots, n)$，要想找出一条能够最好地描述 y 与 x 总体关系的直线，ε_i 总体上应尽可能小。由于使用"残差和最小"标准会出现正负残差相互抵消的问题，而"残差绝对值的和最小"标准中的绝对值运算导致了数学求导的障碍。因此，为得到最优的拟合直线，同时数学上也便于处理，人们提出了"残差平方和最小"的准则，也就是普通最小二乘（OLS）估计准则。

2.2.2 普通最小二乘估计准则的原理与计算

设残差平方和为 Q，根据定义：

$$Q = \sum_{i=1}^{n} \varepsilon_i^2 = \sum_{i=1}^{n} (y_i - \hat{y}_i)^2 = \sum_{i=1}^{n} (y_i - \hat{\beta}_0 - \hat{\beta}_1 x_i)^2 \tag{2.2.3}$$

具体意义可参考双测数据散点图（见图 2.2.1）。

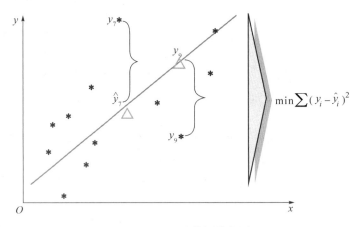

图 2.2.1 双测数据散点图

所谓普通最小二乘法，即 $\hat{\beta}_0$ 和 $\hat{\beta}_1$ 为下面最小值问题的解：

$$\min_{\beta_0, \beta_1} \sum_{i=1}^{n} (y_i - \beta_0 - \beta_1 x_i)^2 \tag{2.2.4}$$

依照式（2.2.4），求出极值点 $\hat{\beta}_0$ 和 $\hat{\beta}_1$，就称为 β_0 和 β_1 的最小二乘估计值。

显然，这是一个有关二元函数求无约束极值的问题。利用微积分中求极值的原理，$\hat{\beta}_0$ 和 $\hat{\beta}_1$ 应满足以下一阶条件方程组：

$$\begin{cases} \dfrac{\partial Q}{\partial \hat{\beta}_0} = 2 \sum_{i=1}^{n} (y_i - \hat{\beta}_0 - \hat{\beta}_1 x_i)(-1) = 0 \\ \dfrac{\partial Q}{\partial \hat{\beta}_1} = 2 \sum_{i=1}^{n} (y_i - \hat{\beta}_0 - \hat{\beta}_1 x_i)(-x_i) = 0 \end{cases} \tag{2.2.5}$$

方程组（2.2.5）常称作正规方程组，经整理，可得：

$$\begin{cases} \hat{\beta}_0 n + \hat{\beta}_1 \left| \sum_{i=1}^{n} x_i \right| = \sum_{i=1}^{n} y_i \\ \hat{\beta}_0 \sum_{i=1}^{n} x_i + \hat{\beta}_1 \left| \sum_{i=1}^{n} x_i^2 \right| = \sum_{i=1}^{n} x_i y_i \end{cases} \tag{2.2.6}$$

由式(2.2.6)即可求出$\hat{\beta}_1$和$\hat{\beta}_0$：

$$\hat{\beta}_1 = \frac{n \sum x_i y_i - \sum x_i \sum y_i}{n \sum x_i^2 - \left(\sum x_i \right)^2} = \frac{\left(\sum x_i y_i / n \right) - \bar{x}\,\bar{y}}{\left(\sum x_i^2 / n \right) - (\bar{x})^2} \tag{2.2.7}$$

$$\hat{\beta}_0 = \bar{y} - \hat{\beta}_1 \bar{x} = \frac{\sum x_i^2 \sum y_i - \sum x_i \sum y_i x_i}{n \sum x_i^2 - \left(\sum x_i \right)^2} \tag{2.2.8}$$

其中，n为样本容量，$\bar{x} = \dfrac{\sum x_i}{n}$，$\bar{y} = \dfrac{\sum y_i}{n}$。

写成离差形式即为：

$$\hat{\beta}_0 = \bar{y} - \hat{\beta}_1 \bar{x} \tag{2.2.9}$$

$$\hat{\beta}_1 = \frac{\sum (x_i - \bar{x})(y_i - \bar{y})}{\sum (x_i - \bar{x})^2} \tag{2.2.10}$$

于是，得到样本回归方程：

$$\hat{y}_i = \hat{\beta}_0 + \hat{\beta}_1 x_i \tag{2.2.11}$$

【例 2.2.1】　某地区居民家庭可支配收入 x_t 与家庭消费支出 y_t 的资料如表 2.2.1 所示，要求：

(1)建立居民家庭消费支出 y_i 对家庭可支配收入 x_i 的回归直线方程；

(2)指出居民可支配收入每增加 100 元时，家庭消费支出增加多少。

表 2.2.1　某地区家庭可支配收入与支出资料　　　　　　　　（单位：百元）

x_t	y_t	$x_i - \bar{x}$	$y_i - \bar{y}$	$(x_i - \bar{x}) \cdot (y_i - \bar{y})$	$(x_i - \bar{x})^2$	$(y_i - \bar{y})^2$	$\hat{y}_i$	$\hat{\mu}_t$	$\hat{\mu}_i^2$
(1)	(2)	(3)	(4)	(5)=(3)×(4)	(6)	(7)	(8)	(9)=(2)-(8)	(10)
60	58	−135	−84.8	11448	18225	7191.04	69.711	−11.711	137.15
90	85	−105	−57.8	6069	11025	3340.84	85.953	−0.953	0.91
120	102	−75	−40.8	3060	5625	1664.64	102.195	−0.195	0.04
150	124	−45	−18.8	846	2025	353.44	118.437	5.563	30.95
180	146	−15	3.2	−48	225	10.24	134.679	11.321	128.16
210	159	15	16.2	243	225	262.44	150.921	8.079	65.27
240	168	45	25.2	1134	2025	635.04	167.163	0.837	0.70
270	181	75	38.2	2865	5625	1549.24	183.405	−2.405	5.78
300	194	105	51.2	5376	11025	2621.44	199.647	−5.647	31.89
330	211	135	68.2	9207	18225	4651.24	215.889	−4.889	23.90
合计	1428	0	0	40200	74250	22189.60	1428	0	424.75

解：(1)由表 2.2.1 中的样本数据，可计算出：

$$\hat{\beta}_1 = \frac{\sum(x_i - \bar{x})(y_i - \bar{y})}{\sum(x_i - \bar{x})^2} = \frac{40200}{74250} = 0.5414$$

$$\hat{\beta}_0 = \bar{y} - \hat{\beta}_1 \bar{x} = 142.8 - 0.5414 \times 195 = 37.227$$

所以，样本回归方程为：$\hat{y}_i = 37.227 + 0.5414x_i$。

(2)由上可得边际消费倾向为 0.5414，因此居民可支配收入每增加 100 元时，家庭消费支出将平均增加 54.14 元。

上述结果可借助于 EViews 等软件直接求出。

2.2.3 普通最小二乘估计量的性质

可以证明，在满足经典假设的前提下，通过采用 OLS 法得到的估计量 $\hat{\beta}_0$ 和 $\hat{\beta}_1$ 具有非常优良的性质，即线性性、无偏性和最小方差性。

1. 线性性

线性性，即 $\hat{\beta}_0$ 和 $\hat{\beta}_1$ 均为随机变量 y 或 u 的线性函数。这一点不难由 $\hat{\beta}_0$ 和 $\hat{\beta}_1$ 的表达式看出。具有线性特性的意义是参数估计量 $\hat{\beta}_0$ 和 $\hat{\beta}_1$ 与解释变量 y 及随机误差项具有相同的分布，亦即给定 x，当 y 服从正态分布时，$\hat{\beta}_0$ 和 $\hat{\beta}_1$ 也服从正态分布。

2. 无偏性

无偏性是指参数估计量 $\hat{\beta}_0$ 和 $\hat{\beta}_1$ 的均值（期望值）分别等于总体参数值 β_0，β_1，即 $E(\hat{\beta}_0) = \beta_0$，$E(\hat{\beta}_1) = \beta_1$。

这一性质的实际意义是，参数估计量是以参数真实值为分布中心的随机变量，如果屡次变更数据，反复计算 $\hat{\beta}_0$ 和 $\hat{\beta}_1$，这些估计值没有高估或低估的系统趋势。

3. 最小方差性（有效性）

最小方差性（有效性）的含义是指在一切线性、无偏估计量中，OLS 估计量 $\hat{\beta}_0$ 和 $\hat{\beta}_1$ 的方差最小。这一性质又称为有效性或最佳性。

$\hat{\beta}_0$ 和 $\hat{\beta}_1$ 具有最小方差性的意义是，与其他线性无偏估计量相比，最小二乘估计 $\hat{\beta}_0$ 和 $\hat{\beta}_1$ 有更大的可能性离真值最近。

在统计学中，称拥有上述性质的估计量为最佳线性无偏估计量（Best Liner Unbiased Estimator，BLUE）。由此有：

高斯—马尔可夫（Gauss-Marcov）定理：若 u_i 满足 $E(u_i) = 0$，$\text{Var}(u_i) = \sigma^2$，那么用 OLS 法得到的估计量一定为最佳线性无偏估计量。

【例 2.2.2】 考虑线性回归模型：$GDP_i = \alpha + \beta \cdot Inv_i + \mu_i$，式中：GDP 为各省份的某年的生产总值（百万元），Inv 为该省该年的固定资产投资额（百万元）。这里，我们要研究固定资产投资对生产总值的影响。随机扰动项 μ 的分布未知，其他所有假设都满足。

(1)从直观及经济角度解释 α 和 β。

(2)OLS 估计量 $\hat{\alpha}$ 和 $\hat{\beta}$ 满足线性性、无偏性及有效性吗？简单陈述理由。

解：(1)$\alpha + \beta \cdot \text{lnv}$ 为固定资产投资额为 Inv 的省份的总体平均生产总值。当 lnv 为零时，平均生产总值为 α，因此 α 表示没有固定资产投资时的平均生产总值。而每个省的固定资产投资通常不为零，截距项 α 的具体取值经常并不是我们所关注的。β 是每单位 Inv 变化所引起的 GDP 的变化,即表示每多 1 万元固定资产投资,GDP 所对应的平均增加值。

（2）OLS 估计量 $\hat{\alpha}$ 和 $\hat{\beta}$ 满足线性性、无偏性及有效性,因为这些性质的成立无须随机扰动项 μ 的正态分布假设。

【例 2.2.3】　在例 2.2.2 中,如果被解释变量各省份的生产总值的计量单位由百万元改为亿元,估计的截距项与斜率项有无变化？如果解释变量固定资产投资的度量单位由百万元改为万元,估计的截距项与斜率项有无变化？

解：首先考察被解释变量度量单位变化的情形。表示以亿元为度量单位的生产总值,则 $\mathrm{GDP} = \mathrm{GDP}^* \cdot 100 = \alpha + \beta \cdot \mathrm{Inv} + \mu$,由此有如下新模型：

$$\mathrm{GDP}^* = (\alpha/100) + (\beta/100)\mathrm{Inv} + (\mu/100) \quad 或 \quad \mathrm{GDP}^* = \alpha^* + \beta^* \cdot \mathrm{Inv} + \mu^*$$

这里 $\alpha^* = \alpha/100, \beta^* = \beta/100$,所以新的回归系数将为原始模型回归系数的 $1/100$。

再考虑解释变量度量单位变化的情形。设 Inv^* 为用万元表示的固定资产投资,则 $\mathrm{Inv}^* = \mathrm{Inv} \cdot 100$,于是：

$$\mathrm{GDP} = \alpha + \beta \cdot \mathrm{Inv} + \mu = \alpha + \beta(\mathrm{Inv}^*/100) + \mu \quad 或 \quad \mathrm{GDP} = \alpha + (\beta/100)\mathrm{Inv}^* + \mu$$

可见,估计的截距项不变,而斜率项将为原回归系数的 $1/100$。

2.3　参数估计量的抽样分布及 σ^2 的估计量

$\hat{\beta}_0$ 和 $\hat{\beta}_1$ 所服从的分布称为参数估计量的抽样分布。在 2.2 节中已知 $\hat{\beta}_0$ 和 $\hat{\beta}_1$ 都是 y_i 的线性函数,而每个 y_i 都服从正态分布,所以,$\hat{\beta}_0$ 和 $\hat{\beta}_1$ 也服从正态分布。$\hat{\beta}_0$ 和 $\hat{\beta}_1$ 的期望值分别为 β_0 和 β_1,方差分别为：

$$V(\hat{\beta}_0) = \sigma^2 \left[\frac{1}{n} + \frac{\overline{x}^2}{\sum(x_i - \overline{x})^2} \right], V(\hat{\beta}_1) = \frac{\sigma^2}{\sum(x_i - \overline{x})^2}$$

因此,有

$$\begin{cases} \hat{\beta}_0 \sim N \left[\beta_0, \sigma^2 \left(\frac{1}{n} + \frac{\overline{x}^2}{\sum(x_i - \overline{x})^2} \right) \right] \\ \hat{\beta}_1 \sim N \left[\beta_1, \frac{\sigma^2}{\sum(x_i - \overline{x})^2} \right] \end{cases} \tag{2.3.1}$$

式（2.3.1）就是 $\hat{\beta}_0$ 和 $\hat{\beta}_1$ 的抽样分布。

由于 σ^2 是未知的,因此 $\hat{\beta}_0$ 和 $\hat{\beta}_1$ 的方差实际上是无法计算的。所以严格来说,这些分布还没有最终确定。为了估计 $\hat{\beta}_0$ 和 $\hat{\beta}_1$ 的方差,必须先给出 σ^2 的估计量,若用 $\hat{\sigma}^2$ 表示对 σ^2 的估计,则

$$\hat{\sigma}^2 = \frac{\sum_{i=1}^{n} \varepsilon_i^2}{(n-2)} \tag{2.3.2}$$

其中,n 表示样本容量；2 表示回归方程中被估参数（即 $\hat{\beta}_0$ 和 $\hat{\beta}_1$）的个数。因为 ε_i 是残差,所以 $\hat{\sigma}^2$ 又称作误差均方。可以证明,$\hat{\sigma}^2$ 是 σ^2 的无偏估计量,它可用来考察观测值对回归直线的离散程度。

用 $\hat{\sigma}^2$ 代替 σ^2,就得到了 $\hat{\beta}_0$ 和 $\hat{\beta}_1$ 的估计方差：

$$\hat{V}(\hat{\beta}_1) = \hat{\sigma}^2 \frac{1}{\sum(x_i - \overline{x})^2} = \frac{\sum \varepsilon_i^2}{n-2} \frac{1}{\sum(x_i - \overline{x})^2} \tag{2.3.3}$$

$$\hat{V}(\hat{\beta}_0) = \hat{\sigma}^2 \frac{\sum x_i^2}{n\sum(x_i - \overline{x})^2} = \frac{\sum \varepsilon_i^2}{n-2} \frac{\sum x_i^2}{n\sum(x_i - \overline{x})^2} \qquad (2.3.4)$$

一般,对经典的线性回归模型,利用样本观测数据求出参数的最小二乘估计,建立样本回归方程之后,还需要对其进行检验。所谓检验,就是利用一定的定性与定量标准,对模型的函数形式、变量选择、参数估计的正确性进行评估。只有经过检验证明是正确的线性回归模型估计式,才能用于经济分析、预测和决策。常见的统计检验主要包括拟合度检验、方程显著性检验、参数显著性检验。

2.4 一元线性回归方程的拟合优度

样本回归直线是对样本数据的一种拟合,对于同一组数据,用不同的方法估计参数,可以拟合出不同的回归直线。从散点图看,所有样本观察值都恰好在回归直线上的情况是极少见的,回归直线与样本观察值总是存在或正或负的偏离。一般,我们把回归直线与样本观察数据之间的拟合程度,称为样本回归直线的拟合优度。

拟合优度是回归直线与样本数据趋势的吻合程度,显然,若观测点离回归直线近,则拟合程度好;反之,则拟合程度差。现实中由于没有一条直线可以完全拟合样本数据,因此,为了判断某一关系是否相对更好地能对观察值进行描述,就需要有一个对拟合优度进行度量的数学方法与指标。在计量经济学中,常采用样本决定系数 R^2 来度量。

2.4.1 总离差平方和的分解

为了说明样本决定系数意义,首先考察被解释变量 y 的总离差的组成情况。

设由样本观察值 (x_i, y_i) 得到的样本回归方程为: $\hat{y}_i = \hat{\beta}_0 + \hat{\beta}_1 x_i$。三种离差如图 2.4.1 所示。

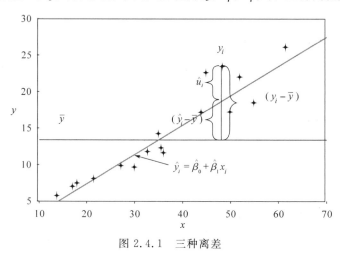

图 2.4.1 三种离差

由式(2.2.2)知,被解释变量 y_i 的观察值可分解成和之和:

$$y_i = \hat{y}_i + \varepsilon_i \qquad (2.4.1)$$

式(2.4.1)又可以写成: $y_i - \overline{y} = \hat{y}_i - \overline{y} + \varepsilon_i$ $\qquad (2.4.2)$

对于全部观察值求平方和,有:

$$\sum_{i=1}^{n}(y_i-\bar{y})^2 = \sum_{i=1}^{n}(\hat{y}_i-\bar{y}+\varepsilon_i)^2 = \sum_{t=1}^{n}(\hat{y}_i-\bar{y})^2 + \sum_{i=1}^{n}\varepsilon_i^2 + 2\sum_{i=1}^{n}\varepsilon_i(\hat{y}_i-\bar{y})$$

可以证明(证明略), $\sum_{i=1}^{n}\varepsilon_i(\hat{y}_i-\bar{y})=0$, 从而有:

$$\sum_{i=1}^{n}(y_i-\bar{y})^2 = \sum_{i=1}^{n}(\hat{y}_i-\bar{y})^2 + \sum_{i=1}^{n}\varepsilon_i^2 \tag{2.4.3}$$

式中: $\sum_{i=1}^{n}(\hat{y}_i-\bar{y})^2$ 是被解释变量 y_i 的观察值与其均值的离差平方和,称为总离差平方和,用 TSS 表示,即

$$\text{TSS} = \sum_{i=1}^{n}(y_i-\bar{y})^2 \tag{2.4.4}$$

TSS 反映了被解释变量总的波动大小,也即总的(变化)变异程度。

$\sum_{i=1}^{n}(\hat{y}_i-\bar{y})^2$ 是被解释变量的估计值与其均值的离差平方和,称为回归平方和,用 ESS 表示,即

$$\text{ESS} = \sum_{i=1}^{n}(\hat{y}_i-\bar{y})^2 \tag{2.4.5}$$

ESS 反映了解释变量 x_i 的变化所引起的 y_i 的波动,是 y 的总离差中被 x 的回归解释的那部分。

$\sum_{i=1}^{n}\varepsilon_i^2 = \sum_{i=1}^{n}(y_i-\hat{y}_i)^2$ 是被解释变量 y_i 的观察值与估计值之差的平方和,反映了 y_i 的变化中不能由解释变量 x_i 所解释的那部分变差,称为残差平方和,用 RSS 表示,即

$$\text{RSS} = \sum_{i=1}^{n}\varepsilon_i^2 = \sum_{i=1}^{n}(y_i-\hat{y}_i)^2 \tag{2.4.6}$$

于是,式(2.4.3)可写成:

$$\text{TSS}=\text{RSS}+\text{ESS} \tag{2.4.7}$$

由此可见, y_i 的变化有两个原因引起:一个是模型中解释变量 x 的变化引起的;另一个是模型外其他因素引起的。

2.4.2　样本决定系数 R^2

从回归平方和 ESS 与残差平方和 RSS 的意义可知,在总离差平方和 TSS 中,回归平方和 ESS 所占的比重越大,则线性回归效果就越好,也就是说,回归直线与样本观察值的拟合程度就越好,因此可用 ESS 与 TSS 之比来反映样本回归直线与全部观察值之间的拟合程度:

$$R^2 = \frac{\text{ESS}}{\text{TSS}} = \frac{\sum(\hat{y}_i-\bar{y})^2}{\sum(y_i-\bar{y})^2} \tag{2.4.9}$$

或

$$R^2 = 1 - \frac{\text{RSS}}{\text{TSS}} = 1 - \frac{\sum\varepsilon_i^2}{\sum(y_i-\bar{y})^2} \tag{2.4.10}$$

式中: R^2 称为样本决定系数,它计量了 y 的总变差中可以归因于 x 和 y 之间关系的比例,或者说 y 的变动中可以由 x 的变动来解释的比例,它是回归直线对各观察点拟合紧密程度的

测度,说明了样本回归直线的解释能力。

从式(2.4.9)或式(2.4.10)可以看出,R^2 的取值范围是$[0,1]$。一般,R^2 的值越接近 1,说明回归直线对观测值的拟合程度越好;反之,R^2 的值越接近 0,说明回归直线对观测值的拟合程度越差。

【例 2.4.1】 对于例 2.2.1,由样本所做的 OLS 估计结果是:

$$\hat{y}_i = 37.227 + 0.5414 x_i$$

计算可得,$R^2 = \dfrac{\sum (\hat{y}_i - \bar{y})^2}{\sum (y_i - \bar{y})^2} = \dfrac{\hat{\beta}_1^2 \sum (x_i - \bar{x})^2}{\sum (y_i - \bar{y})^2} = \dfrac{0.5414^2 \times 74250}{22189.6} = 0.9808$。

这说明样本回归直线的解释能力为 98.08%,即消费支出 y_i 的总变差中,由解释变量可支配收入 x_i 解释的部分占 98.08%,说明回归方程的拟合程度较高。

【例 2.4.2】 假设人均存款与人均收入之间的关系为:$s_t = \alpha + \beta y_t + \mu_t$,使用某地区 36 年的年度数据得如下估计模型,括号内为标准差。

$$\hat{s}_t = 384.105 + 0.067 y_t$$
$$\quad\ (151,105)(0.011)$$
$$R^2 = 0.538 \qquad \hat{\sigma}^2 = 199.023$$

(1)β 的经济解释是什么?

(2)α,β 符号应该是什么?为什么?实际的符号与你的直觉一致吗?如果有冲突的话,你可以给出可能的原因吗?

(3)对于拟合优度你有什么看法?

解:(1)β 为收入的边际储蓄倾向,表示人均收入每增加 1 元时人均储蓄的预期平均变化量。

(2)由于收入为零时,家庭仍会有支出,可预期零收入时的平均储蓄为负,因此此符号应为负。储蓄是收入的一部分,且会随着收入的增加而增加,因此预期的符号为正。实际的回归式中,β 的符号为正,与预期的一致。但截距项 α 为负,与预期不符,可能是由模型的错误设定造成的。如家庭人口数可能影响家庭储蓄行为,省略该变量将对截距项估计产生影响;另一种可能就是线性设定不正确。

(3)拟合优度刻画了解释变量对被解释变量变化的解释能力。模型中 53.8% 的拟合优度,表明收入变化可以解释储蓄中 53.8% 的变动,拟合效果不太理想。

2.5 回归方程的显著性检验——F 检验

从上面的拟合度检验中可以看出,给定样本所建回归方程的拟合度高,表示解释变量对被解释变量变动的解释程度高,也即表示解释变量对被解释变量的影响程度较大,但拟合度检验并没有说明研究所假定的模型总体线性关系,也即被解释变量 y 与解释变量 x 之间的线性关系是否真的成立。因此,对于所设定的线性回归模型还必须进行统计检验。

对于一元线性回归模型:$y = \beta_0 + \beta_1 x + u$,如果 $\beta_1 = 0$,则 $y = \beta_0 + u$,这时研究 y 与 x 之间的关系也就没有意义了。因此,对方程的显著性检验实质是检验假设 $H_0: \beta_1 = 0$ 是否为真。

由前述可知,一元线性回归方程有如下总变差分解式:

$$\sum_{i=1}^{n}(y_i-\bar{y})^2 = \sum_{i=1}^{n}(y_i-\hat{y}_i)^2 + \sum_{i=1}^{n}(\hat{y}_i-\bar{y})^2$$

即 $\text{TSS}=\text{RSS}+\text{ESS}$。

定义统计量:$F=\dfrac{\text{ESS}/1}{\text{RSS}/(n-2)}$

可以证明,当假设 $\beta_1=0$ 时,有:

$$F=\frac{\text{ESS}/1}{\text{RSS}/(n-2)}\sim F(1,n-2) \tag{2.5.1}$$

于是,给定显著性水平 α,查 F 分布表,得到临界值 $F_\alpha(1,n-2)$,则检验规则是:若样本计算的 F 值满足:$F\leqslant F_\alpha(1,n-2)$,则接受 H_0,说明回归方程不显著,也即被解释变量 y 与解释变量 x 之间不存在显著线性关系,说明模型设定不恰当;若 F 值满足:$F>F_\alpha(1,n-2)$,则拒绝 H_0,说明方程总体线性关系在 α 水平下显著成立,也即被解释变量 y 与解释变量 x 之间存在显著的线性关系。

一般方程的 F 检验可由方差分析表来完成。方差分析表如表 2.5.1 所示。

表 2.5.1　方差分析表

变差来源	平方和	自由度	均方	统计量
回归	ESS	1	ESS/1	$F=\dfrac{\text{ESS}/1}{\text{RSS}/(n-2)}$
残差	RSS	$n-2$	RSS/$(n-2)$	
总变差	TSS	$n-1$		

【2.5.1】　假设已知某种证券市场价格指数(x)与 B 证券价格(y)数据如表 2.5.2 所示,并假设它们之间呈正的线性关系,试建立回归模型,检验方程的显著性。

表 2.5.2　某种证券市场价格指数与 B 证券价格

月份	证券市场价格指数/%	B 证券价格/元	月份	证券市场价格指数/%	B 证券价格/元
1	1849	12.45	7	1805	7.55
2	1854	14.48	8	1801	8.05
3	1870	13.56	9	1798	8.68
4	1855	11.42	10	1830	10.08
5	1830	9.86	11	1845	9.45
6	1820	8.52	12	1865	12.08

解:首先根据假设,设定回归模型为:$y=\beta_0+\beta_1 x+u$

使用 OLS 法估计方程,得:

$$\hat{y}=-136.49+0.080x$$

$$R^2=0.76999,F=33.4765$$

设原假设 $H_0:\beta_1=0$,即该证券市场价格指数对 B 证券价格的变动没有显著的线性关系,选取 $\alpha=0.05$,$F_{0.05}(1,10)=4.96$,因为 $F=33.4765>F_{0.05}(1,10)$,所以拒绝原假设 H_0,可认为

方程总体显著,也即该证券市场价格指数与 B 证券价格之间有较为显著的线性关系。

2.6　回归参数的显著性检验与区间估计

2.6.1　回归参数的 t 检验

对一元线性回归模型而言,通常我们关心的问题是:x 是否可以解释 y 的变化,即解释变量对被解释变量是否有显著影响。这样问题就归结为对 $\beta_1 = 0$ 是否成立进行检验。

由 2.5 节我们知道 $\hat{\beta}_0$ 和 $\hat{\beta}_1$ 都服从正态分布,$\begin{cases} \hat{\beta}_0 \sim N[\beta_0, V(\hat{\beta}_0)] \\ \hat{\beta}_1 \sim N[\beta_1, V(\hat{\beta}_1)] \end{cases}$,其中

$$V(\hat{\beta}_0) = \sigma^2 \left[\frac{1}{n} + \frac{\overline{x}^2}{\sum (x_i - \overline{x})^2} \right], V(\hat{\beta}_1) = \frac{\sigma^2}{\sum (x_i - \overline{x})^2}$$

显然,统计量 $\dfrac{\hat{\beta}_0 - \beta_0}{\sqrt{V(\hat{\beta}_0)}}$ 和 $\dfrac{\hat{\beta} - \beta_1}{\sqrt{V(\hat{\beta}_1)}}$ 皆服从标准正态分布。但是,$V(\hat{\beta}_0)$ 和 $V(\hat{\beta}_1)$ 的表达式中都含有总体方差 σ^2,而 σ^2 是不可观察的,为此我们可以用 σ^2 的无偏估计量 $\hat{\sigma}^2$ 代替,由此得出 $V(\hat{\beta}_0)$ 和 $V(\hat{\beta}_1)$ 的无偏估计量:

$$\hat{V}(\hat{\beta}_0) = \hat{\sigma}^2 \left[\frac{1}{n} + \frac{\overline{x}^2}{\sum (x_i - \overline{x})^2} \right] \tag{2.6.1}$$

$$\hat{V}(\hat{\beta}_1) = \frac{\hat{\sigma}^2}{\sum (x_i - \overline{x})^2} \tag{2.6.2}$$

在小样本情况下(一般 $n \leqslant 30$)可以证明,用无偏估计量 $\hat{V}(\hat{\beta}_0)$ 和 $\hat{V}(\hat{\beta}_1)$ 代替 $V(\hat{\beta}_0)$ 和 $V(\hat{\beta}_1)$ 便得 t 统计量(证明略):

$$\frac{\hat{\beta}_0 - \beta_0}{\sqrt{\hat{V}(\hat{\beta}_0)}} \sim t(n-2) \tag{2.6.3}$$

$$\frac{\hat{\beta}_1 - \beta_1}{\sqrt{\hat{V}(\hat{\beta}_1)}} \sim t(n-2) \tag{2.6.4}$$

这样就可以用上述 t 统计量对 $\beta_1 = 0$ 是否成立进行检验了。具体检验过程为:

首先提出原假设:$H_0 : \beta_1 = 0$,备择假设 $H_1 : \beta_1 \neq 0$。在 H_0 成立时,有:

$$t = \frac{\hat{\beta}_1 - \beta_1}{\sqrt{\hat{V}(\hat{\beta}_1)}} = \frac{\hat{\beta}_1}{\sqrt{\hat{V}(\hat{\beta}_1)}} \sim t(n-2) \tag{2.6.5}$$

给定显著水平 α,查自由度为 $n-2$ 的 t 分布表,得临界值 $t_{\alpha/2}(n-2)$,如果 $|t| > t_{\alpha/2}(n-2)$,则拒绝 $H_0 : \beta_1 = 0$,接受备择假设 $H_1 : \beta_1 \neq 0$,此时可以认为解释变量 x 对被解释变量 y 的线性影响显著;反之,则认为解释变量 x 对被解释变量 y 没有显著影响。

在实际应用中,显著水平 α 通常取 0.05,在 t 分布表中可以看到当 $n-2 \geqslant 13$ 时,临界值 $t_{\alpha/2} = t_{0.025}$ 大体保持在 2 附近,而且非常接近 2。由此得到一个非常简单的检验方法:若 t 的绝对值远大于 2,则在 0.05 显著水平下,可以认为 β_1 显著不等于 0。换句话说,当利用样本值计算出 $|\hat{\beta}|$ 和 $\sqrt{\hat{V}(\hat{\beta}_1)}$ 之后,只要看看前者是否明显超过后者的两倍就行了。如果明显超过,我们就有 95% 的把握认为 β_1 显著地不等于 0。

例如,由表 2.2.1 数据计算得到的样本回归函数为:$\hat{y}_i = 37.227 + 0.5414x_i$。

当原假设为 $H_0: \beta_1 = 0$ 时,取 $\alpha = 0.05$,查 t 分布表得:$t_{0.025}(8) = 2.306$。

因为 $t = (\hat{\beta}_1 - \beta_1)/\sqrt{\hat{V}(\hat{\beta}_1)} = 0.5414/0.0267 = 20.2772 > t_{0.025}(8) = 2.306$,所以拒绝 H_0 的假设,接受 $H_1: \beta_1 \neq 0$,也就是说,经过检验可以认为 β_1 显著地不为 0,即家庭可支配收入对消费支出存在较为显著的线性影响。

2.6.2　回归参数的区间估计

由于 $t = \dfrac{\hat{\beta}_1 - \beta_1}{\sqrt{\hat{V}(\hat{\beta}_1)}} \sim t(n-2)$,所以对给定的显著性水平 α,便有 $P\{-t_{\alpha/2}(n-2) < t < t_{\alpha/2}(n-2)\} = 1-\alpha$,即我们有 $1-\alpha$ 的把握说:$-t_{\alpha/2}(n-2) < t < t_{\alpha/2}(n-2)$ 成立。从而可得到参数 β_1 置信度为 $1-\alpha$ 的置信区间为:

$$\left(\hat{\beta}_1 - t_{\alpha/2}(n-2) \cdot \sqrt{\hat{V}(\hat{\beta}_1)},\ \hat{\beta}_1 + t_{\alpha/2}(n-2) \cdot \sqrt{\hat{V}(\hat{\beta}_1)}\right)$$

亦即:$\hat{\beta}_1 \pm t_{\alpha/2}(n-2) \cdot \sqrt{\hat{V}(\hat{\beta}_1)}$。

对参数 β_0 的区间估计也有类似的结果:$\hat{\beta}_0 \pm t_{\alpha/2}(n-2) \cdot \sqrt{\hat{V}(\hat{\beta}_0)}$

【例 2.6.1】 消费支出研究。一个国家的城镇居民人均年消费支出主要取决于居民平均每人全部年收入水平。据此,我们可以选择城镇居民人均年消费性支出(expend)和居民平均每人全部年收入(income)建立我国城镇居民人均年消费性支出计量模型(见表 2.6.1)。假设:$\exp end = \beta_0 + \beta_1 income + \mu$。其中,$\beta_1$ 表示边际消费倾向,$1 < \beta_1 < 1$,要求:(1)估计模型;(2)对参数进行检验($\alpha = 0.05$);(3)解释参数 β 的经济含义。

表 2.6.1　我国城镇居民人均消费和人均年收入

	1985 年	1986 年	1987 年	1988 年	1989 年	1990 年	1991 年	1992 年	1993 年
年收入/元	784.92	909.96	1012.2	1192.12	1387.81	1522.79	1731.1	2031.53	2583.16
消费支出/元	673.2	798.96	884.4	1103.98	1210.95	1278.89	1453.8	1671.73	2110.81

	1994 年	1995 年	1996 年	1997 年	1998 年	1999 年	2000 年	2001 年	
年收入/元	3502.3	4288.09	4844.78	5188.54	5458.34	5888.8	6316.81	6907.08	
消费支出/元	2851.3	3537.57	3919.47	4185.64	4331.61	4615.9	4998	5309.01	

解: (1)估计模型。采用 OLS 法进行估计,使用 EViews 软件进行计算,估计结果如图 2.6.1 所示。

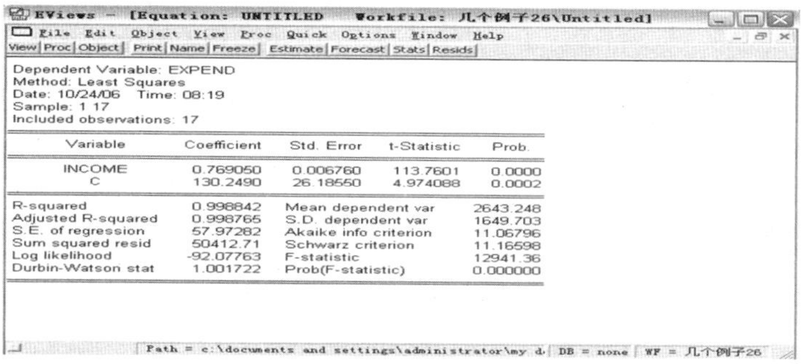

图 2.6.1

经验回归方程为：$\exp end = 130.249 + 0.7691_1 incom$

t 　　　(4.9741)　　　(113.7601)

se 　　　(26.1955)　　　(0.0068)

$R^2 = 0.9988$ 　F-ststistic$=12941.36$ 　Prob(F)$=0.0000$

(2)对参数进行显著性检验(只对 β_1)。

第一，提出假设：$H_0 : \beta_1 = 0, H_1 : \beta_1 \neq 0$。

第二，构造 t 统计量，并由样本计算其值：

$$t = \hat{\beta}_1 / \sqrt{\mathrm{Var}(\hat{\beta}_1)} = 0.7691/0.00676 = 113.76。$$

第三，显著性水平 $\alpha = 0.05$，$t_{0105/2}(15) = 1.753$。

第四，判断。$|t| = 113.76 > t_{0105/2}(15) = 1.753$，所以拒绝原假设 H_0，也即解释变量 x 对 y 有较为显著的线性影响。

也可直接根据图 2.6.2 结果进行检验。在第三步中，由上图可知，prob$=0.0000 < \alpha = 0.05$，故拒绝原假设 H_0。

(3)参数 β 的经济含义。假设其他变量不变，人均年收入 income 每增加 1 元，我国城镇居民人均消费平均增加 0.769 元。

2.7　预　测

计量经济学除了测度和验证之外，还有一个重要作用就是预测。所谓预测，就是指在参数估计和显著性检验后，在解释变量值已知的条件下，根据回归方程所描述的变化规律来推测相应的被解释变量值。对被解释变量的预测主要有点预测和区间预测两种。

2.7.1　点预测

点预测是指给定解释变量 x 的某一特定值，直接利用回归方程来估计被解释变量 y 的值。

假设模型为：

$$y_t = \beta_0 + \beta_1 x_t + u_t, t = 1, 2, \cdots, n \tag{2.7.1}$$

样本回归方程为：

$$\hat{y}_t = \hat{\beta}_0 + \hat{\beta}_1 x_t \tag{2.7.2}$$

当解释变量 $x = x_f$ 时，$\hat{y}_f = \hat{\beta}_0 + \hat{\beta}_1 x_f$ 就是对 y_f 的预测值。

2.7.2　区间预测

区间预测是指在一定的置信水平下找出预测值真值所在的区间范围。

为了求出 y_f 的预测区间，须先计算 $\hat{y}_f - y_f$ 的方差。可以证明：

$$V(\hat{y}_f - y_f) = \sigma^2 \left[1 + \frac{1}{n} + \frac{(x_f - \bar{x})^2}{\sum x_i^2} \right] \tag{2.7.3}$$

用估计量 $\hat{\sigma}^2$ 代替 σ^2，得：

$$V(\hat{y}_f - y_f) = \hat{\sigma}^2 \left[1 + \frac{1}{n} + \frac{(x_f - \overline{x})^2}{\sum x_i^2} \right] \tag{2.7.4}$$

则可利用式(2.7.4)构造如下 t 统计量：

$$t = \frac{\hat{y}_f - y_f}{\sqrt{\hat{V}(\hat{y}_f - y_f)}} \sim t(n-2)$$

于是，y_f 的置信度 $1-\alpha$ 的置信区间为：

$$\left(\hat{y}_f - t_{\alpha/2}((n-2)\sqrt{\hat{v}(\hat{y}_f - y_f)} \quad \hat{y}_f + t_{\alpha/2}((n-2)\sqrt{\hat{v}(\hat{y}_f - y_f)} \right) \tag{2.7.5}$$

2.8　应用举例

【例 2.8.1】　影响银行不良贷款率(N)的因素有很多，包括 GDP 增长率、投资水平、消费水平、银行贷款总量等。这里研究 GDP 增长率对银行不良贷款率的影响，通过建立一元线性回归方程来对两者的关系进行分析。

$$N = \beta_0 + \beta_1 \text{GDP} + \mu$$

(1)收集数据。选取我国 2018 年 31 个省(区、市)的不良贷款率与 GDP 增长率的相关数据来进行实证分析(见表 2.8.1)。

表 2.8.1　2018 年我国 31 个省(区、市)不良贷款率、GDP 增长率　　　单位：%

省(区、市)	不良贷款率	GDP 增长率	省(区、市)	不良贷款率	GDP 增长率
北京	0.4	6.6	湖北	1.5	7.8
天津	3.1	3.6	湖南	1.7	7.8
河北	2.2	6.6	广东	1.3	6.8
山西	2.3	6.6	广西	1.5	6.8
内蒙古	3.5	5.3	海南	1.6	5.8
辽宁	4.1	5.7	重庆	1.1	6
吉林	3.1	4.5	四川	2.2	8
黑龙江	2.3	4.66	贵州	2.1	9.1
上海	0.6	6.6	云南	2.5	8.9
江苏	1.3	6.7	西藏	0.4	9.1
浙江	1.2	7.1	陕西	1.5	8.3
安徽	1.9	8	甘肃	4.4	6.3
福建	1.6	8.3	青海	2.3	7.1
江西	2.3	8.7	宁夏	3.7	7
山东	4	6.4	新疆	1.4	6.1
河南	2.9	7.6			

数据来源：中国统计年鉴(2019)和银保监会统计公报(2018)。

(2)利用 OLS 法估计模型。利用 EViews 软件进行计算,结果如图 2.8.1 所示。

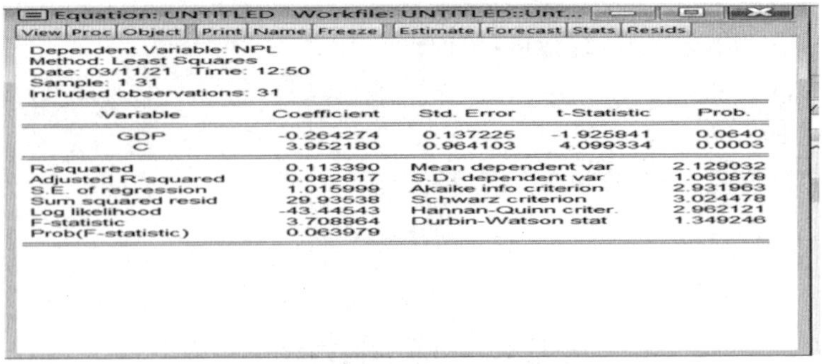

Equation: UNTITLED Workfile: UNTITLED::Unt...

View | Proc | Object | Print | Name | Freeze | Estimate | Forecast | Stats | Resids

Dependent Variable: NPL
Method: Least Squares
Date: 03/11/21 Time: 12:50
Sample: 1 31
Included observations: 31

Variable	Coefficient	Std. Error	t-Statistic	Prob.
GDP	-0.264274	0.137225	-1.925841	0.0640
C	3.952180	0.964103	4.099334	0.0003

R-squared	0.113390	Mean dependent var	2.129032
Adjusted R-squared	0.082817	S.D. dependent var	1.060878
S.E. of regression	1.015999	Akaike info criterion	2.931963
Sum squared resid	29.93538	Schwarz criterion	3.024478
Log likelihood	-43.44543	Hannan-Quinn criter.	2.962121
F-statistic	3.708864	Durbin-Watson stat	1.349246
Prob(F-statistic)	0.063979		

图 2.8.1 EViews 输出结果

估计方程为:$\hat{N}=3.9521 - 0.2643GDP$

t (4.0993) (−1.9258)

$R^2=0.0828$,F-statistic=3.7089,Prob(F)=0.06398

(3)模型检验与经济含义。$R^2=0.0828$,说明数据拟合情况不高,不良贷款率的变差仅有 8.28%可由变量 GDP 增长率解释。

给定显著性水平 $\alpha=0.05$,Probl(F)=0.064>α,所以方程总体不显著。

$\hat{\beta}_1$ 相应的 $p_F=0.064>\alpha$,参数 $\hat{\beta}_1$ 不显著,表明 GDP 增长率确实对不良贷款率没有较为显著的影响;$\hat{\beta}_1=-0.2643$,说明假设其他因素不变,GDP 增长率每上升 1 个百分点,不良贷款率平均会下降 0.2643 个百分点。

【例 2.8.2】 用回归模型分析航班正点率对投诉率的影响。

中国民用航空局发布《关于运输航空公司 2020 年机队规划备用指标奖优及基础指标核减数量的公示》,详细记录了 2018 年各航司安全记录、航班正常情况等数据。航班因公司原因不正常的比率和每 10 万名乘客投诉的次数的数据如表 2.8.2 所示。

表 2.8.2 中国各航空公司业绩的统计数据

航空公司名称	投诉率 Y/(次/10 万名乘客)	公司原因航班不正常率 X/%
春秋航空	0.224	3.40
重庆航空	0.145	3.61
瑞丽航空	0.164	2.98
吉祥航空	0.169	3.18
天津航空	0.390	3.77
联合航空	0.987	4.62
华夏航空	0.308	4.97
长龙航空	0.247	3.67
山东航空	0.301	4.01

航空公司名称	投诉率 Y/(次/10 万名乘客)	公司原因航班不正常率 X/%
红土航空	0.313	3.86
福州航空	0.266	3.09
祥鹏航空	0.306	4.20

资料来源:《关于运输航空公司 2020 年机队规划备用指标奖优及基础指标核减数量的公示》。

(1)航班正点率 X 和乘客投诉率 Y 的散点图如图 2.8.2 所示。

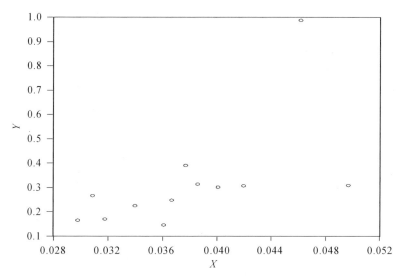

图 2.8.2　航班正点率和乘客投诉率的散点图

由图 2.8.2 可初步判断,每 10 万名乘客投诉次数与航班不正常率近似呈现正相关关系。

(2)建立投诉率(Y)依赖航班不正常率(X)的回归方程:

$$Y_i = \beta_0 + \beta_1 X_i + u_i$$

使其在 EViews 计算,得到如图 2.8.3 所示的结果。

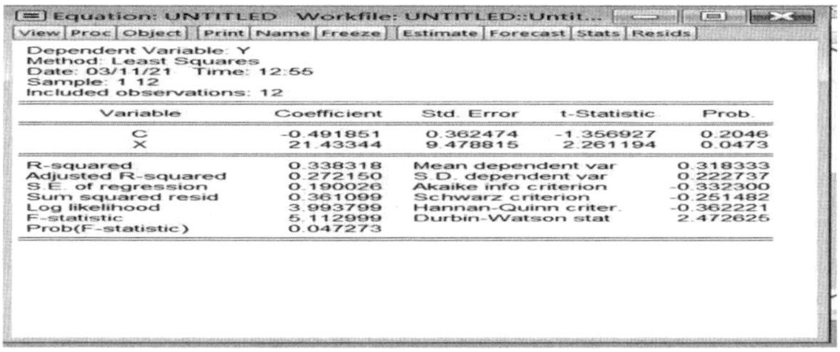

图 2.8.3　EViews 输出结果

29

由此可知,样本回归方程为:

$$\hat{y} = -0.4918 + 21.4334x$$

se　　(1.4918)　　(9.4788)

t　　(-1.3569)　　(2.2612)

$R^2 = 0.3383$, F-statistic $= 5.1130$, Prob(F) $= 0.0473$

其中,括号内数字是相应 t 统计量的值。se 是回归估计量的标准误差。

(3)模型的统计检验。$R^2 = 0.3383$,说明解释变量航班不正常率只能解释每 10 万名乘客投诉次数变动的 33.83%,拟合效果较低。

给定 $\alpha = 0.05$,因为 $|t| = 2.2612 < t_{0.05}(8) = 2.306$,或对应的 Prob(t) $= 0.0473 < \alpha$,所以接受原假设 $\beta_1 = 0$,即认为航班不正常率对乘客投诉次数的确有较为显著的影响。

(4)结果说明。上述结果表明,航班不正常率对乘客投诉次数的确有较为显著影响,且当公司航班不正常率每提高 1 个百分点,每 10 万名乘客投诉次数平均将上升 0.2046 次。

(5)预测。利用上面的 OLS 估计式,假设已知正点率,可以对投诉率进行预测。如果航班因公司原因不正常率为 4%,则估计每 10 万名乘客投诉的次数为:

$$\hat{y} = -0.4918 + 21.4334 \times 0.04 = 0.3655(次)$$

【例 2.8.3】　表 2.8.3 中是 2013 年东盟十国各国人均预期寿命(Y)、按购买力平价计算的人均 GDP(X_1)、成人识字率(X_2)、一岁儿童免疫接种率(X_3)的数据。

表 2.8.3　2013 年东盟十国人均预期寿命等数据

序号	国家	预期寿命率 Y	人均 GDPX_1 /美元	成人识字率 X_2 /%	一岁以下儿童免疫 接种率 X_3/%
1	文莱	77.1	77959.0325	97.2	96.0
2	柬埔寨	66.6	2955.1732	80.7	93.0
3	印度尼西亚	70.4	9672.5954	93.9	77.9
4	老挝	66.9	4787.4397	79.0	82.0
5	马来西亚	75.0	23414.4457	94.2	95.3
6	缅甸	68.7	4328.6977	95.1	86.0
7	菲律宾	68.7	6365.5242	90.2	90.0
8	新加坡	82.4	78046.2374	96.5	94.0
9	泰国	74.4	14914.9693	92.6	98.0
10	越南	73.1	5121.7408	94.8	97.7

资料来源:国泰安数据库。

试建立简单线性回归模型,分析各国人均预期寿命与成人识字率的数量关系:

(1)设定模型:$Y_i = \beta_0 + \beta_1 X_{1i} + u_i$,且 $\beta_1 > 0$。

(2)估计参数。采用表 2.8.3 中的数据,使用 EViews 计算,结果如图 2.8.4 所示。

图 2.8.4 EViews 输出结果

估计方程为：$\hat{y} = 21.3622 + 0.5575x$

se （17.9401） （0.1958）

t （1.1008） （2.8472）

$R^2 = 0.5033$，F-statistic $= 8.1009$，Prob(F) $= 0.0216$

（3）模型检验。$R^2 = 0.5033$，说明成人识字率可以解释人均预期寿命变差的 50.33%，各国人均预期寿命其余 49.67% 的变差由其他因素解释，拟合效果较低。

取 $\alpha = 0.05$，F-statistic $= 8.1009$，Prob(F) $= 0.0216 < \alpha = 0.05$，所以在 0.05 的显著性水平下，成人识字率与各国人均预期寿命有较为显著的线性关系，方程总体效果较为显著。

成人识字率回归结果的参数 $t = 2.8472$，对应的 P 值 $= 0.026 < \alpha = 0.05$，所以成人识字率对人均预期寿命有较为显著的线性影响。

（4）结果说明。由此可知，成人识字率对人均预期寿命有较为显著的影响，且在其他隐私不变的条件下，成人识字率每提高一个百分点，人均预期寿命平均将提升约 0.6 个百分点。

【例 2.8.4】 某地区居民家庭可支配收入 x 与家庭消费支出 y 的资料如表 2.8.4 所示。

表 2.8.4 可支配收入 x 与家庭消费支出 y 样本数据 单位：百元

y	58	85	102	124	146	159	168	181	194	211
x	60	90	120	150	180	210	240	270	300	330

要求：

（1）建立居民家庭消费支出 y 对家庭可支配收入 x 的回归方程；

（2）指出居民可支配收入每增加 100 元时，家庭消费支出增加多少。

解：（1）理论分析与模型设定。根据凯恩斯消费理论，消费支出主要取决于收入水平，据此，设定模型为：

$$y = \beta_0 + \beta_1 x + u$$

其中，y 表示居民家庭消费支出；x 表示居民家庭可支配；μ 为随机误差；β_1 表示边际消费倾向，$1 > \beta_1 > 0$。

（2）模型估计。假定模型满足经典假设，采用 OSL 估计，使用 EViews 计算，结果如图 2.8.5 所示。

图 2.8.5

经验回归方程为: $\hat{y} = 37.2242 + 0.5414x$

$$t \quad (6.53) \quad (20.25)$$

$$R^2 = 0.9809, F = 409.9309, P_F = 0.0000$$

（3）模型检验。

①经济意义检验：$0 < \hat{\beta}_1 = 0.5414 < 1$，与假设相一致，符合经济理论。

②拟合优度检验：$R^2 = 0.9809$，表明收入 x 的变化可解释消费支出 y 总变差的 98.09%，拟合效果好。

③方程的显著性检验：取 $a = 0.05$，$F = 409.93$，$p(F) = 0.0000 < \alpha = 0.05$，所以 x 与 y 之间存在较为显著的线性关系，方程总体较为显著。

④参数的显著性检验：$t_{\beta 1} = 6.53$，由图 2.8.5 可知，其对应的 $p_{\beta 1} = 0.0000 < \alpha = 0.05$，所以 β_1 较显著不为 0，也即解释 3 变量人均收入 x 对人均消费支出 y 的线性影响较为显著。

注意：在一元线性回归方程中，方程的显著性 F 检验与变量显著性 t 检验两个只需做一个即可。

（4）结果说明。根据上述方程可知，居民可支配收入对家庭消费有较为显著的影响，且在其他条件不变的情况下，收入每增加 100 元，家庭消费支出将平均增加 54.14 元。

重难点解析

2.9 一元线性回归模型实验

2.9.1 实验数据

我国自改革开放以来提出了"科教兴国"的战略决策，颁布了《国家中长期科学和技术发展规划纲要（2006—2020）》，从财政上加大了对科技的投入力度，使研究与开发投入强度稳步提高，高质量的论文和具有国际水平的专利在数量上不断增加，然而，这些科技成果有没有进入生产领域，促进经济增长呢？本案例正是基于这样的思考，对科技投入对经济增长的影响进行计量分析。表 2.9.1 是 2000—2019 年我国 GDP 及研究和开发支出（R&D）的数据。

表 2.9.1 2000—2019 年我国 GDP 与 R&D 的数据

年份	国内生产总值 /亿元	R&D 经费支出 /亿元	年份	国内生产总值 /亿元	R&D 经费支出 /亿元
2000	100280.14	895.70	2010	412119.26	7062.58
2001	110863.12	1042.50	2011	487940.18	8687.00
2002	121717.42	1287.64	2012	538579.95	10298.41
2003	137422.03	1539.63	2013	592963.23	11846.60
2004	161840.16	1966.33	2014	643563.10	13015.63
2005	187318.90	2449.97	2015	688858.22	14169.88
2006	219438.47	3003.10	2016	746395.06	15676.75
2007	270092.32	3710.24	2017	832035.95	17606.13
2008	319244.61	4616.00	2018	919281.13	19677.93
2009	348517.74	5802.11	2019	990865.11	22143.60

资料来源:CSMAR 国泰安数据库(http://www.gtarsc.com)。

2.9.2 实验过程

1. 作散点图并建立模型

(1)建立文件。首先双击 EViews 图标,进入 EViews 界面,在菜单上依次点击"File",出现下拉菜单,单击"New"→"Workfile",选择"Date regular frequency"→"annual",在 Start date 框里输入 2000,End date 框里输入 2019,点击"OK"(见图 2.9.1),出现工作文件窗口。若要将工作文件存盘,则点击"Save",在"Save AS"对话框中给定路径和文件名,点击"OK",工作文件中的内容将被保存。

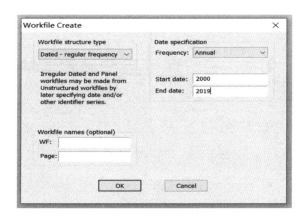

图 2.9.1 "整体数据"对话框

（2）输入数据。菜单方式——数组方式。单击"Quick"选择"Empty Group"，出现 Group 数据窗口，在数据表中的第一列键入国内生产总值的数据，并将该序列取名为 GDP；在第二列中键入 R&D 数据增长率，取名为 RD（见图 2.9.2）。

或菜单方式——序列方式：点击 Objects \ New object \ 选 Series \ 输入序列名称\Ok，进入数据编辑窗口，点击 Edit＋/－打开数据编辑状态，（用户可以根据习惯点击 Smpl＋/－改变数据按行或列的显示形式，）然后输入数据，方式同上。

或 data 命令方式：命令格式为：data ＜序列名 1＞ ＜序列名 2＞……＜序列名 n＞，序列名之间用空格隔开，输入全部序列后回车就进入数据编辑窗口。用户可以按照 Excel 的数据输入习惯输入数据。数据输入完毕，可以关闭数据输入窗口，点击工作文件窗口工具条的 Save 或点击菜单栏的 File \ Save 将数据存入磁盘。

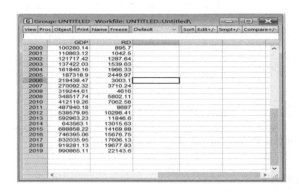

图 2.9.2　对象窗口

（3）做散点图。点击"Quick"→"Graph"，在对话框内键入"GDP RD"，点击"OK"，在出现的选择列表里（见图 2.9.3），选择"BasicType"→"Scatter"，点击 OK，则出现如图 2.9.3 所示散点图。

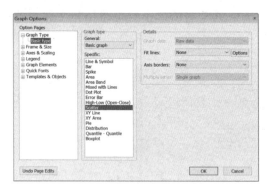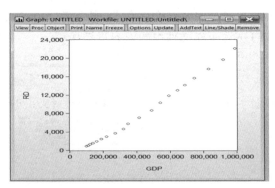

图 2.9.3　RD 与 GDP 散点图

图 2.9.3 显示，GDP 和 RD 之间呈线性关系。

（4）设定模型。基于散点图，可假设一元回归模型为：

$$RD=\beta_0+\beta_1 GND+\mu，且 \beta_1>0$$

34

2.估计模型

方法一:在主菜单窗口点击"Quick"→"EstimateEquation",在出现的对话框中键入"RD C GDP",得到如图 2.9.4 所示结果。

方法二:单击主窗口中的 Quick→Estimate Equation,进入输入估计方程对话框,输入待估计方程,选择估计方法—普通最小二乘法。

方法三:在数据序列组对象菜单下,单击 Procs→Make Equation,进入输入估计方程对话框,选择估计方法—普通最小二乘法。

在主菜单窗口点击"Quick"→"Estimate Equation",在出现的对话框中键入"RD C GDP",得到如图 2.9.4 所示结果。

读一读

图 2.9.4

估计方程为:

$$\hat{GDP} = 90219.46 + 42.19RD$$

$$t \quad (12.6267) \quad (62.8935)$$

$$R^2 = 0.9955, \text{F-statistic} = 3955.586, \text{Prob(F)} = 0.0000, \text{DW} = 0.4022$$

3.模型检验及结果说明(略)

【练一练】　实验作业

政府支出是指一国(或地区)为了完成其公共职能,对购买的所需商品和劳务进行的各种财政资金的支付活动,是政府必须向社会付出的成本。经济增长给政府支出提供了资金来源。GDP 越高的地区,其财政支出也越高吗? 为了验证这一想法,表 2.9.2 给出了 2017 年我国 31 个省(区市)GDP 与政府消费支出的截面数据。我们运用一元线性回归模型来进行分析。

(1)制作散点,并据此设定模型;(2)估计模型;(3)模型检验;(4)结果说明。

表 2.9.2　2017 年我国 31 个省(区、市)生产总值与政府支出

省(区、市)	GDP /亿元	政府支出 /亿元	省(区、市)	GDP /亿元	政府支出 /亿元
安徽	27018.00	2828.49	辽宁	23409.24	2902.47
北京	28014.94	5350.61	内蒙古	16096.21	2427.75
福建	32182.09	3042.52	宁夏	3443.56	684.66

续表

省(区、市)	GDP /亿元	政府支出 /亿元	省(区、市)	GDP /亿元	政府支出 /亿元
甘肃	7459.90	1430.10	青海	2624.83	741.55
广东	89705.23	11031.90	山东	72634.15	6900.45
广西	18523.26	2658.37	山西	15528.42	2062.00
贵州	13540.83	1673.80	陕西	21898.81	2606.58
海南	4462.54	852.39	上海	30632.99	4580.87
河北	34016.32	4144.36	四川	36980.22	4524.50
河南	44552.83	6099.89	天津	18549.19	2346.02
黑龙江	15902.68	2967.38	西藏	1310.92	674.62
湖北	35478.09	4417.29	新疆	10881.96	3219.74
湖南	33902.96	4792.10	云南	16376.34	2906.27
吉林	14944.53	1701.10	浙江	51768.26	6442.65
江苏	85869.76	11128.39	重庆	19424.73	2270.88
江西	20006.31	2257.50			

资料来源:CSMAR 国泰安数据库(http://www.gtarsc.com)。

【本章小结】

本章介绍了回归分析的基本思想与基本方法。总体回归函数是对总体变量间关系的定量表述,由总体回归模型在若干基本假设下得到,但它只是建立在理论之上,在现实中只能先从总体中抽取一个样本,获得样本回归函数,并用它对总体回归函数做出统计推断。

本章的一个重点是如何获取线性的样本回归函数,主要涉及普通最小二乘法(OLS)的学习与掌握。对样本回归函数能否代表总体回归函数进行统计推断,即进行所谓的统计检验。统计检验包括两个方面:一是先检验样本回归函数与样本点的"拟合优度";二是检验样本回归函数与总体回归函数的"接近"程度。后者又包括两个层次:第一,检验解释变量对被解释变量是否存在着显著的线性影响关系,通过变量的 t 检验完成;第二,检验回归函数与总体回归函数的"接近"程度,通过参数估计值的"区间检验"完成。

本章还有三方面的内容不容忽视:其一,若干基本假设。样本回归函数参数的估计及对参数估计量的统计性质的分析以及所进行的统计推断都是建立在这些基本假设之上的。其二,参数估计量统计性质的分析,包括无偏性、有效性与一致性构成了对样本估计量优劣的最主要的衡量准则。Goss-markov 定理表明 OLS 估计量是最佳线性无偏估计量。其三,运用样本回归函数进行预测,包括被解释变量条件均值与个值的预测,以及预测置信区间的计算及其变化特征。

【关键术语】

一元线性回归方程,样本回归方程、最小二乘估计,最佳线性无偏估计量,回归参数的 t 检验,F 检验,总离差平方和、拟合优度。

【课后讨论】数字普惠金融有助于提升农村居民收入吗?

农村是共同富裕的洼地,提高农村居民收入是•共同富裕的必经之路。近年来随着经济的发展和一系列助农政策提出,我国农村居民收入呈现出了快速增长的态势。但城乡居民收入差距依然很大,这与长期以来农村金融服务匮乏有很大的关系。而数字普惠金融模式,作为金融服务与数字技术相结合的产物,则由于其具有服务成本低、风控能力高等传统金融无法比拟的优点,能够有效促进农村金融服务生态环境的改善,成为缓解农户信贷约束、拓宽农户收入渠道、丰富农户收入多样性的有效途径,对提高农村居民收入产生积极影响。请同学们尝试建立反映农村居民收入与数字普惠金融关系模型,进行验证。

【思考与练习】

1.解释下列概念:

(1)总体回归函数。

(2)样本回归函数。

(3)线性回归模型。

(4)随机误差项(u_i)和残差项(e_i)。

(5)最小二乘法。

2.回答下列问题:

(1)线性回归模型有哪些基本假设? 违背基本假设的计量经济学模型是否就不可估计?

(2)根据最小二乘原理,所估计的模型已经使得拟合误差达到最小,为什么还要讨论模型的拟合优度问题?

(3)简述拟合优度检验与 F 检验的区别与联系。

(4)简述回归分析与相关分析的区别与联系。

(5)为什么要进行解释变量的显著性检验?

3.利用美国 1980—1995 年间人均消费支出(PCE)和人均可支配收入(PDPI)的数据,得到了如表 1 回归分析结果。

表 1　PCE 与 PDPI 回归分析结果

Variable	Coefficient	Std. Error	t-Statistic	Prob.
LOG(PDPI)	1.205281	0.028891	41.71870	0.0000
C	−2.092664	0.281286	−7.439640	0.0000
R-squared	0.992020	Mean dependent var		9.641839

续表

Variable	Coefficient	Std. Error	*t*-Statistic	Prob.
Adjusted R-squared	0.991450	S. D. dependent var		0.096436
S. E. of regression	0.008917	Akaike info criterion		−6.485274
Sum squared resid	0.001113	Schwarz criterion		−6.388701
Log likelihood	53.88219	F-statistic		1740.450
Durbin-Watson stat	2.322736	Prob(F-statistic)		0.000000

(1)根据以上结果,写出回归分析结果。

(2)对模型中解释变量系数进行显著性检验。

(3)如何解释解释变量的系数?

4.下面是我国 1990—2003 年间 GDP 对 M1 回归的结果。

$$\ln(\text{GDP}) = 1.37 \quad + \quad 0.76\ln(\text{M1})$$

se   (0.15)   (   )

t   (   )   (23)

(1)求出空白处的数值,填在括号内。

(2)系数是否显著,请给出理由。

5.为研究美国软饮料公司的广告费用 X 与销售数量 Y 的关系,分析了七种主要品牌软饮料公司的有关数据,如表 2 所示。

表 2　美国软饮料公司广告费用与销售数量

品牌名称	广告费用 X/百万美元	销售数量 Y/百万箱
Coca-Cola Classic	131.3	1929.2
Pepsi-Cola	92.4	1384.6
Diet-Coke	60.4	811.4
Sprite	55.7	541.5
Dr. Pepper	40.2	546.9
Moutain Dew	29.0	535.6
7-Up	11.6	219.5

资料来源:(美) Anderson D R 等.商务与经济统计[M].北京:机械工业出版社,1998.

(1)绘制美国软饮料公司广告费用 X 与销售数量 Y 散点图,计算相关系数,你认为 X 与 Y 之间关系如何? 是线性的还是非线性的?

(2)确定回归模型,求出样本回归方程,并对方程进行显著性检验。

(3)该回归方程的拟合优度 R^2 是多少? 应如何解释?

6.假设王先生估计消费函数(用模型 $C_i = a + bY_i + u_i$ 表示),并获得下列结果:

$$\hat{C}_i = 15 + 0.81Y_i, n = 19$$

$$(3.1)(18.7)R^2 = 0.98$$

括号里的数字表示相应参数的 t 值。要求：

(1)利用 t 值检验假设：$b = 0$（取显著水平为 5%）；

(2)确定参数估计量的标准方差；

(3)构造 b 的 95% 的置信区间，这个区间包括 0 吗？

7. 为研究中国国民总收入与最终消费的关系，搜集到数据如表 3 所示。要求：

表 3　中国国民总收入与最终消费　（单位：亿元）

年份	国民总收入 X	最终消费 Y	年份	国民总收入 X	最终消费 Y
1988	15174.40	9429.37	2003	135174.0	79735.01
1989	17188.40	11043.68	2004	159586.7	89394.43
1990	18923.30	12012.42	2005	184088.6	101872.53
1991	22050.30	13625.62	2006	213131.7	115364.28
1992	27208.20	16239.29	2007	251483.2	137737.06
1993	35599.20	20814.94	2008	321229.5	158899.20
1994	48108.46	28296.81	2009	347934.9	174538.63
1995	59810.53	36228.74	2010	410354.1	201581.38
1996	70142.49	43122.27	2011	483392.8	244747.35
1997	78060.83	47548.74	2012	537329.0	275443.86
1998	83024.28	51501.82	2013	588141.2	306663.67
1999	88479.15	56667.31	2014	644380.2	338031.15
2000	98000.45	63748.88	2015	686255.7	371920.69
2001	108068.2	68661.13	2016	743408.3	410806.42
2002	119095.7	74227.48	2017	831381.2	456518.23

资料来源：中国统计年鉴 2018[M].北京：中国统计出版社，2018.

(1)以分析国民总收入对消费的推动作用为目的，建立线性回归模型，并对模型进行估计。

(2)对回归方程进行显著性水平为 5% 的检验。

(3)如果 2018 年全年国民总收入为 497604 亿元，比上年增长 9.0%，预测可能达到的最终消费水平，并对最终消费的均值给出置信度为 95% 的预测区间。

8. 假定有如下的回归结果：$\hat{Y}_t = 2.6911 - 0.4795X_t$，其中，$Y$ 表示美国的咖啡的消费量（每天每人消费的杯数），X 表示咖啡的零售价格（美元/杯），t 表示时间。要求：

(1)这是一个时间序列回归还是横截面序列回归？并做出回归线。

(2)如何解释截距的意义，它有经济含义吗？如何解释斜率？

(3)根据需求的价格弹性定义：弹性＝斜率×(X/Y)，依据上述回归结果，你能求出对咖啡需求的价格弹性吗？如果不能，计算此弹性还需要其他什么信息？

9. 表 4 给出了 2013 年东盟十国的利率(Y)与通货膨胀率(X)的数据。要求：

表 4　2013 年东盟十国的利率与通货膨胀率

国家	$Y/\%$	$X/\%$
越南	7.14	5.9
文莱	0.21	-2.8
柬埔寨	4.03	2.9
印度尼西亚	7.61	8.1
老挝	5.41	6.5
马来西亚	2.97	3.2
缅甸	8.80	4.3
菲律宾	1.38	4.0
新加坡	0.14	2.4
泰国	1.50	1.7

资料来源：东盟宏观经济研究数据库。

(1)以利率为纵轴、通货膨胀率为横轴作图；

(2)用 OSL 进行回归分析，写出求解步骤。

10. 现代投资分析的特征线涉及如下回归方程：$r_t = \beta_0 + \beta_1 r_{mt} + u_t$；其中，$r$ 表示股票或债券的收益率；r_m 表示有价证券的收益率(用市场指数表示，如标准普尔 500 指数)；t 表示时间。在投资分析中，β_1 被称为债券的安全系数，是用来度量市场的风险程度的，即市场的发展对公司的财产有何影响。依据 1956—1976 年间 240 个月的数据，Fogler 和 Ganpathy 得到 IBM 股票的回归方程；市场指数是在芝加哥大学建立的市场有价证券指数：

$$\hat{r}_t = 0.7264 + 1.0598 r_{mt} \qquad r^2 = 0.4710$$
$$(0.3001) \qquad (0.0728)$$

要求：(1)解释回归参数的意义；

(2)如何解释 R^2？

(3)安全系数 $\beta > 1$ 的证券称为不稳定证券，建立适当的零假设及备选假设，并用 t 检验进行检验($\alpha = 5\%$)。

11. 表 5 给出了美国 30 所知名学校的 MBA 学生某年基本年薪(ASP)、GPA 分数(从 1～4 共四个等级)、GMAT 分数以及每年学费的数据。要求：

表 5　美国 30 所知名学校的 MBA 学生某年的相关数据

学校	ASP/美元	GPA	GMAT	学费/美元
Harvard	102630	3.4	650	23894
Stanford	100800	3.3	665	21189
Columbian	100480	3.3	640	21400
Dartmouth	95410	3.4	660	21225

续表

学校	ASP/美元	GPA	GMAT	学费/美元
Wharton	89930	3.4	650	21050
Northwestern	84640	3.3	640	20634
Chicago	83210	3.3	650	21656
MIT	80500	3.5	650	21690
Virginia	74280	3.2	643	17839
UCLA	74010	3.5	640	14496
Berkeley	71970	3.2	647	14361
Cornell	71970	3.2	630	20400
NUY	70660	3.2	630	20276
Duke	70490	3.3	623	21910
Carnegie Mellon	59890	3.2	635	20600
North Carolina	69880	3.2	621	10132
Michigan	67820	3.2	630	20960
Texas	61890	3.3	625	8580
Indiana	58520	3.2	615	14036
Purdue	54720	3.2	581	9556
Case Western	57200	3.1	591	17600
Georgetown	69830	3.2	619	19584
Michigan State	41820	3.2	590	16057
Penn State	49120	3.2	580	11400
Southern Methodist	60910	3.1	600	18034
Tulane	44080	3.1	600	19550
Illinois	47130	3.2	616	12628
Lowa	41620	3.2	590	9361
Minnesota	48250	3.2	600	12618
Washington	44140	3.3	617	11436

(1)建立一元线性回归模型分析 GPA 是否对 ASP 有影响？

(2)用合适的回归模型分析 GMAT 分数是否与 ASP 有关？

(3)每年的学费与 ASP 有关吗？你是如何知道的？如果两变量之间正相关,是否意味着进到最高费用的商业学校是有利的。

(4)你同意高学费的商业学校意味着高质量的 MBA 成绩吗？为什么？

12. 从某工业部门抽取 10 个生产单位进行调查,得到表 6 所示的数据。假定年产量与工作人员数之间存在线性关系,试用经典回归估计该工业部门的生产函数及边际劳动生产率。

表 6 某工业部门抽取 10 个生产单位的调查数据

单位序号	年产量 y/万吨	工作人员数 x/千人
1	210.8	7.062
2	210.1	7.031
3	211.5	7.018
4	208.9	6.991
5	207.4	6.974
6	205.3	7.953
7	198.8	6.927
8	192.1	6.302
9	183.2	6.021
10	176.8	5.310

即测即评

第 3 章

多元线性回归分析

⏵**知识与技能**：重点掌握多元线性回归方程的相关概念与基本假设，普通最小二乘法及其参数估计量的统计性质，回归参数和回归方程的显著性检验、拟合优度检验，熟练使用 EViews 软件对模型进行估计。能熟练应用相关原理、方法与 EViews 软件，建立多元线性回归模型，并对结果进行检验。同时，理解什么是标准线性回归模型、非标准线性回归模型以及非线性回归模型，重点掌握一些常见的非标准线性回归模型的线性化方法。

党的二十大报告提出："推动经济实现质的有效提升和量的合理增长。"这是根据我国发展阶段、发展环境、发展条件变化作出的科学判断，也充分体现"十四五"期间我党推动经济社会高质量发展的坚定决心。高质量发展是指生产要素投入少、资源配置效率高、资源环境成本低、社会经济效益好的发展。那么，影响经济高质量发展的有效因素有哪些呢？在这些因素中各自的重要性有何差异呢？随着时间空间的变化，这些因素的影响效力又有何变化呢？这些问题都影响着经济政策的实施策略、手段和效果。本章学习的多元回归模型可以为解决这些问题提供一个相当可行且有效的方法。

3.1　多元线性回归模型

3.1.1　多元线性回归模型的定义

假定变量 y 与 k 个变量 $x_j (j=1,2,\cdots,k)$ 之间存在线性关系，则多元线性回归模型可表示为：

$$y = \beta_0 + \beta_1 x_1 + \beta_2 x_2 + \cdots + \beta_k x_k + \mu \tag{3.1.1}$$

式中：y 是被解释变量；x_j 是解释变量；β_0 是截距项；$\beta_j (j=1,2,\cdots,k)$，称为偏回归系数；μ 是随机误差，一般主要包括下列因素：

(1)在解释变量中被忽略的因素的影响；

(2)变量观测值的观测误差的影响；

(3)模型关系的设定误差的影响；

(4)其他随机因素的影响。

如果给出一组观察值 $\{(y_{i1},x_{i1},x_{i2},\cdots,x_{ik})\}$，则式（3.1.1）可表示为：

$$y_i = \beta_0 + \beta_1 x_{i1} + \beta_2 x_{i2} + \cdots + \beta_k x_{ik} + \mu_i \tag{3.1.2}$$

亦即：

$$\begin{cases} y_1 = \beta_0 + \beta_1 x_{11} + \beta_2 x_{12} + \cdots + \beta_k x_{1k} + \mu_1 \\ y_2 = \beta_0 + \beta_1 x_{21} + \beta_2 x_{22} + \cdots + \beta_k x_{2k} + \mu_2 \\ \qquad\qquad\qquad\qquad \vdots \\ y_n = \beta_0 + \beta_1 x_{n1} + \beta_2 x_{n2} + \cdots + \beta_k x_{nk} + \mu_n \end{cases} \tag{3.1.2)$'$}$$

写成矩阵形式为：$Y = X\beta + U$ $\tag{3.1.3}$

其中，

$$Y = \begin{bmatrix} y_1 \\ y_2 \\ \vdots \\ y_n \end{bmatrix}_{n\times1}, X = \begin{bmatrix} 1 & x_{11} & x_{21} & \cdots & x_{1k} \\ 1 & x_{21} & x_{22} & \cdots & x_{2k} \\ \vdots & \vdots & \vdots & & \vdots \\ 1 & x_{n1} & x_{n2} & \cdots & x_{nk} \end{bmatrix}_{n\times(k+1)}, \beta = \begin{bmatrix} \beta_0 \\ \beta_1 \\ \vdots \\ \beta_k \end{bmatrix}_{(k+1)\times1}, U = \begin{bmatrix} \mu_1 \\ \mu_2 \\ \vdots \\ \mu_n \end{bmatrix}_{n\times1}$$

3.1.2 多元线性回归模型的基本假定

与一元线性回归模型相同，为保证用 OLS 法得到最优估计量，回归模型（3.1.1）应满足如下假定条件（又称经典假设）：

假定 1：随机误差项的期望为零，即 $E(\mu_i) = 0 (i = 1,2,\cdots,n)$

假定 2：随机误差项的条件方差与 i 无关，为一个常数，即 $V(\mu_i | x_i) = \sigma_u^2$，该假设称为同方差假定。当此条件不满足时，称 μ_i 具有异方差。

假定 3：不同 i 的随机误差项之间彼此独立，即 $\text{cov}(\mu_i,\mu_j) = 0, i \neq j$，当此条件不满足时，称 μ_i 具有序列相关性。

假定 4：解释变量与随机误差项不相关，即 $\text{cov}(x_j,\mu_j) = 0, j = 1,2,\cdots,k$。

假定 5：解释变量相互之间不存在线性关系，即不存在多重共线性。当此条件不满足时，可认为模型多重共线性程度严重。

假定 6：随机误差项 μ_i 为服从正态分布的随机变量，即

$$\mu_i \sim N(0,\sigma_u^2)$$

3.1.3 总体回归函数与样本回归函数

对多元线性回归模型（3.1.1），在上述经典假设下，有：

$$E(y | x_1,x_2,\cdots,x_k) = \beta_0 + \beta_1 x_1 + \cdots + \beta_k x_k \tag{3.1.4}$$

称为多元线性回归模型的总体回归方程。

在总体回归方程中，各个参数 β_i 都是未知的，我们进行回归分析的目的之一就是要利用样本观察值对其进行估计。假定通过适当的方法估计出了式（3.1.4）中未知的参数 $\hat{\beta}_i$，用其替代 β_i，得到：

$$\hat{y} = \hat{\beta}_0 + \hat{\beta}_1 x_1 + \hat{\beta}_1 x_2 + \cdots + \hat{\beta}_k x_k \tag{3.1.5}$$

称为多元线性回归模型的样本回归方程。

由样本回归方程得到的被解释变量的估计值 $\hat{y}_i$ 与实际观察值 y_i 之间常存在偏差，这一偏差称为残差，记为：$\varepsilon_i = y_i - \hat{y}_i$，也即：

$$\varepsilon_i = y_i - (\hat{\beta}_0 + \hat{\beta}_1 x_{i1} + \hat{\beta}_2 x_{i2} + \cdots + \hat{\beta}_k x_{ik}) \qquad (3.1.6)$$

3.2　回归参数的最小二乘估计

3.2.1　最小二乘估计原理

与简单线性回归模型的估计方法一样,多元线性回归模型中的未知参数仍使用最小二乘法(OLS)来估计。

设 $\{(y_{i1}, x_{i1}, x_{i2}, \cdots, x_{ik})\}$ 为第 i 次观察得到的样本$(i=1,2,\cdots,n)$,以 Q 表示残差平方和,则:

$$Q = \sum_{i=1}^{n} \varepsilon_i^2 = \sum_{i=1}^{n} \left[y_i - (\hat{\beta}_0 + \hat{\beta}_1 x_{i1} + \hat{\beta}_2 x_{i2} + \cdots + \hat{\beta}_k x_{ik}) \right]^2 \qquad (3.2.1)$$

为使 Q 达到最小,根据极值原理应满足如下条件:

$$\frac{\partial Q}{\partial \beta_j} = 0, \quad (j = 0.1, 2, \cdots, k) \qquad (3.2.2)$$

即

$$\begin{cases} \sum_{i=1}^{n} y_i = \sum_{i=1}^{n} (\hat{\beta}_0 + \hat{\beta}_1 x_{i1} + \hat{\beta}_2 x_{i2} + \cdots + \hat{\beta}_k x_{ik}) \\ \sum_{i=1}^{n} x_{i1} y_i = \sum_{i=1}^{n} x_{i1} (\hat{\beta}_0 + \hat{\beta}_1 x_{i1} + \hat{\beta}_2 x_{i2} + \cdots + \hat{\beta}_k x_{ik}) \\ \qquad\qquad\qquad \vdots \\ \sum_{i=1}^{n} x_{ik} y_i = \sum_{i=1}^{n} x_{ik} (\hat{\beta}_0 + \hat{\beta}_1 x_{i1} + \hat{\beta}_2 x_{i2} + \cdots + \hat{\beta}_k x_{ik}) \end{cases} \qquad (3.2.3)$$

式(3.2.3)称为正规方程组,写成矩阵形式为:

$$\begin{bmatrix} n & \sum_i x_{i1} & \cdots & \sum_i x_{ik} \\ \sum_i x_{ik} & \sum_i x_{i1}^2 & \cdots & \sum_i x_{i1} x_{ik} \\ \vdots & \vdots & & \vdots \\ \sum_i x_{ik} & \sum_i x_{i1} x_{ik} & \cdots & \sum_i x_{ik}^2 \end{bmatrix} \begin{bmatrix} \hat{\beta}_0 \\ \hat{\beta}_1 \\ \vdots \\ \hat{\beta}_k \end{bmatrix} = \begin{bmatrix} 1 & 1 & 1 & 1 \\ x_{11} & x_{21} & \cdots & x_{n1} \\ \vdots & \vdots & \vdots & \vdots \\ x_{1k} & x_{2k} & \cdots & x_{nk} \end{bmatrix} \begin{bmatrix} y_1 \\ y_2 \\ \vdots \\ y_n \end{bmatrix}$$

即　$(X'X)\hat{\beta} = X'Y$

由于 $X'X$ 满秩,故有　$\hat{\beta} = (X'X)^{-1} X'Y$ $\qquad (3.2.4)$

从而得到 $\beta = (\beta_0, \beta_1, \cdots, \beta_k)$ 的最小二乘估计:$\hat{\beta} = (\hat{\beta}_0, \hat{\beta}_1, \cdots, \hat{\beta}_k)$。

于是,得样本回归方程为:

$$\hat{y} = \hat{\beta}_0 + \hat{\beta}_1 x_1 + \cdots + \hat{\beta}_k x_k \qquad (3.2.5)$$

3.2.2　回归参数$\hat{\boldsymbol{\beta}}_1, \hat{\boldsymbol{\beta}}_2, \cdots, \hat{\boldsymbol{\beta}}_k$ 的经济意义

下面以二元线性回归模型为例进行说明。设二元线性回归模型方程为:

$$y = \beta_0 + \beta_1 x_1 + \beta_2 x_2 + \mu$$

则　$E(y|x_1,x_2)=\beta_0+\beta_1 x_1+\beta_2 x_2$

在上式中假如 x_2 保持不变,则有:

$$\frac{\partial E[(y|x_1,x_2)]}{\partial x_1}=\beta_1$$

于是 β_1 可理解为在 x_2 保持不变时,解释变量 x_1 每变动一个单位对被解释变量 y 的均值的影响程度,也即:在 x_2 保持不变时,解释变量 x_1 每增加一个单位,被解释变量 y 平均将会增加(或减少)$|\beta_1|$ 个单位;

同理,β_2 可理解为在 x_1 保持不变时,解释变量 x_2 每变动一个单位对被解释变量 y 的均值的影响程度,也即:在 x_1 保持不变时,解释变量 x_2 每增加一个单位,被解释变量 y 平均将会增加(或减少)$|\beta_2|$ 个单位;

类似地,在多元线性回归模型中,$\beta_j(j=1,2,\cdots,k)$ 的经济含义就是:在其他解释变量不变的情况下,x_j 每变动一个单位所引起的对被解释变量 y 的均值的影响程度,也即在其他解释变量均保持不变时,解释变量 x_j 每增加一个单位,被解释变量 y 平均将会增加(或减少)$|\beta_j|$ 个单位;

多元线性回归模型中,$\beta_j(j=1,2,\cdots,k)$ 的这个独特性质不但能使我们引入多个解释变量,而且能使我们"分离"出每个解释变量对被解释变量的单独影响。

【例 3.2.1】 某地区通过一个样本容量为 722 的调查数据得到劳动力受教育的一个回归方程为:

$$edu=10.36-0.094 sibs+0.131 medu+0.210 fedu,\quad R^2=0.214$$

式中:edu 为劳动力受教育年数;sibs 为该劳动力家庭中兄弟姐妹的个数;medu 与 fedu 分别为母亲与父亲的受教育年数。问:

(1)请对 sibs 与 medu 的系数给予适当的解释。

(2)如果两个劳动力都没有兄弟姐妹,但其中一个的父母受教育的年数为 12 年,另一个的父母受教育的年数为 16 年,则两人受教育的年数预期相差多少?

解:(1)预期 sibs 对劳动者受教育的年数有影响。因此在收入及支出预算约束一定的条件下,子女越多的家庭,每个孩子接受教育的时间会越短。

根据多元回归模型偏回归系数的含义,sibs 前的参数估计值 −0.094 表明,在其他条件不变的情况下,每增加 1 个兄弟姐妹,该劳动力受教育年数平均会减少 0.094 年,因此要减少 1 年受教育的时间,兄弟姐妹需增加 $1/0.094=10.6$(个)。

medu 的系数表示当兄弟姐妹数与父亲的受教育年数保持不变时,母亲每增加 1 年受教育的机会,其子女作为劳动者受教育的机会预期就会增加 0.131 年。

(2)首先计算两人受教育的年数分别为 $10.36+0.131×12+0.210×12=14.452$ 和 $10.36+0.131×16+0.210×16=15.816$,因此,两人的受教育年限的差别为 $15.816-14.452=1.364$(年)

【例 3.2.2】 大学平均成绩决定模型。为了研究高中平均成绩(x_1)及大学能力测验分数(x_2)对大学平均成绩(y)的影响,从一所规模较大的大学抽取调查了 141 名学生,得到如下 OLS 估计的回归方程:

$$\hat{y}=1.29+0.453 x_1+0.0094 x_2$$

请对模型中的参数进行解释。

解答:(1)$\hat{\beta}_0=1.29$ 是在 $x_1=0$,$x_2=0$ 时 y 的预测值,由于一般无人能在高中平均成绩为 0 及能力测验为 0 的情形下进入大学,所以截距 $\hat{\beta}_0$ 本身无意义。

(2)$\hat{\beta}_1=0.453$,表明 y 与 x_1 之间存在局部正相关,意味着保持 x_2 不变,如果 x_1 提高 1 分,则大学平均成绩 y 平均会提高 0.453 分。

(3)$\hat{\beta}_2=0.0094$,虽然表明 y 与 x_2 两者之间也存在局部正相关,且保持 x_1 不变时,如果 x_2 提高 1 分,大学平均成绩 y 平均会提高 0.0094 分,但由于该值很小,说明与 x_1 相比,其对大学成绩的影响很小,几乎可以忽略。(后面会用统计手段检验该系数不显著)

【练一练】(材料 1)政策刺激对企业增加员工的培训有影响吗? 被解释变量(y):企业培训时数;解释变量:x_1 为年度销售额(万);x_2 为职工人数(人);x_3 为培训津贴,用多元线性回归模型研究:$y=\beta_0+\beta_1 x_1+\beta_2 x_2+\beta_3 x_3+\mu$。

答案

根据所收集的 15 家企业样本估计回归方程,得到:
$$\hat{y}=-21.86-0.0049x_1+0.1016x_2+1.05x_3$$
请对参数 β_1,β_2,β_3 进行解释。请问合理吗?

3.2.3 参数估计量的统计性质及 σ^2 的估计

1. 参数估计量的统计性质

在满足基本假设的情况下,用最小二乘法所得的多元线性回归的参数估计具有线性性、无偏性、最小方差性(有效性),也即满足高斯—马尔科夫定理。

(1)线性性。参数估计量 $\hat{\beta}=(\hat{\beta}_0,\hat{\beta}_1,\cdots,\hat{\beta}_k)$ 既是因变量观察值 y 的线性组合,也是随机项 U 的线性组合。

这是因为:$\hat{\beta}=(X'X)^{-1}XY=(X'X)^{-1}X'(XB+U)=B+(X'X)^{-1}X'U$

(2)无偏性。参数估计量 $\hat{\beta}$ 的期望等于总体参数,即 $E(\hat{\beta})=\beta$。所以,是 $\hat{\beta}$ 的无偏估计量,具有无偏性。

(3)最小方差性。在参数 $\beta=(\beta_0,\beta_1,\cdots,\beta_k)$ 的所有线性无偏估计中,最小二乘估计量 $\hat{\beta}=(\hat{\beta}_0,\hat{\beta}_1,\cdots,\hat{\beta}_k)$ 的方差最小。

若前述经典假设条件成立,则 OLS 估计量是最佳线性无偏估计量,且参数的最小二乘估计量 $\hat{\beta}$ 服从多元正态分布,即:
$$\hat{\beta}\sim N[\beta,\sigma^2(X'X)^{-1}_{(k+1)(k+1)}]$$

2. 随机误差项方差的估计

(1)拟合值与残差

设样本回归方程为:
$$\hat{y}=\hat{\beta}_0+\hat{\beta}_1 x_1+\hat{\beta}_2 x_2+\cdots+\hat{\beta}_k x_k$$
对观察 i,将 $x_{i1},x_{i2},\cdots,x_{ik}$ 代入上述方程,可得:
$$\hat{y}_i=\hat{\beta}_0+\hat{\beta}_1 x_{i1}+\hat{\beta}_2 x_{i2}+\cdots+\hat{\beta}_k x_{ik}$$
$\hat{y}_i$ 为 y_i 的拟合值,则残差:$\varepsilon_i=y_i-\hat{y}_i$,若 $\varepsilon_i>0$,则意味着 y_i 被预测过低;若 $\varepsilon_i<0$,则意味着 y_i 被预测过高。

（2）σ^2 的估计

参数估计量的方差或标准差是衡量参数估计量偏离真实参数的重要指标,据此可以推断参数估计量的可靠性。但在参数估计量的方差表达式中,随机误差项的方差 σ^2 是未知的,参数估计量方差实际上无法计算,为此,就需要对 σ^2 进行估计。

$$\text{若记} \quad \hat{\sigma}^2 = \frac{\sum_{i=1}^{n} \varepsilon_i^2}{n-k-1} \tag{3.2.6}$$

可以证明:$\hat{\sigma}^2$ 是随机误差 σ^2 的无偏估计。

一般地,称 $\hat{\sigma}^2$ 为残差的方差,$\hat{\sigma}$ 为估计误差或回归方程的标准误差,是用来反映被解释变量的实际值与估计值的平均变异程度的指标。$\hat{\sigma}$ 越大,回归直线的精度越低;$\hat{\sigma}$ 越小,回归直线的精度越高;当 $\hat{\sigma}=0$ 时,表示所有样本点都落在回归直线上。

3.3 多元线性回归模型的统计检验

类似于一元线性回归模型,在使用多元线性回归模型去拟合随机变量 y 与变量 x_1,x_2,$\cdots$,x_k 之间的关系时,只是根据一些定性分析所做的一种假设,这种关系是否成立,还需在估计出线性回归方程后,用一定的统计手段与准则对其进行检验。常使用的统计检验准则主要有:拟合优度检验（R^2 检验）、回归模型的总体检验、回归系数的显著性检验。

3.3.1 总离差平方和的分解

设多元线性回归模型为:$y_i = \beta_0 + \beta_1 x_{i1} + \beta_2 x_{i2} + \cdots + \beta_k x_{ik} + \mu_i$,求得估计方程为:
$\hat{y}_i = \hat{\beta}_0 + \hat{\beta}_1 x_{i1} + \hat{\beta}_2 x_{i2} + \cdots + \hat{\beta}_k x_{ik}$
则类似于一元线性回归,多元线性回归方程有如下总变差分解式:

$$\sum_{i=1}^{n}(y_i - \bar{y})^2 = \sum_{i=1}^{n}(y_i - \hat{y}_i)^2 + \sum_{i=1}^{n}(\hat{y}_i - \bar{y})^2 \tag{3.3.1}$$

记 $\text{TSS} = \sum_{i=1}^{n}(y_i - \bar{y})^2$,$\text{ESS} = \sum_{i=1}^{n}(\hat{y}_i - \bar{y})^2$,$\text{RSS} = \sum_{i=1}^{n}(y_i - \hat{y}_i)^2$,则:

$$\text{TSS} = \text{RSS} + \text{ESS}$$

TSS 为总离差平方和,自由度为 $n-1$,反映了被解释变量观察值 y_i 的总变异程度;

ESS 为回归平方和,自由度为 k,反映了在 y 的总变差中,由解释变量 x 解释的那部分变差的大小,表示 x 对 y 的影响;

RSS 为离差平方和,自由度为 $n-k-1$,反映了样本观测值与估计值偏离的大小,表示在 y 的总的变差中,未被解释变量 x 解释的部分,是由 x 以外的其他因素造成的。

3.3.2 拟合优度检验

1. 多重可决系数与调整的可决系数

拟合优度是指样本回归直线与观察值之间的拟合程度,在一元线性回归模型中,我们

是用决定系数 R^2 来衡量估计模型对观察值的拟合程度。同样,在多元线性回归模型中,也可用该统计量来衡量样本回归线对样本观察值的拟合程度。

由上可知,总离差平方和可分解为回归平方和与残差平方和两部分。回归平方和反映了总离差平方和中可由回归线解释的部分。显然,在给定的一组样本下,回归平方和 ESS 越大,残差平方和 RSS 就越小,从而被解释变量总变差中能被解释变量解释的那部分变差就越大,样本回归线对观察值的拟合程度就越高。因此,可用回归平方占总离差平方的比重来衡量样本回归线对观察值的拟合程度,并记为 R^2,也即:

$$R^2 = \frac{\text{ESS}}{\text{TSS}} \tag{3.3.2}$$

或

$$R^2 = 1 - \frac{\text{RSS}}{\text{TSS}} \tag{3.3.3}$$

式中:R^2 称作多重可决系数。由式(3.4.2)或式(3.4.3)可知,R^2 的值介于 0 到 1 之间,R^2 越接近 1,模型对样本数据的拟合程度就越高,解释变量对被解释变量的解释能力就越强。R^2 越接近 0,模型的拟合程度越差。

【例 3.3.1】　见例 3.2.2 的大学平均成绩决定模型。请对估计方程的拟合优度进行说明。

由例 3.2.2 知,估计方程为:$\hat{y} = 1.29 + 0.453 x_1 + 0.0094 x_2$

$$R^2 = 0.175$$

其中,y 为大学平均成绩;x_1 为高中平均成绩;x_2 为大学能力测验分数;x_1,x_2 联合起来一起可以解释该大学生样本中大学平均成绩变动的 17.5%,其余则由其他因素解释。

2. 调整的多重决定系数

在模型的构造过程中,人们常利用 R^2 对方程中的某些解释变量的取舍做出选择,即若把某个解释变量添进模型能使 R^2 增大,就认为该解释变量对 y 有重要的影响,应该把它添进模型,以增强模型的解释能力;但是,由于 R^2 具有依赖于解释变量个数的递增性,这就使得依靠 R^2 对解释变量进行的选择成为有取无舍的准则而变得毫无意义。

为了克服上述缺陷,人们对 R^2 进行了修正,提出了调整的多重决定系数,计算公式如下:

$$\bar{R}^2 = 1 - \frac{\text{RSS}/(n-k-1)}{\text{TSS}/(n-1)} = 1 - \frac{n-1}{n-k-1}(1-R^2) \tag{3.3.4}$$

对于 $\bar{R}^2$,当模型中解释变量数目改变时,TSS$/(n-1)$ 保持不变,ESS$/(n-k-1)$ 随之改变,而且可能变大,也可能变小,从而引起 $\bar{R}^2$ 值减小或增大。据此,可根据 $\bar{R}^2$ 是否增大来判断新添进的解释变量对被解释变量的影响程度,对其予以取舍。

可以证明 $\bar{R}^2$ 一般具有如下性质:

(1) $\bar{R}^2$ 一般小于 R^2;

(2) $\bar{R}^2$ 有可能为负。出现这种情形时,$\bar{R}^2$ 失去意义,此时可认为 $\bar{R}^2 = 0$。

【例 3.3.2】　房屋价格影响因素的研究。表 3.3.1 为两个备选模型的估计回归系数和相关统计值。

表 3.3.1　房屋价格估计模型

变量	C	SQFT（面积）	BEDR（卧室数量）	BATH（浴室数量）	R^2	$\bar{R}^2$
模型 A	52.351	0.1388	—	—	0.821	0.806
模型 B	129.06	0.1548	−21.59	−12.19	0.836	0.787

可清楚看到,伴随着解释变量的增加,R^2 增加,而 $\bar{R}^2$ 减少。在模型 A 中,SQFT(面积)解释了房屋价格中 80.6% 的变动;模型 B 中,SQFT(面积)、BEDR(卧室数量)、BATH(浴室数量)三个解释变量联合起来解释了房屋价格中 78.7% 的变动。

值得注意的是,在实际应用中,我们往往希望所建模型的 $\bar{R}^2$ 或 R^2 越大越好。但应注意多重决定系数只是对模型拟合度的度量,并不能说明模型中各个解释变量对被解释变量的影响程度显著。因此在选择模型时,不能单纯地凭多重决定系数的大小来决定一个模型的优劣。有时为了追求模型的经济意义,甚至可以牺牲一点拟合优度。

3.3.3　回归模型的总体显著性检验(F 检验)

如同一元线性回归分析所指出的那样,多元线性回归分析的拟合度检验同样也没有准确说明我们事前所假定的模型总体线性关系是否成立。因此,对于所设定的线性回归模型是否合适,必须进行统计检验。假设 y 与 $x_1, x_2, \cdots, x_k$ 之间的多元线性回归模型为:

$$y = \beta_0 + \beta_1 x_1 + \beta_2 x_2 + \cdots + \beta_k x_k + \mu \tag{3.3.5}$$

检验 y 与 x_i 之间的这种线性关系在总体上是否显著,就是要检验式(3.4.5)中的参数 $\beta_i (i = 1, 2, \cdots, k)$ 是否全为 0。为此提出假设:

原假设 $H_0: \beta_1 = \beta_2 = \cdots = \beta_k = 0, H_1: \beta_j$ 不全为 $0, j = 1, 2, \cdots, n$

可以证明,$ESS \sim \chi^2(k), RSS \sim \chi^2(n-k-1)$

定义统计量为:$F = \dfrac{ESS/k}{RSS/n-k-1}$ $\tag{3.3.6}$

可以证明,$F = \dfrac{ESS/k}{RSS/(n-k-1)} \sim F(k, n-k-1)$,于是,可利用统计量 F 对方程的总体显著性进行检验。

对给定的显著性水平 α,在 F 分布表中查出相应的临界值 $F_\alpha(k, n-k-1)$,则检验规则是:若用样本计算的 F 值满足:$F \leqslant F_\alpha(k, n-k-1)$,则接受 H_0,说明回归方程不显著,模型也即 k 个解释变量都不与 y 存在显著线性关系;若用样本计算的 F 值满足 $F > F_\alpha(k, n-k-1)$,则拒绝 H_0,说明方程总体显著,也就是说 k 个解释变量中至少有一个与 y 之间存在较为显著的线性关系。

从 F 统计量与 R^2 的表达式可以得出,F 统计量与多重决定系数有如下关系:

$$F = \frac{R^2}{1 - R^2} \times \frac{n-k-1}{k} \tag{3.3.7}$$

可以看出,伴随着 R^2 的增加,F 统计量的值也将不断增加;反过来也是如此。这说明两者之间具有一定的一致性。所以,F 检验实质上也是对 R^2 的显著性检验。一般方程的显著性检验可由方差分析表来完成。方差分析表如表 3.3.2 所示。

表 3.3.2　方差分析表

变差来源	平方和	自由度	均方	统计量
源于回归	ESS	k	ESS$/k$	
源于残差	RSS	$n-k-1$	RSS$/n-k-1$	$F=\dfrac{\text{ESS}/k}{\text{RSS}/(n-k-1)}$
总变差	TSS	$n-1$		

【例 3.3.3】 孩子出生体重决定因素模型。

假设以下几种因素为小孩出生体重(y)的主要影响因素:x_1 为母亲怀孕期间平均每天吸烟数量;x_2 为小孩在姊妹中的排行;x_3 为家庭年收入;x_4 为母亲受教育年数;x_5 为父亲受教育年数;$n=1188$,样本回归方程为:

$$\hat{y}=\hat{\beta}_0+\hat{\beta}_1x_1+\hat{\beta}_2x_2+\cdots+\hat{\beta}_5x_5$$

经计算,$R^2=0.0387$,$F=9.55$,$F_{0.05}(5,1182)=2.21$,$F_{0.01}(5,1182)=3.02$。

$F=9.55>F_{0.01}(5,1182)=3.02$,说明在 0.01 的显著性水平下,方程是极显著的,也即方程中至少有一个解释变量与 y 之间有极为显著的线性关系,模型总体存在线性关系,且这种关系在统计意义上极为显著。

从拟合优度看,方程中的解释变量的确可以解释 y 中的某些变异,但被解释的变异并不多,只有 3.87%。

从上可以看出,虽然 R^2 很小,拟合度较低,但方程却是极为显著的,这就是为什么要计算 F 来检验方程的显著性,而不是仅仅看 R^2 的大小来决定方程是否有效的原因。

3.3.4　回归参数的显著性检验(t 检验)

前例 3.3.3 中,方程的显著性检验尽管验证了在 0.01 的显著性水平下,$x_1,x_2,\cdots,x_6$ 中至少有一个变量与小孩出生体重(y)有极为显著的线性关系,但我们并不清楚到底是有一个还是多个? 具体是哪几个? 而对这些问题的厘清对该问题的研究极为重要,因此在对回归方程的显著性检验后,还应该进一步对各个参数进行检验,以确定模型中哪些是重要解释变量,哪些是非重要解释变量。

1. 回归参数的 t 检验

对于多元线性回归方程,方程的显著性仅仅说明至少有一个 x_i 与 y 有线性关系,而并非所有的 x_i 均与 y 有线性关系,也即方程显著并不意味着方程中所有解释变量对被解释变量的影响都是重要的。如果某个解释变量并不重要,则应把其剔除,重新建立更为简单的方程。

为了弄清楚在这些解释变量中,哪个 x_i 与被解释变量 y 之间存在线性关系,则必须对每个 $\beta_j(j=1,2,\cdots,k)$ 进行显著性检验。因此,回归参数的显著性检验实际上就是检验每个解释变量与被解释变量之间的线性相关关系。

定义 t_j 为: $t_j=\dfrac{\hat{\beta}_j-\beta_j}{s(\hat{\beta}_j)}=\dfrac{\hat{\beta}_j-\beta_j}{\sqrt{\hat{Var}(\hat{\beta}_j)}}$　　　　　　(3.3.8)

其中，$s(\hat{\beta}_j)$ 表示 $\hat{\beta}_j$ 的标准差。可以证明，统计量 t_j 服从如下 t 分布：

$$t_j=\frac{\hat{\beta}_j-\beta_j}{s(\hat{\beta}_j)}=(\hat{\beta}_j-\beta_j)/\sqrt{\hat{Var}(\hat{\beta}_j)}\sim t(n-k-1)$$

于是可利用该统计量进行回归参数的显著性检验。具体检验步骤如下：

(1)提出假设。$H_0:\beta_j=0,H_1:\beta_j\neq0,(j=1,2,\cdots,k)$。

(2)根据样本观察值，计算 t 统计量的值：

$$t_j=\frac{\hat{\beta}_j}{s(\hat{\beta}_j)}=\hat{\beta}_j/\sqrt{\hat{Var}(\hat{\beta}_j)}$$

(3)比较判断。给定显著性水平，在 t 分布表中查出相应的临界值 $t_{\alpha/2}(n-k-1)$，则判断规则是：

①若用样本计算的 $|t_j|\leqslant t_{\alpha/2}(n-k-1)$，则接受 H_0，说明在其他变量不变的情况下，解释变量 x_j 对被解释变量的影响不显著；

②若用样本计算的 $|t_j|>t_{\alpha/2}(n-k-1)$，则拒绝 H_0，说明在其他变量不变的情况下，解释变量 x_j 对被解释变量的影响显著。

【例 3.3.4】 大学平均成绩决定模型。

选择如下变量，对大学平均成绩的影响因素进行研究。被解释变量为大学生平均成绩 (y)，解释变量为高中生平均成绩 (x_1)，大学能力测验分数 (x_2)，平均每周缺课次数 (x_3)。随机抽取 141 名在校大学生，利用最小二乘估得到如下估计方程：

$$\hat{y}=1.39+0.412x_1+0.0152x_2-0.083x_3$$
$$t \quad\quad (4.38) \quad\quad (1.36) \quad\quad (-3.19)$$

试问：在 $\alpha=0.01$ 的显著性水平下，哪些解释变量是显著的？

解：$\alpha=0.01$，查表：$t_{0.01/2}(137)=2.58$，$t_1=4.38>t_{0.01/2}(137)$，所以 x_1 在统计意义上是极为显著的，这意味着保持 x_2 与 x_3 不变，高中成绩每提高 1 分，大学平均成绩将平均提高 0.412 分；

$t_2=1.36<t_{0.01/2}(137)$，故 x_2 在 0.01 的显著性水平下是不显著的。

$|t_3|=|-3.19|>t_{0.01/2}(137)$，故 x_3 在统计意义上是显著的，该系数表明，若控制 x_2 与 x_1 不变，每周多旷课一节，预计会使成绩平均降低 0.083 分。

多元线性回归模型的估计所涉及的计算较为复杂，实际应用中常采用一些软件来完成。多数软件结果都给出了 p 值，所以可根据 p 值判别准则来进行检验。

【例 3.3.5】 某 VCD 连锁店非常想知道在电视台做广告与在广播电台做广告哪种更有效。它收集了连锁店各个商店的每月销售额(万元)和每月用于以上两种媒介的广告支出，并选用二元线性回归模型进行研究，样本数据如表 3.3.3 所示。

(1)根据所收集的样本建立回归方程。

(2)在显著性水平 0.05 下，试对方程的拟合优度及显著性进行检验。

(3)在显著性水平 0.05 下，销售额是否同两种媒介的广告有关？

(4)对结果进行分析。

表 3.3.3　各个商店的每月销售额和每月在两种媒介的广告支出

销售额/万元	广播/万元	电视/万元	销售额/万元	广播/万元	电视/万元
818	13	17	876	12	27
1101	23	37	821	31	22
781	33	30	633	10	30
1076	41	22	1428	32	25
1253	22	30	1159	27	23
836	17	21	711	17	18
710	24	25	800	21	29
684	17	25	718	15	30
1007	23	23	1516	34	31
952	11	28	752	23	16

解：(1)构建理论性模型。

根据题意,模型设定为:$y = \beta_0 + \beta_1 TV + \beta_2 RADO + \mu$,且 $\beta_1 > 0$,$\beta_2 > 0$。

采用 OLS 法估计模型,利用 EViews 软件进行计算,估计结果如图 3.3.1 所示。

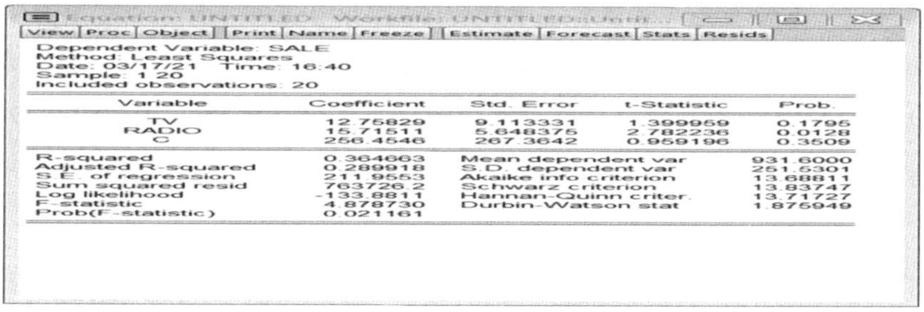

图 3.3.1　EViews 输出结果

估计方程为:$\hat{y} = 256.4545 + 12.76TV + 15.72RADIO$

t　　(0.9592)　(1.39996)　(2.7822)

$R^2 = 0.3647$,$\bar{R}^2 = 0.2899$,F-statistic $= 4.8787$,Prob(F)$ = 0.0212$,DW$ = 1.876$

(2)$\bar{R}^2 = 0.2899$,说明两种媒介的广告支出联合起来只能解释销售额变动的 28.99%,大约销售额变动的 71.01% 要由其他因素的变动来解释,模型的拟合度较低。

F 统计量的 p 值约等于 0.0212,小于显著水平 0.05,说明回归效果较为显著,方程中至少有一个回归系数较显著不为零,也即至少有一个解释变量与销售额有较为显著的线性关系,模型总体线性关系成立。

(3)广播电台广告支出的回归系数的 t 统计量的 p 值近似等于 0.013,小于 0.05,在显著性水平 0.05 下拒绝原假设,说明每月用于广播电台的广告支出与 VCD 的销售额有较为显著的线性关系,也即广播电台广告支出对销售额的影响较为显著。

电视台广告支出的回归系数的 t 统计量的 p 值很高,接近 0.18,大于 0.05,说明在给定 5% 的显著性水平下,无法拒绝 β_2 为零的原假设,也即电视台广告支出同销售额之间不存在较为显著的线性关系,电视台广告支出对销售额的影响不显著。

(4)上述结果表明,假设解释变量 RADIO 保持不变,电视台广告费用 TV 每增加 1 万元,商店 VCD 每月销售额平均增加 12.76 万元,且电视台广告对 VCD 每月销售额的种种影响较为显著;在解释变量 TV 一定的情况下,广播电台广告费用 RADIO 每增加 1 万元,商店 VCD 每月销售额平均增加 15.72 万元,但这种影响在统计意义上不显著。

2.经济或实际显著性与统计显著性

由前述所知,一个变量的统计显著性完全由 t 统计量的大小决定。但一个变量的经济或实际显著性则与其系数的大小与符号有关。在实践中,导致 t 统计量显著的原因很多,如果不考虑经济意义,而过多地强调统计显著性,常会导致做出错误的决定。

【例 3.3.6】 以 y 表示某种养老基金计划的参与率,现考虑如下因素对 y 的影响:x_1 为贡献率,即企业对一个工人所贡献的每一元利润而向工人的养老基金贡献的数量;x_2 为年龄,工人中参与此方案人员的年龄;x_3 为企业雇员总数。

根据相关数据建立的估计方程为:

$$\hat{y} = 80.29 + 5.44x_1 + 0.269x_2 - 0.00013x_3$$
$$t \qquad (10.46) \quad (5.98) \qquad (-3.25)$$
$$p \qquad (0.0000) \quad (0.0000) \quad (0.001)$$

根据 p 检验准则,即使在很小的显著性水平 0.01 下,所有解释变量都是极为显著的,也即 t 检验显示,所有解释变量对养老基金计划的参与率都有非常显著的影响。但从实际意义来看,假如保持贡献率与年龄不变,如果一个企业增加 10000 个雇员,参与率也只下降 1.3 个百分点(10000×0.00013)。雇员人数如此巨大的提高,对参与率只有很有限的影响。这说明从实际经济意义上来看,虽然企业规模的确会影响参与率,但这种影响在实践中意义不是很大。显然,如果模型引入企业雇员总数这个解释变量是不合适的。

3.4 预 测

对一个实际经济问题建立起多元线性回归方程后,一个很重要的应用就是利用方程进行预测。

设建立的样本回归方程为:

$$\hat{y}_i = \hat{\beta}_0 + \hat{\beta}_1 x_{i1} + \hat{\beta}_2 x_{i2} + \cdots + \hat{\beta}_k x_{ik}, i = 1, 2, \cdots, n \tag{3.4.1}$$

当给定一组解释变量的值 $x_0 = (x_{01}, x_{02}, \cdots, x_{0k})$,要估计所对应的 y_0,很自然的想法就是将 x_0 的值代入方程中,直接算出 $\hat{y}_0$,即

$$\hat{y}_0 = \hat{\beta}_0 + \hat{\beta}_1 x_{01} + \hat{\beta}_2 x_{02} + \cdots + \hat{\beta}_k x_{0k} \tag{3.4.2}$$

由前面的性质可知,$\hat{y}_0$ 是 $E(y_0)$ 的最佳线性无偏估计。$\hat{y}_0$ 就称作 y_0 的点预测。

因为 $\hat{y}_0$ 仅是 y_0 的点预测,据此我们无法进一步了解它的误差和犯错误的概率。对于许多实际问题来说,给出 y_0 的区间估计比给出点估计更为重要。所以,当给定 x_0 时,我们需要以一定的概率判断因变量的真实值 y_0 出现在某个区间之中,也要找一个区间,使 y_0 落在这个区间的概率达到指定的 $1 - \alpha$。

类似于一元线性回归预测区间的构造,对给定的显著性水平 α,可求得 y_0 的预测区间为:

$$\hat{y}_0 \pm t_{\alpha/2}(n-k-1)\hat{\sigma}\sqrt{x'_0(X'X)^{-1}x'_0+1} \tag{3.4.3}$$

【例 3.4.1】　对我国 1991—2000 年的消费模型进行估计。根据我国 1991—2000 年的人均居民消费额 Y(千元),人均国内生产总值 X_1(千元),前一期人均居民消费额 X_2(千元)的有关数据,估计出我国 1991—2000 年的消费模型为:

$$\hat{Y}=0.011+0.339X_1+0.302X_2$$

$$se \qquad\qquad (0.027) \quad (0.057)$$

$$t \qquad\qquad\quad (12.556) \quad (5.298)$$

$$R^2=0.999, \bar{R}^2=0.998 \, F=4995$$

(1)对回归模型进行统计意义上的显著性检验($\alpha=0.05$)。

(2)若模型通过检验,请在 2002 年我国人均国内生产总值 X_{01} 为 8.75 千元,2001 年我国人均居民消费额 X_{02} 为 3.95 千元的条件下,预测我国 2002 年的人均居民消费额。

解:(1)模型的统计检验检验

①拟合优度检验。因为 $\bar{R}^2=0.998$,说明在人均居民消费额 Y 的总变差中,有 99.8% 可以由人均国内生产总值 X_1 和前一期人均居民消费额 X_2 做出解释。回归方程对于样本观测点拟合得很好。

②回归方程总体显著性的检验($\alpha=0.05$)。查 F 表,$F_{0.05}(2,7)=4.74$,因为 $F=4995>F_{0.05}(2,7)$,所以拒绝原假设,即可认为在显著性水平 $\alpha=0.05$ 下,模型的线性关系较为显著成立,人均国内生产总值和前一期人均居民消费额在整体上与人均居民消费额有较为显著的线性关系。

③回归系数的显著性检验($\alpha=0.05$):

$t_1=12.556, t_2=5.298$,查 t 分布表,$t_{0.05/2}(7)=2.365$。

由于 $t_1>t_{0.05/2}(7), t_2>t_{0.05/2}(7)$,因此可认为在显著性水平 $\alpha=0.05$ 下,β_1 与 β_2 均较为显著地不为 0,即解释变量 X_1 和 X_2 对被解释变量 Y 的影响是较为显著的。也就是说,人均国内生产总值与前一期人均居民消费额对本期人均居民消费额的影响是较为显著的。

④进一步还可知,当前一期人均居民消费额 X_2 保持不变时,人均国内生产总值 X_1 每增加 1 千元,人均居民消费额 Y 平均增加 0.339 千元;当人均国内生产总值 X_1 保持不变时,前一期人均居民消费额 X_2 每增加 1 千元,人均居民消费额 Y 平均增加 0.302 千元。

(2)点预测:将 $X_{01}=8.75, X_{02}=3.95$ 代入估计方程,则有:

$$\hat{Y}_0=\hat{\beta}_0+\hat{\beta}_1 X_{01}+\hat{\beta}_2 X_{02}=0.011+0.339\times8.75+0.302\times3.95=4.17(千元)$$

于是可得,当人均国内生产总值为 8.75 千元,前一年人均居民消费为 3.95 千元时,人均居民消费额的可能取值是 4.007 千元。

3.5　标准化变量的回归模型

由于回归系数受到各解释变量的测量单位的影响,所以回归系数之间并不具有直接的可比性。我们经常希望能从多个影响因素中找出一个"首要因素",这就涉及对各解释变量的影响作用的比较。标准化变量的回归模型,就是将解释变量转变为无量纲的变量,然后以标准化后的变量建立模型,并采用OLS法进行参数估计,这样所得的标准化回归系数之间就具有可比性了。

假设 y_i^*、x_i^* 为标准化后的变量,则标准回归模型形式为:

$$y_i^* = \beta_1^* x_1^* + \beta_2^* x_2^* + \cdots + \beta_k^* x_k^* + \mu \tag{3.5.1}$$

标准化的回归系数具有以下特性:截距项为0,也即模型中常数项为零;标准化回归系数 β_i^* 的估计值在 $[-1,1]$,系数之间大小可以相互比较。

β_i^* 的经济含义为:在其他解释变量不变的条件下,标准化解释变量 x_i^* 每提高一个单位标准差,标准化被解释变量 y_i^* 平均就改变 β_i^* 个单位。这里,与通常OLS回归不同,我们不是根据 y 和 x 测度的初始单位来衡量一个揭示变量的影响的,而是根据标准差单位来衡量。

【例3.5.1】 再看前例:大学平均成绩决定模型。

为了研究高中平均成绩(x_1)及大学能力测验分数(x_2)对大学平均成绩(y)的影响,从一所规模较大的大学抽取调查了141名学生,采用标准化回归模型,得到如下OLS估计的回归方程,对两个解释变量的左营进行比较:

$$\hat{y}^* = 0.453 x_1^* + 0.0094 x_2^*$$

解:在大学能力测验分数不变的条件下,高中平均成绩(x_1)每增加一个标准差,大学平均成绩(y)平均增加0.453个标准差;在高中平均成绩(x_1)不变的条件下,大学能力测验分数(x_2)每增加一个标准差,大学平均成绩(y)平均增加0.0094个标准差。所以,对大学平均分数的影响,高中平均成绩强于大学能力测验分数。

3.6 模型设定与样本容量

3.6.1 模型设定偏误

模型设定主要涵盖模型具体函数形式与引进模型中的解释变量的选择。实际应用中,模型的设定非常重要。如果我们设定的模型形式"不恰当",即使其他经典的古典假设条件满足,采用OLS得到的参数的估计也会与实际偏误很大。这种偏误被称为模型的设定偏误。只有当模型设定"恰当",且满足古典假设,才能获得较为满意的模型估计结果。

一般模型的设定偏误主要来自两方面的原因:一是模型函数形式选择不正确。如变量之间真实的函数关系是非线性,但我们却错误地选取了线性函数形式。二是模型中引进的相关解释变量"不当"。构建模型时,并不是解释变量选择得越多越好,因为如果一个解释变量对 y 没有影响或影响不重要,却被放到了模型中,即模型中包含了无关或不重要的解释变量,则认为对模型进行了过度设定。虽然过度设定问题不会影响参数估计量的无偏性,但却对最小二乘估计量的方差具有不利的影响。但如果在模型设定时,遗漏了一个(或多个)重要变量,则会导致模型设定不足。模型设定不足通常会导致最小二乘估计量产生偏误。因此在构建多元线性回归模型时,函数形式与解释变量的选择非常重要[①]。

3.6.2　样本容量

计量经济学模型的参数估计是在样本观测值的支持下完成的,所以估计模型的参数对样本数据具有很强的依赖性。从建模需要来讲,样本容量越大越好,但收集与整理样本数据却是一件较为困难的工作。因此,如何选择合适的样本容量,使其既能满足建模需要,又能减轻收集收据的困难,就成为一个重要的实际问题。

1. 最小样本容量

最小样本容量,即从最小二乘原理出发,不管质量如何而欲得到参数估计量所要求的样本容量的下限。

根据最小二乘估计原理,估计所需的样本最小容量必须不少于模型中解释变量的数目(包括常数项),即:$n \geq k+1$。

2. 统计检验角度的最小样本容量

虽然当 $n \geq k+1$ 时可以得到参数估计量,但在 n 较小时,除了参数估计量质量不好外,一些建立模型所必需的后续工作也无法进行。例如,参数的统计检验要求,样本容量必须足够大。一般 Z 检验在 n 小于 30 时是不能应用的,而经验表明,当 $n \geq 3(k+1)$ 时,t 统计量分布才较为稳定,t 检验才会有效。所以一般经验认为,只有当 $n \geq 30$ 或者至少 $n \geq 3(k+1)$ 时,才能说样本容量满足模型估计的基本要求。

如果实际中出现样本容量较小,甚至少于最小样本容量,那么只依靠样本信息是无法完成模型估计的。这时需要引入非样本信息,如先验信息和后验信息,并采用其他估计方法,如贝叶斯估计方法,才能完成模型的参数估计。

3.7　可化为线性的非线性回归模型

到目前为止,我们所接触到的因变量 y 与自变量 x_i 之间的关系都被假设为线性关系,即:$y = \beta_0 + \beta_1 x_1 + \beta_2 x_2 + \cdots + \beta_k x_k + \mu$,该模型具有如下两个特点:①被解释变量 y 与参数 β_i 呈线性关系;②被解释变量 y 与解释变量 x_i 也呈线性关系。

具有上述①②特点的模型被称为标准线性回归模型。但在实际运用中,大部分模型都不具备上述两个特点,例如,我们想对企业的平均成本曲线进行估计,根据经济理论,平均成本曲线呈 U 形,显然,变量之间的线性假设就不成立了,而这种现象在现实中比比皆是。当被解释变量与解释变量之间呈非线性关系时,如何对这类模型建立和估计,下面将对此展开讨论,并主要介绍几种较典型的非标准线性回归模型。

【练一练】　如何将下面模型换为线性回归模型?

---

① 李子奈.计量经济学[M].4 版.北京:高等教育出版社,2015

答案

$(1)\dfrac{1}{y}=\beta_0+\beta_1 x_1+\beta_2 x_2^2+\mu$

$(2)y=\dfrac{1}{e^{-(\beta_0+\beta_1 x+\mu)}-1}$

$(3)\ln y=\beta_0+\beta_1\ln x_1+\beta_2 x_2^2+\mu$

$(4)Q=AK^{\alpha_0+\alpha_1 x_1+\alpha_2 x_2}L^{\beta_0+\beta_1 x_1+\beta_2 x_2}e^{\mu}$

3.7.1 多项式回归模型

假设模型为:

$$y=\beta_0+\beta_1 x+\beta_2 x^2+\cdots+\beta_k x^k+\mu \tag{3.7.1}$$

设 $z_1=x,z_2=x^2,\cdots,z_k=x^k$,则式(3.7.1)可化为标准线性回归模型:

$$y=\beta_0+\beta_1 z_1+\beta_2 z_2+\cdots+\beta_k z_k+\mu$$

利用导数性质,可求得 y 对 x 的边际效应:

$$\dfrac{\mathrm{d}y}{\mathrm{d}x}=\beta_1+2\beta_2 x+\cdots+k\beta_k x^{k-1}$$

这类模型较多地运用于生产与成本函数。图 3.7.1 描绘了总成本—产量曲线,直观看,可用三阶多项式回归模型拟合。图 3.7.2 描绘了边际成本—产量、平均成本—产量曲线,直观看,可用二阶多项式回归模型拟合。

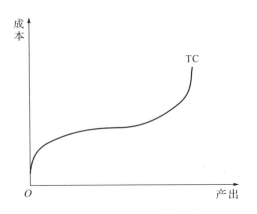
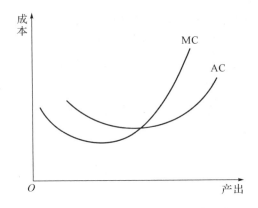

图 3.7.1 总成本—产量曲线   图 3.7.2 边际成本—产量、平均成本—产量

通常应尽量避免使用阶数大于 2 的多项式模型,原因之一在于每增加一个多项式的项,就意味着额外丢失一个自由度,而自由度的丢失意味着估计参数的精度和检验效力的下降。原因之二是后续可看到 x、x^2、x^3 之间存在的高度相关性会使得单个系数的可靠性下降。

【例 3.7.1】 某企业财务经理欲对企业的成本进行控制,为了掌握成本与产量的关系,需要拟合一个成本函数。财务经理搜集了 50 组成本与产量的资料(附录 3A),试以 0.05 的显著水平建立成本函数的回归模型。

解:首先绘制散点图(见图 3.7.3)。由此,可初步设定模型为:

$$\mathrm{cost}=\beta_0+\beta_1 x+\beta_2 x^2+\mu,且 \beta_1<0,\beta_2>0$$

令 $z_1=x,z_2=x^2$,则上式可化为:$\cos t=\beta_0+\beta_1 z_1+\beta_2 z_2+\mu$

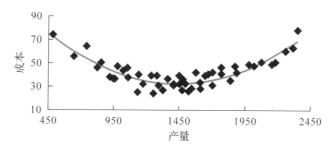

图 3.7.3 散点图

采用 OLS 法估计参数。利用 EViews 进行计算,结果如图 3.7.4 所示。

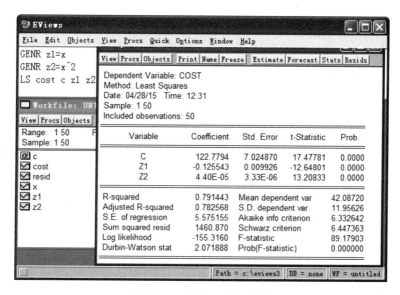

图 3.7.4 EViews 输出结果

经验回归方程为:

$$\hat{cost} = 122.8 - 0.1255x + 0.000044x^2$$

$$t \quad (17.48) \quad (-12.65) \quad (13.21)$$

$$R^2 = 0.7914, \bar{R}^2 = 0.7826, F = 89.18$$

调整的拟合度约为 0.7826,说明产量与产量平方联合可解释成本变化的 78.26%,而其余的 22% 变动要由其他因素的影响来解释。

$F = 89.18$,对应 p 值近似为 0,远小于显著水平 0.05,说明回归方程较显著。

回归系数的 t 检验值及 p 值表明回归系数 β_1、β_2 均较显著不为零,能够解释成本的变化。该模型较好地反映了成本—产量关系。

进一步对成本函数求导,得到边际成本函数估计式:

$$\frac{d\hat{cost}}{dx} = -0.1255 + 0.000044 \times 2x$$

于是可知,当产量 $x = 1426.136$ 时,边际成本为 0。

当 $x > 1426.136$ 时,$\frac{d\hat{cost}}{dx} > 0$,边际成本呈上升趋势。

当 $x < 1426.136$ 时, $\dfrac{\mathrm{d}c\hat{o}st}{\mathrm{d}x} < 0$, 边际成本呈递减趋势。

3.7.2　双曲模型

双曲模型可表示为：

$$y = \alpha + \beta \frac{1}{x} + \mu \tag{3.7.2}$$

设 $z = 1/x$, 则式(3.7.2)可化为: $y = \alpha + \beta z + \mu$。

图 3.7.5 是双曲模型的图形, 图(a)可用来考察平均固定成本—产量间的关系; 图(b)的一个重要用途是它描绘了恩格尔消费曲线, 反映了某一商品的支出—总收入间的关系。

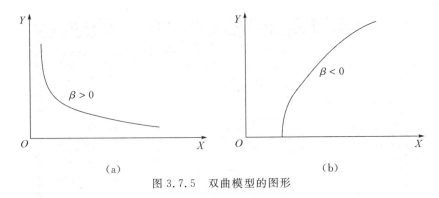

(a)　　　　　　　　　　　　　　　(b)

图 3.7.5　双曲模型的图形

【例 3.7.2】　菲利普斯曲线是反映货币工资变动率(或 通货膨胀率)与失业率之间变动关系的一条曲线, 现利用 1958—1969 年美国小时收入指数的百分比(y)与失业率(见表 3.7.1), 建立 1958—1969 年美国的菲利普斯曲线。

表 3.7.1　收入指数的百分比与失业率

年份	收入指数百分比 y	失业率 x	年份	收入指数百分比 y	失业率 x
1958	4.2	6.8	1964	2.8	5.2
1959	3.5	5.5	1965	3.6	4.5
1960	3.4	5.5	1966	4.3	3.8
1961	3.0	6.7	1967	5.0	3.8
1962	3.4	5.5	1968	6.1	3.6
1963	2.8	5.7	1969	6.7	3.5

1.模型设定

首先绘制 y 和 x 之间的散点图。

利用 EViews 做散点图, 结果如图 3.7.6 所示。

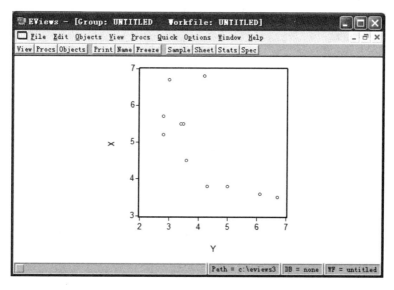

图 3.7.6　散点图

由此可选择双曲模型来进行拟合。设回归模型为:

$$y = \alpha + \beta(1/x) + \mu$$

令 $z = 1/x$,则上式可化为: $y = \alpha + \beta \cdot z + \mu$。

2.使用 OLS 估计方程

利用 EViews 进行计算。结果如图 3.7.7 所示。

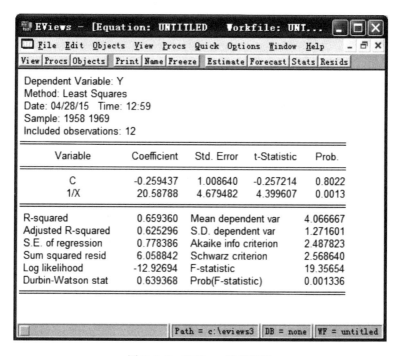

图 3.7.7　EViews 输出结果

估计方程为：

$$\hat{y} = -0.2594 \quad + \quad 20.5879 \frac{1}{x}$$

$$t \quad (-0.2572) \qquad (4.4)$$

$$\bar{R}^2 = 0.6252, R^2 = 0.6594, F = 19.36$$

拟合度为 0.6594，表明失业率倒数可以解释收入变动的 65.94%；在 0.01 的显著性水平下，F 检验表明方程极为显著；β 系数的 t 检验说明，$1/x$ 的系数也是极显著的。

结果说明在 1958—1969 年，美国的收入指数与失业率呈现倒数关系，随着失业率的增加，收入减少，且减少的幅度依赖于 x。

3.7.3 对数模型

对数模型常用来测度与增长率有关的问题，分为半对数模型和双对数模型。此处主要以一元回归模型为例进行说明。

1. 半对数模型 A：$\ln y = \alpha + \beta x + \mu$ (3.7.3a)

令 $\ln y = Z$，则上式可化为标准线性回归模型：$z = \alpha + \beta x + \mu$。

β 的经济含义：用于测定 y 的恒定的相对增长率，表示 x 每增加 1 个单位，y 将增长（或降低）$\beta\%$。其常用来对增长率问题研究，如人口增长率、GDP 增长率、商品需求增长率等。

【例 3.7.3】 美国 1956—1970 年个人可支配收入影响研究。估计方程为：$\ln y = 5.64 + 0.042t$，t 为时间变量（年），y 为个人可支配收入（美元），β 的估计值为 0.042。应如何解释？

β 的解释：时间 t 每增加一年，个人可支配收入 y 将增长 4.2%，也即个人可支配收入的年增长速度为 4.2%。

2. 半对数模型 B：$y = \alpha + \beta \ln x + \mu$ (3.7.3b)

令 $\ln x = Z$，则上式可化为标准线性回归模型：$y = \alpha + \beta z + \mu$。

β 的经济含义：用于测定 x 的相对改变所引起的 y 的绝对变动量，表示 x 每增长 1%，y 平均将会增加（或降低）$\beta/100$ 个单位。

3. 双对数模型：$\ln y = \alpha + \beta \ln x + \mu$ (3.7.4)

令 $y^* = \ln y$，$x^* = \ln x$，则上式可化为：$y^* = \alpha + \beta x^*$，可用 OLS 法估计参数。

填空

β 的经济含义：用于度量 y 关于 x 的弹性，称作弹性系数，表示 x 每增长 1%，y 平均将增长或下降 $\beta\%$。

【例 3.7.4】 以企业研发支出（R&D）占销售额的比重为被解释变量（Y），以企业销售额（X_1）与利润占销售额的比重（X_2）为解释变量，一个有 32 容量的样本企业的估计结果如下：

$$Y = 0.472 + 0.32\ln(X_1) + 0.05X_2$$

$$s.e.(1.37) \quad (0.22) \qquad (0.046)$$

$$R^2 = 0.099$$

其中，括号内为系数估计值的标准差。

(1)解释 $\ln(X_1)$ 的系数。如果 X_1 增加 10%，估计 Y 会变化多少个百分点？这在经济上是一个很大的影响吗？

(2)针对 R&D 强度随销售额的增加而提高这一备择假设，检验它不随 X_1 而变化的假设。分别在 5% 和 10% 的显著性水平上进行这个检验。

　　(3)利润占销售额的比重 X_2 对 R&D 强度 Y 是否在统计上有显著的影响?

　　解:(1)$\ln(x_1)$ 的系数表明在其他条件不变时,X 变化 1%,Y 变化的单位数;换言之,当企业销售额 X_1 增长 1% 时,企业研发支出占销售额的比重 Y 会增加 0.0032。由此,如果 X_1 增加 10%,Y 会增加 0.032 个百分点。这在经济上不是一个较大的影响。

　　(2)针对备择假设 $H_1:\beta_1>0$,检验原假设 $H_0:\beta_1=0$。易知样本 t 统计量值为:$|t|=0.32/0.22=1.468$。取 $\alpha=0.05$,$t_{0.05}(29)=1.699$。

　　因为样本 $|t|=1.468<1.899$,所以接受原假设,意味着 R&D 强度对销售额的影响不显著。

　　如果取 $\alpha=0.10$,则 $t_{0.05}(29)=1.311$,样本的 t 值 $=1.468>1.311$,此时拒绝原假设,这意味着在 10% 的显著性水平下,R&D 强度对销售额影响显著。

　　(3)对 X_2,参数估计值的 t 统计值为:$t=0.05/0.46=1.087$,它比在 10% 的显著性水平下的临界值还小,因此可以认为 X_2 对 Y 在统计上没有显著的影响。

　　【例 3.7.5】　1970—1980 年美国的咖啡消费与价格数据如表 3.7.2 所示,要求根据表中数据拟合咖啡消费与价格的回归模型。

表 3.7.2　咖啡消费与价格的数据

年份	每人每日杯数 Y	X/(美元/每磅)	年份	每人每日杯数 Y	X/(美元/每磅)
1970	2.57	0.77	1976	2.11	1.08
1971	2.50	0.74	1977	1.94	1.81
1972	2.35	0.72	1978	1.97	1.39
1973	2.30	0.73	1979	2.06	1.20
1974	2.25	0.76	1980	2.02	1.17
1975	2.20	0.75			

　　解:(1)模型设定。首先做散点图(见图 3.7.8)。

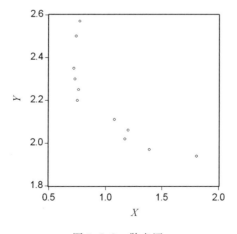

图 3.7.8　散点图

由此,可设定模型为:$\ln y = \alpha + \beta \ln x + \mu$。

令:$y_1 = \ln y$,$x_1 = \ln x$,则上式可化为:$y_1 = \alpha + \beta x_1 + \mu$。

(2)模型估计。利用 EViews 进行计算,结果如图 3.7.9 所示。

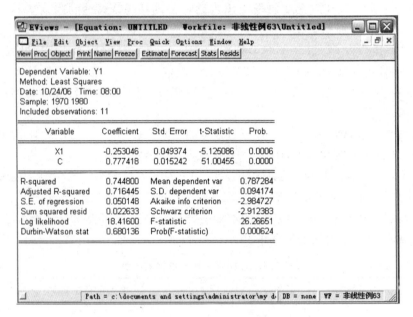

图 3.7.9 EViews 输出结果

估计方程为:

$$\ln\hat{y} = 0.7774 - 0.253\ln x$$

$$t \qquad (51.004) \quad (-5.125)$$

$$R^2 = 0.7448, \bar{R}^2 = 0.7164, F = 26.27$$

(3)模型检验。拟合度为 0.7448,说明解释变量 $\ln x$ 能解释被解释变量 $\ln y$ 变差的 74.48%,其余可有其他变量解释;在 5% 的显著性水平下,$F = 26.27$,$P_F = 0.00006 < 0.05$,方程较为显著;$\ln x$ 系数的 t 值 $= -5.125$,对应的 $P = 0.0006 < 0.05$,所以系数 β 也较为显著不为零。

(4)结果分析。上述结果可以看到,咖啡的价格弹性系数是 -0.253,意味着咖啡的价格每提高 1%,对咖啡的需求量平均减少 0.253%。由于弹性系数的绝对值小于 1,所以认为咖啡是缺乏价格弹性的。

3.7.4 柯布—道格拉斯生产函数模型

柯布—道格拉斯生产函数模型为:

$$Q = AK^{\alpha}L^{\beta}e^{\mu} \qquad (3.7.5)$$

其中,Q 表示产出;K 表示资本投入;L 表示劳动投入。

对式(3.7.5)两边取对数,得到:

$$\ln Q = \ln A + \alpha\ln K + \beta\ln L + \mu \qquad (3.7.6)$$

令:$Q^* = \ln Q$,$\alpha_0 = \ln A$,$K^* = \ln K$,$L^* = \ln L$,则式(3.7.6)转化为:

$$Q^* = \alpha_0 + \alpha K^* + \beta L^* + \mu \tag{3.7.7}$$

如果随机项 μ 满足线性回归模型古典假设,则可用 OLS 法求得参数估计值 $(\hat{\alpha}_0, \hat{\alpha}, \hat{\beta})$,从而得到原模型(3.7.5)的估计方程:

$$\hat{Q} = e^{\hat{\alpha}_0} K^{\hat{\alpha}} L^{\hat{\beta}}$$

柯布—道格拉斯生产函数中参数的经济含义:

α 为资本的产出弹性,表示产量变化率对劳动变化率的反应程度,也即劳动投入每变动 1%,产量平均将变动 $\alpha\%$;

β 为劳动的产出弹性,表示产量变化率对资本变化率的反应程度,也即资本投入每变动 1%,产量平均将变动 $\beta\%$。

一般当 $\alpha + \beta = 1$,称模型为规模报酬不变型;$\alpha + \beta > 1$,称模型为规模报酬递增型;$\alpha + \beta < 1$,称模型为规模报酬递减型。

【例 3.7.6】 某省农业生产效率评价。

用某省 1958—1972 年农业生产总值(y)、劳动力(x_1)、资本投入(x_2)数据为样本得估计模型:

$$\ln\hat{y} = -3.4 + 1.5\ln x_1 + 0.49\ln x_2$$

$$t \qquad\qquad (2.78) \quad (4.80)$$

$$R^2 = 0.89 \qquad \bar{R}^2 = 0.821 \qquad F = 48.45$$

(1)统计检验

样本的调整决定系数为 0.821,说明劳动投入的对数与资本投入的对数对产出对数的解释能力为 82.1%,拟合效果良好。

在 0.05 的显著性水平下,$F_{0.05}(2,12) = 6.93$,样本 F 值 $= 48.45 > F_{0.05}(2,12)$,方程较为显著;

在 0.05 的显著性水平下,$t_{\frac{0.05}{2}}(12) = 1.782$,$x_1$ 的 t 的绝对值 $|t_1| = 2.78 > t_{\frac{0.05}{2}}(12)$,$x_2$ 的 t 的绝对值 $|t_2| = 4.8 > t_{\frac{0.05}{2}}(12)$,表明两个变量的系数均显著不为 0。

(2)经济含义

$\hat{\beta}_1 = 1.5$ 为劳动投入的产出弹性,表明在资本投入不变的情况下,劳动投入每增长 1%,产出平均将增长 1.5%。

$\hat{\beta}_2 = 0.49$ 为资本投入的产出弹性,表明在劳动投入不变的条件下,资本投入每增加 1%,产出将平均增加 0.49%。

由于 $1.50 + 0.49 = 1.99 > 1$,所以此生产函数属规模报酬递增函数。它表明当劳动力和资本投入都增加 1% 时,产出增加 1.99%。说明某省 1958—1972 年农业经济的特征是规模报酬递增的。

3.8 应用举例

【3.8.1】 某化妆品销售情况的调查数据如表 3.8.1 所示。观测变量分别是年销售量 y(万瓶)、地区人口 x_1(万人)和人均年收入 x_2(千元)。试建立销售模型。

表 3.8.1 某化妆品销售情况的样本数据

t	年销售量 y/万瓶	地区人口 x_1/万人	人均年收入 x_2/千元
1	1.62	27.4	2.450
2	1.20	18.0	3.254
3	2.23	37.5	3.802
4	1.31	20.5	2.838
5	0.67	8.6	2.347
6	1.69	26.5	3.782
7	0.81	9.8	3.008
8	1.92	33.0	2.450
9	1.16	19.5	2.137
10	0.55	5.3	2.560
11	2.52	43.0	4.020
12	2.32	37.2	4.427
13	1.44	23.6	2.660
14	1.03	15.7	2.088
15	2.12	37.0	2.605

(1)作散点图。通过散点图观察,x_i 与 Y 的关系(见图 3.8.1 和图 3.8.2)。x_i 与 Y 呈线性关系。据此,可假设如下线性回归模型:

$$y = \beta_0 + \beta_1 x_1 + \beta_2 x_2 + u$$

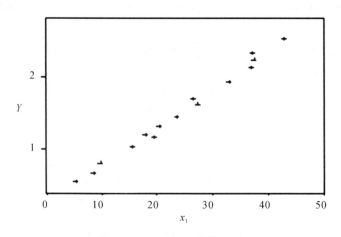

图 3.8.1 x_1 与 Y 的散点图

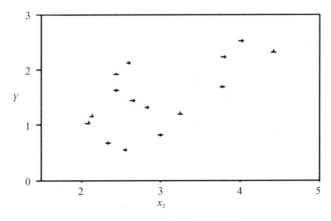

图 3.8.2　x_2 与 Y 的散点图

(2)估计方程。采用 OLS 法估计,使用 EViews 进行计算,结果如图 3.8.3 所示。

Dependent Variable: Y
Method: Least Squares
Date: 03/17/21 Time: 16:43
Sample: 1 15
Included observations: 15

Variable	Coefficient	Std. Error	t-Statistic	Prob.
X1	0.049600	0.000605	81.92415	0.0000
X2	0.091991	0.009681	9.502065	0.0000
C	0.034526	0.024307	1.420448	0.1809

R-squared	0.998945	Mean dependent var	1.506000
Adjusted R-squared	0.998769	S.D. dependent var	0.620493
S.E. of regression	0.021772	Akaike info criterion	-4.639507
Sum squared resid	0.005688	Schwarz criterion	-4.497897
Log likelihood	37.79630	Hannan-Quinn criter.	-4.641015
F-statistic	5679.466	Durbin-Watson stat	2.700996
Prob(F-statistic)	0.000000		

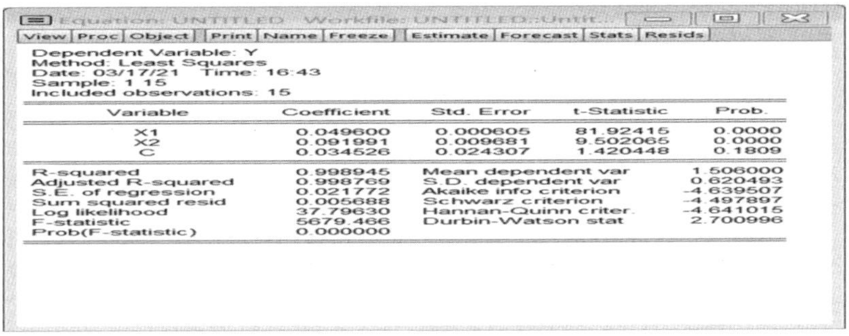

图 3.8.3　EViews 输出结果

估计方程为:

$$\hat{y}=0.03453+0.0496x_1+0.09199x_2$$

$$t\quad (0.4204)\ (81.9242)\ (9.5020)$$

$$R^2=0.9989,\bar{R}^2=0.9987,F\text{-statistic}=5679.466,\text{Prob}(F)=0.0000$$

(3)模型检验。$\bar{R}^2=0.9987$,表示 x_1 与 x_2 两个变量联合起来能够解释 y 总变差中的 99.9%,说明模型的拟合度高,拟合效果好。

$F=5679.485$,相应的 p 值不仅小于 0.05 的显著性水平,也远远小于 0.01 的显著性水平,说明该方程在统计意义上是极为显著的。

观察 x_1 与 x_2 系数所对应的 t 统计量的 p 值,不仅均小于 0.05,而且也小于 0.01,这说明 x_1 和 x_2 对 y 的影响均是非常显著的。

(4)结果分析。上述结果表明,地区人口和人均年收入是影响年销售量的重要因素。在地区人口不变的情况下,人均年收入每增加 1 千元,年销售量平均增加 0.09199 万瓶;在人均年收入不变的情况下,地区人口每增加 1 万人,年销售量平均增加 0.0496 万瓶。

【例 3.8.2】 要建立关于中国旅游外汇收入的计量模型。首先要确定影响中国旅游外汇收入的重要因素。显然来中国旅游的外国人人数是决定旅游外汇收入的重要因素。此外,中国大陆的涉外酒店数、中国涉外航空线路条数等也是决定旅游外汇收入的重要因素。出于资料收集的方便,从《中国统计年鉴》中得到中国旅游外汇收入(y),外国游客人数(x_1),民用国际航线条数(x_2)数据(见表3.8.2)。试建立多元线性回归模型进行研究。

表 3.8.2　中国旅游外汇收入(y)、外国游客人数(x_1)、民用国际航线条数(x_2)数据

年份	国际旅游外汇收入 y /百万美元	外国游客人数 x_1 /万人次	民用国际航线 条数 x_2
2000	16224	1016.04	133
2001	17792	1122.64	134
2002	20385	1343.95	161
2003	17406	1140.29	194
2004	25739	1693.25	244
2005	29296	2025.51	233
2006	33949	2221.03	268
2007	41919	2610.97	290
2008	40843	2432.53	297
2009	39675	2193.75	263
2010	45814	2612.69	302
2011	48464	2711.2	443
2012	50028	2719.16	381
2013	51664	2629.03	427
2014	56913	2636.08	490

(1)做散点图。首先通过散点图观察,x_1、x_2 与 y 的关系(见图3.8.4和图3.8.5),可发现 x_1、x_2 与 y 基本上呈线性关系。

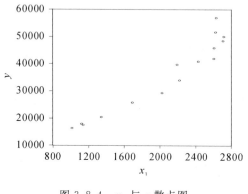

图 3.8.4　x_1 与 y 散点图

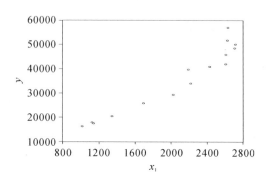

图 3.8.5　x_2 与 y 散点图

所以,可假设线性回归模型为:

$$y = \beta_0 + \beta_1 x_1 + \beta_2 x_2 + u,且\ \beta_1 > 0, \beta_2 > 0$$

(2)模型估计。采用 OLS 法估计,利用 EViews 进行计算,结果如图 3.8.6 所示。

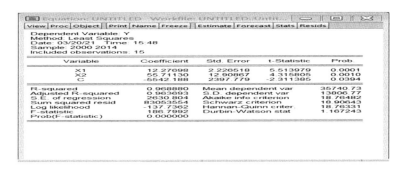

图 3.8.6　EViews 输出结果

由上知,样本回归方程为:

$$\hat{y} = -5542.19 + 12.28 x_1 + 55.71 x_2$$

$$t \quad (-2.31) \quad (5.51) \quad (4.32)$$

$$R^2 = 0.9689, \bar{R}^2 = 0.9637, \text{F-statistic} = 186.7992, \text{Prob(F)} = 0.0000$$

(3)对模型进行检验:

①经济意义的检验。上述模型中,参数估计值的符号均大于 0,与假设符号为正相符。

②拟合优度检验。$\bar{R}^2 = 0.9637$,说明该方程的解释能力为 96%,即外国游客人数和民用国际航线条数联合起来能对中国旅游外汇收入变动的 96% 作出解释,回归方程拟合度高。

③回归方程总体显著性检验。$F = 186.7992$,相应的 p 值约为 0.0000,不仅小于 0.05 的显著性水平,也远远小于 0.01 的显著性水平,这说明该方程在统计意义上是极为显著的。

④回归参数的显著性检验。从单个影响因素看,两个参数的 p 值均表明,无论是在 0.05 还是在 0.01 的显著性水平下,解释变量外国游客人数和民用国际航线条数对中国旅游外汇收入的影响均是非常显著的。

⑤结果分析。由上可知,假设民用国际航线条数不变,外国游客人数每增加一万人次,将使中国旅游外汇收入增加 1228 千万美元,且这种影响在统计意义上极为显著;假设外国游客人数保持不变,民用国际航线条数每增加一条,将使中国旅游外汇收入增加 5571 千万美元,且这种影响在统计意义上也极为显著。

【例 3.8.3】　市盈率(PE)是普通股每股市价与每股利润的比率,是衡量股价水平的一个重要指标。我们这里分析一些宏观因素(GDP、货币供给 M、价格指数 CPI、短期利率 R)对 A 股市盈率的影响,建立如下多元线性回归模型进行分析:

$$\text{PE} = \beta_0 + \beta_1 \text{GDP} + \beta_2 M + \beta_3 \text{CPI} + \beta_4 R + \mu$$

解:(1)收集数据。选取我国 2014—2019 年每季度的 A 股平均市盈率(PE)、GDP、货币供给(M)、价格指数(CPI)、短期利率(R)数据进行实证分析。

表 3.8.3　2014—2019 年相关季度变量数据

时间	平均市盈率	GDP/亿元	M/亿元	CPI	短期利率/%
2014 年 03 月	96.83573	102.3	32768.37	124032.7	2.49
2014 年 06 月	100.2745	102.3	34148.75	137477.3	2.85
2014 年 09 月	146.297	102.1	32722.02	143448.1	2.97
2014 年 12 月	167.8476	102	34805.64	158815.7	3.49
2015 年 03 月	139.4564	101.2	33721.05	132883.8	3.69
2015 年 06 月	210.1754	101.3	35608.29	147275.4	1.44
2015 年 09 月	114.5041	101.4	36441.69	153478.9	2.05
2015 年 12 月	200.0576	101.4	40095.34	169832.9	1.97
2016 年 03 月	117.2525	102.1	41158.13	161760.5	2.09
2016 年 06 月	124.4995	102.1	44364.37	179988	2.14
2016 年 09 月	138.3772	102	45434.03	188607.2	2.25
2016 年 12 月	141.131	102	48655.72	205680.8	2.44
2017 年 03 月	118.2506	101.4	48877.01	173159.5	2.62
2017 年 06 月	88.68304	101.4	51022.82	192594.3	2.94
2017 年 09 月	100.2371	101.5	51786.30	201648.3	2.92
2017 年 12 月	95.15086	101.6	54379.01	219768.2	2.91
2018 年 03 月	90.89625	102.1	52354.01	185190	2.74
2018 年 06 月	73.26852	102	54394.47	205905.5	2.73
2018 年 09 月	66.01266	102.1	53857.41	215098.8	2.59
2018 年 12 月	61.13598	102.1	55168.59	234108.3	2.57
2019 年 03 月	61.325	101.83	54757.55	196802.8	2.42
2019 年 06 月	56.70817	102.24	56769.62	218190.6	1.7
2019 年 09 月	59.80364	102.46	55713.80	227683.6	2.55
2019 年 12 月	61.06371	102.9	57600.92	247627.8	2.09

注:GDP 和 CPI 数据来自于中国国家统计局 2014—2019 年《统计年鉴》;货币供给和短期利率数据来自于国家统计局;A 股平均市盈率是以成交金额为权重对沪、深两个市场 2014—2019 每季度最后一个月份的平均市盈率进行加权平均计算得来的,数据来自于国家统计局。

（2）估计方程。利用 EViews 软件进行计算，结果如图 3.8.7 所示。由图可得估计方程为：

$$\hat{PE}=5098.165-47.385GDP-0.0068M\ +0.0011CPI\ -17.049R$$

$$t\quad (3.7722)\quad (-3.5515)\quad (-3.9600)\quad (2.3035)\quad\quad (-1.7049)$$

$$R^2=0.7361,\bar{R}^2=0.6806,F\text{-statistic}=13.2502,\text{Prob}(F)=0.0000$$

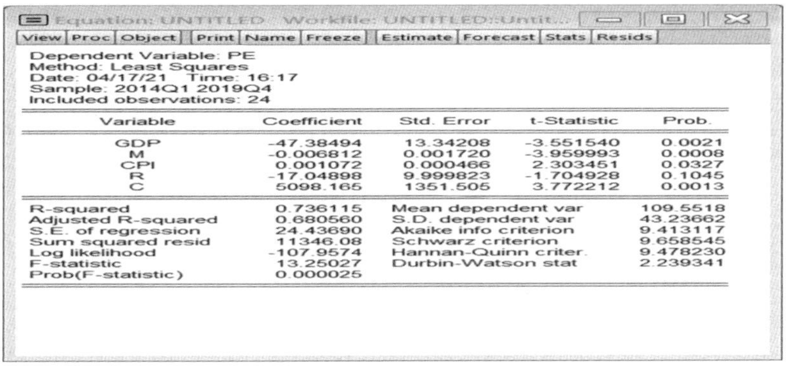

图 3.8.7　EViews 输出结果

（3）模型检验。$R^2=0.7361$，说明数据拟合情况一般，A 股平均市盈率变差的 73.61%可由自变量的变动解释。

给定显著性水平为 0.05，F 检验的 p 值为 $0.0000<\alpha$，所以方程总体显著，解释变量中至少有一个变量与被解释变量 PE 有较为显著的线性关系，模型总体线性关系较为显著。

$\hat{\beta}_1$ 相应的 p 值为 $0.0021<0.05$，估计参数 $\hat{\beta}_1$ 较为显著不为 0，表明 GDP 对 PE 有较为显著的影响；同样，$\hat{\beta}_2$、$\hat{\beta}_3$ 均在 0.05 的显著性水平显著，两者均对 GDP、PE 有较为显著的影响；而 $\hat{\beta}_4$ 相应的 p 值为 $0.1045>0.005$，参数 $\hat{\beta}_4$ 不显著，表明短期利率 R 对 PE 没有显著影响。

（4）结果分析。由上可知，解释变量 GDP 对 PE 有较为显著的影响，且在其他解释变量不变的条件下，GDP 每上升 1 亿元，A 股平均市盈率平均会下降 47.385（结果是否合理）；解释变量货币供给 M 对 PE 也有较为显著的影响，假设其他解释变量不变，货币供给 M 每上升 1 亿元，A 股平均市盈率平均会下降 0.0068（结果是否合理）；解释变量价格水平的变动对 A 股平均市盈率的影响也较为显著。在其他解释变量不变的条件下，价格水平 M 每上升 1 个百分点，A 股平均市盈率平均会上升 0.0010（经济上有意义吗）；虽然短期利率 R 对 A 股平均市盈率有一定的影响，在其他解释变量不变的条件下，短期利率 R 每提高一个百分点，A 股平均市盈率平均将下降 17.05%，但这种影响在统计意义上不显著，也即短期利率 R 对 A 股平均市盈率没有显著影响。

【例 3.8.4】　个人可支配收入会影响耐用消费品的消费量，同时耐用消费品的价格水平也会影响其消费量。个人可支配收入和耐用消费品的价格水平是影响耐用消费品消费量的主要因素。试建立多元线性回归模型方法验证上面结论。某地区城镇居民人均全年耐用消费品支出、人均年可支配收入及耐用消费品价格指数的数据资料如表 3.8.4 所示。

表 3.8.4 某地区城镇居民相关变量数据

年份	人均耐用消费品支出 y/元	人均年可支配收入 x_1/元	耐用消费品价格指数 x_2(上年=100)
2001	4178	5377	96.454
2002	4791	6214	95.2
2003	5210	6977	98.1083
2004	5790	7866	99.0554
2005	6518	8866	99.2756
2006	7395	9967	101.5483
2007	8385	11487	102.2003
2008	9145	13021	101.4321
2009	9747	13883	97.6773
2010	10236	15510	97.0249
2011	11869	17965	100.3142
2012	12765	20232	100.6208
2013	13763	22258	100.8
2014	14637	24069	100.6621
2015	15819	25828	99.1425

(1)模型设定。利用表 3.8.4 中数据,建立该地区城镇居民人均全年耐用消费品支出(y)关于人均年可支配收入(x_1)和耐用消费品价格指数(x_2)的回归模型,根据相关理论,可假设模型为:

$$y=\beta_0+\beta_1 x_1+\beta_2 x_2+\mu,且\ \beta_0>0,\beta_1>0$$

(2)模型估计。采用 OLS 法,使用 EViews 进行计算,结果如图 3.8.8 所示。

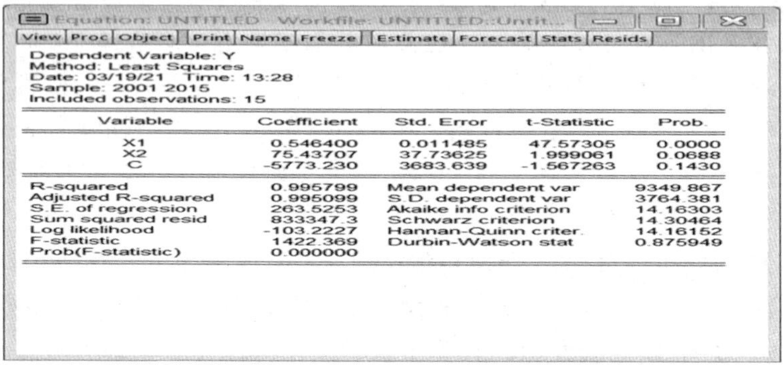
Equation: UNTITLED Workfile: UNTITLED::Untit...
View | Proc | Object | Print | Name | Freeze | Estimate | Forecast | Stats | Resids

Dependent Variable: Y
Method: Least Squares
Date: 03/19/21 Time: 13:28
Sample: 2001 2015
Included observations: 15

Variable	Coefficient	Std. Error	t-Statistic	Prob.
X1	0.546400	0.011485	47.57305	0.0000
X2	75.43707	37.73625	1.999061	0.0688
C	-5773.230	3683.639	-1.567263	0.1430

R-squared	0.995799	Mean dependent var	9349.867
Adjusted R-squared	0.995099	S.D. dependent var	3764.381
S.E. of regression	263.5253	Akaike info criterion	14.16303
Sum squared resid	833347.3	Schwarz criterion	14.30464
Log likelihood	-103.2227	Hannan-Quinn criter.	14.16152
F-statistic	1422.369	Durbin-Watson stat	0.875949
Prob(F-statistic)	0.000000		

图 3.8.8 EViews 输出结果

估计方程为：$\hat{y} = -5773.23 + 0.5464x_1 + 75.4370x_2$
$$t \quad (-1.5672) \quad (1.9991) \quad (47.5731)$$
$$R^2 = 0.9958 \quad \overline{R}^2 = 0.9951, F\text{-statistic} = 1422.369, \text{Prob}(F) = 0.0000$$

（3）结果分析。$R^2 = 0.9958$，说明回归直线对数据的拟合情况很好，人均年可支配收入与耐用消费品价格指数联合起来可解释被解释变量人均耐用消费品支出总变差的99.58%。

F 检验的 p 值为 0.00000 < 0.05，回归方程总体较为显著，也即人均年可支配收入与耐用消费品价格指数中至少有一个变量与人均耐用消费品支出有较为显著的线性关系，模型总体线性效果显著。

人均年可支配收入（x_1）参数的 t 检验值为 47.5731，对应的 p 值为 0.0000，明显小于0.05。这说明人均年可支配收入对该地区城镇居民人均全年耐用消费品支出确实有较为显著的影响。根据微观经济学理论，把耐用消费品整体看成是一个正常商品，个人收入水平的上升会导致对耐用消费品支出的增加。

但是，该地区耐用消费品价格指数参数的 t 检验值为 1.9991，对应的 p 值为 0.0688，大于 0.05。这说明该地区耐用消费品价格指数对耐用消费品支出没有较为显著影响。这个结论看似违反了经济学理论，那么我们下面来仔细分析一下可能的原因。

我们知道，"价格升高会导致需求下降"是微观经济学的一个基本原理，但这里的价格指的是相对价格，价格上升也指的是相对价格的上升。所以，我们在界定耐用消费品价格水平是否上升时，需要对比同时期非耐用消费品的价格水平变动。那么，我们在回归模型中加入非耐用消费品的价格指数作为解释变量是应当的，而我们的回归模型中缺少此变量，也就影响了计量结论的可靠性。

这个案例说明，当我们遇到计量结论和理论不符合的情况时，不要首先质疑经济学理论的正确性，更不能根据计量结果强行构造经济学理论，我们这时最好是仔细研究理论分析和计量方法的匹配状况，改进计量模型，以便对经济学结论给予可靠的验证。

【例 3.8.5】 已知我国 1978—2012 年间国内生产总值 Y（亿元）、从业人员 L（万人）、资本形成总额 K（亿元），试建立我国的柯布—道格拉斯生产函数。

表 3.8.5　1978—2012 年中国国内生产总值相关数据

年份	国内生产总值 Y/亿元	资本形成总额 K/亿元	劳动投入 L/万人	年份	国内生产总值 Y/亿元	资本形成总额 K/亿元	劳动投入 L/万人
1978 年	3605.6	1377.9	40152	1991	22577.4	7868.0	65491
1979	4092.6	1478.9	41024	1992	27565.2	10086.3	66152
1980	4592.9	1599.7	42361	1993	36938.1	15717.7	66808
1981	5008.8	1630.2	43725	1994	50217.4	20341.1	67455
1982	5590.0	1784.2	45295	1995	63216.9	25470.1	68065
1983	6216.2	2039.0	46436	1996	74163.6	28784.9	68950

续表

年份	国内生产总值 Y/亿元	资本形成总额 K/亿元	劳动投入 L/万人	年份	国内生产总值 Y/亿元	资本形成总额 K/亿元	劳动投入 L/万人
1984	7362.7	2515.1	48197	1997	81658.5	29968.0	69820
1985	9076.7	3457.5	49873	1998	86531.6	31314.2	70637
1986	10508.5	3941.9	51282	1999	91125.0	32951.5	71394
1987	12277.4	4462.0	52783	2000	98749.0	34842.8	72085
1988	15388.6	5700.2	54334	2001	109028.0	39769.4	72797
1989	17311.3	6332.7	55329	2002	120475.6	45565.0	73280
1990	19347.8	6747.0	64749	2003	136613.4	55963.0	73736

(1)模型设定。根据柯布—道格拉斯生产函数,模型设定为:

$$y = AK^{\alpha}L^{\beta}e^{\mu}$$

(2)模型估计。对上式两边取对数,得到:$\ln y = \ln A + \alpha \ln K + \beta \ln L + \mu$

采用 OLS 估参数,使用 Eviews 软件计算。结果见图 3.8.9。由此可得:

双对数估计方程为:

$$\ln \hat{Y} = -1.0649 + 0.2457\ln L + 0.9308\ln K$$

$$t \quad (-0.5001)(1.0987) \quad (24.9778)$$

$$\bar{R}^2 = 0.9976 \quad R^2 = 0.9978 \quad F = 5191.406$$

原方程的估计为:$\hat{y} = e^{-1.0649}K^{0.2457}L^{0.9308}$

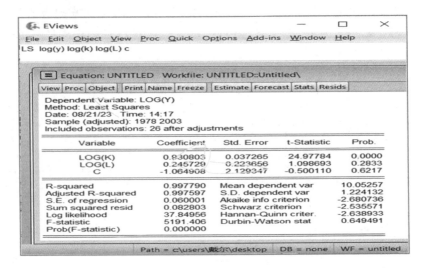

图 3.8.9

(3)模型检验。由上述回归结果可以看出,样本拟合优度较高,修正后的决定系数达到 0.9976,表明劳动投入对数和资本投入对数对产出对数的解释能力达到了 99.76%;在 0.05

的显著性水平下，F 检验表明，整个回归方程是较为显著的；资本投入对数 LnK 的参数在 5% 的显著性水平下显著不为 0，说明资本投入对数对产出对数的影响较为显著，而劳动投入对数 LnL 的参数在 5% 的显著性水平下显著为 0，表明劳动投入对数对数对产出对数的影响不显著。

LnL 的回归系数为 0.2457，说明劳动的产出弹为 0.2457，表示在资本投入保持不变的情况下，劳动投入每增加 1%，产出将平均增加 0.2457%。

LnK 的回归系数为 0.9308，说明资本的产出弹为 0.9308，表示在劳动投入保持不变的情况下，资本投入每增加 1%，产出将平均增加 0.9308%。

两个弹性系数相加即得到产出对要素投入的比例变动，本例中两者之和为 1.1765，表明中国 1978—2012 年间的经济特征是规模报酬递增的。

3.9　多元线性回归模型实验

3.9.1　实验一　餐饮店选址研究

1. 实验数据

为了确定大众餐饮连锁店的最佳位置，某研究者经过调查发现，在诸如成本和价格及其他条件相同的情况下，可以用销售额作为确定地理位置属性的变量。如果可以找到影响销售额的因素和对应的函数关系，那么就可以用方程去决定餐饮店的选址位置。有很多因素可以影响餐饮店的总销售额，其中三个因素最重要，分别是：附近居住人口的密度、当地居民的一般收入水平以及其周围类似餐饮店的数量。表 3.9.1 为餐饮店选址数据，N 为 2km 范围内类似餐饮店的数量，P 为 3km 内居住人口数，I 为附近居民平均收入水平，Y 为餐饮店的总销售额。试建立回归模型进行分析。

表 3.9.1　餐饮店选址数据

观测值	Y/美元	N/家	P/人	I/美元	观测值	Y/美元	N/家	P/人	I/美元
1	107919	3	65044	13240	16	127030	5	139900	21384
2	118866	5	101376	22554	17	166755	6	171740	18800
3	98579	7	124989	16916	18	125343	6	149894	15289
4	122015	2	55249	20967	19	121886	3	57386	16702
5	152827	3	73775	19576	20	134594	6	185105	19093
6	91259	5	48484	15039	21	152937	3	114520	26502
7	123550	8	138809	21857	22	109622	3	52933	18760
8	160931	2	50244	26435	23	149884	5	203500	33242

续表

观测值	Y/美元	N/家	P/人	I/美元	观测值	Y/美元	N/家	P/人	I/美元
9	98496	6	104300	24024	24	98388	4	39334	14988
10	108052	2	37852	14987	25	140791	3	95120	18505
11	144788	3	66921	30902	26	101260	3	49200	16839
12	164571	4	166332	31573	27	139517	4	113566	28915
13	105564	3	61951	19001	28	115236	9	194125	19033
14	102568	5	100441	20058	29	136749	7	233844	19200
15	103342	2	39462	16194	30	105067	7	83416	22833

资料来源:施图德蒙德.应用经济学[M].杜江,李恒,译.北京:机械工业出版社,2011

2.实验过程

(1)模型设定

①建立文件。首先双击 EViews 图标,进入 EViews 界面,打开 EViews,点击"File"→"New Workfile",选择"Unstructured"→"Undated",在 Observations 框里填入 30,点击"OK"。命令窗口键入"data Y N P I",按回车键,在弹出的对话框中输入数据。

②分别制作 Y 与 N、P、I 的散点图。选择变量 Y 与 N,点击鼠标右键打开数据,在数据窗口选择"View"→"Graph",Graph Option 对话框中选择"Basic Type"→"Scatter",得到图 3.9.1(a),使用同样的方法可得图 3.9.1(b)、图 3.9.1(c)(或点击"Quick"→"Graph",在对话窗口分别键入 Y N)。

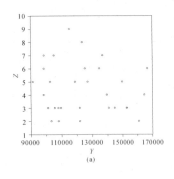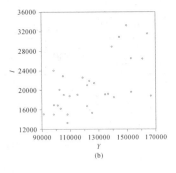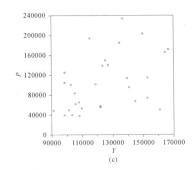

图 3.9.1　散点图

③设定模型。根据图示,初步可假设模型为:

$$y = \beta_0 + \beta_1 N + \beta_2 P + \beta_3 I + \mu$$

(2)模型估计

点击"Quick"→"Estimate Equation",在对话框中键入"Y C N P I",每项用空格分离,点击"OK",得到图 3.9.2 所示回归结果。

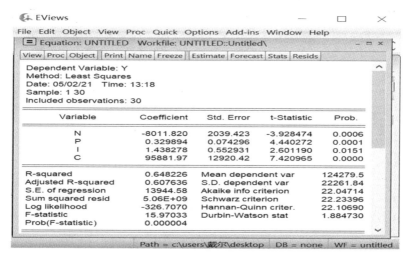

图 3.9.2　估计结果

估计方程为：$\hat{Y}=95881.97-8011.82N\ +0.3299P\ +1.4383I$

$\qquad t\quad (7.4210)\quad (-3.92850)\quad (4.44031)\quad (2.6012)$

$\qquad R^2=0.6482, \bar{R}^2=0.6076, F\text{-statistic}=15.9033, \text{Prob}(F)=0.0000$

(3)模型检验

从回归结果看，$\bar{R}^2=0.6076$，说明模型的整体拟合优度不是很好，但解释变量 N、P、I 对应系数的 p 值分别为 0.0006、0.0001、0.0151，表明 N、P、I 的系数在 5% 水平下显著不为零，说明在 5% 显著水平下，解释变量 N、P 和 I 对被解释变量 Y 的影响都是较为显著的，且各个系数的符号与预期一致。

在其他因素保持不变的条件下，周围竞争对手每增加 1 个，会使餐饮店销售平均下降 8011.82 美元；而当地人口数量每增加 1 人，可使销售额平均提高约 0.33 美元；人均收入水平每提高 1 美元，可使销售额平均增加 1.44 美元。

结果分析(略)。

3.9.2　实验二　餐饮店选址研究(二)

1. 实验数据

依然采用实验一数据进行。现假设模型为：$\ln Y=\beta_0+\beta_1 \ln N+\beta_2 \ln P+\beta_3 \ln I+\mu$，估计模型并检验。结合两个模型结果的讨论，请问采用哪个模型更佳？

2. 实验过程

(1)模型估计

① 用 NENR 生成新序列 $\ln Y$、$\ln N$、LnP、LnI。命令窗口键入：

GENR $\ln(Y)=\log(Y)$，GENR $\ln(N)=\log(N)$，GENR $\ln(P)=\log(P)$，GENR $\ln(I)=\log(I)$

②在命令窗口键入:Ls lnY c lnP lnN lnI,回车,得到图3.9.3所示。

图3.9.3　估计结果

（以上两步也可通过直接在命令窗口键入:Ls log(Y) log(P) log(N) log(I)或点击"Quick"→"Estimate Equation",在对话框中键入:lnY C lnN lnP lnI,它们之间用空格分离,点击"OK",则估计方程为:

$$\ln\hat{Y}=6.5989-0.3408\ln N+0.3231\ln P+0.1925\ln I$$

t　　(8.3303)(−4.8688)　(5.2802)　　(2.0761)

$$R^2=0.7017, \bar{R}^2=0.6673, F\text{-statistic}=20.3872, \text{Prob}(F)=0.0000$$

（2）模型检验（略）

（3）结果讨论

从拟合优度看,模型(2)的拟合优度、F统计量、各个解释变量的t统计量值较模型(1)有较大幅度的提高,说明模型(2)的拟合效果较模型(1)好,且方程的F检验与参数的t检验的显著性也较模型(1)明显提高,所以使用模型(2)更佳。

【练一练】　实验作业

某公司经理想研究公司员工的年限问题,根据初步分析,他认为员工的当前年薪y（万）与员工的开始年薪x_1（元）、在公司的工作时间x_2（月）、先前的工作经验x_3（月）、受教育年数x_4（年）有关系。他随机抽样调查了36个员工,收集如表3.9.2所示的数据。

表3.9.2　36个员工相关数据

y	x_1	x_2	x_3	x_4	y	x_1	x_2	x_3	x_4
29220	14010	98	115	15	21120	11460	83	75	8
29670	13260	98	26	8	41520	22260	81	3	16
136320	81240	96	199	19	26220	12510	81	0	12
111945	46260	96	120	19	24420	12510	81	13	12
24570	15510	95	46	12	35220	17760	79	94	12

续表

y	x_1	x_2	x_3	x_4	y	x_1	x_2	x_3	x_4
36120	15810	93	8	16	48570	22500	74	45	16
41520	20760	92	168	17	27420	12810	74	2	12
32820	20010	90	205	12	60720	35010	74	272	12
25620	16260	90	191	15	19020	11460	72	184	8
32220	16260	88	252	12	37920	19260	71	12	16
28020	14760	88	38	12	25770	13710	69	12	12
26370	14010	87	123	16	26520	20010	68	344	8
28020	14760	86	367	12	31620	17010	68	155	8
70570	43740	85	134	20	36570	14760	67	6	15
33270	16260	85	438	8	22170	14760	67	181	12
27570	16860	85	171	8	87570	46260	66	50	18
18420	11460	85	72	12	71320	23010	65	19	16
25320	14010	85	59	15	27570	17010	64	69	12

(1)制作散点图,并据此设定模型;(2)估计模型;(3)模型检验;(4)结果说明;(5)假设模型设定为:$\ln y = \alpha_0 + \alpha_1 \ln x_1 + \alpha_2 \ln x_2 + \alpha_4 \ln x_4 + \mu$,请完成上述过程。请问:对比这两个模型讨论结果,您认为选择哪个模型研究该问题更合适?

【本章小结】

本章将一元线性回归模型拓展到了多元线性回归模型,其基本的建模思想与建模方法与一元的情形相同。其主要内容仍然包括模型的基本假定、模型的估计、模型的检验以及模型在预测方面的应用等。只不过为了多元建模的需要,在基本假设及检验方面有所扩充。

本章重点介绍了多元线性回归模型的基本假设、估计方法以及检验程序。与一元回归分析相比,多元回归分析的基本假设中引入了多个解释变量间不存在(完全)多重共线性这一假设;在检验部分,一方面引入了修正的可决系数,另一方面引入了对多个解释变量是否对被解释变量有显著线性影响关系的联合性 F 检验,并讨论了 F 检验与拟合优度检验的内在联系。同时,对如何将标准线性回归模型以外的其他非线性回归模型转换成线性回归模型,以便用 OLS 法估计参数。并介绍了一些常用模型的适用范围和参数的经济意义。

【关键术语】

多元线性回归方程,最小二乘估计,回归参数的经济学意义,回归参数的 t 检验、F 检验、拟合优度,标准线性回归模型,多项式回归模型,双曲函数模型,双对数模型,半对数模型,Cobb-Douglas 生产函数,劳动的产出弹性,资本的产出弹性,规模报酬递增。

【课后讨论】

习近平总书记在党的二十大报告中指出:"我们要坚持以推动高质量发展为主题,把实施扩大内需战略同深化供给侧结构性改革有机结合起来,增强国内大循环内生动力和可靠性,提升国际循环质量和水平,加快建设现代化经济体系,着力提高全要素生产率,着力提升产业链供应链韧性和安全水平,着力推进城乡融合和区域协调发展,推动经济实现质的有效提升和量的合理增长。"改革开放以来,我国经济的高速增长为国家发展和人民生活带来了巨大变化。以凯恩斯增长理论为基础,从消费、投资、政府支出和净出口额入手,从时间的维度来讨论这些因素对经济增长的影响。对每个因素设置合理的经济指标,搜集改革开放以来我国这些经济指标的宏观数据,建立科学的计量模型来解释我国经济增长动力结构发生的转变,并尝试挖掘发生这些转变背后的原因,特别是考察拉动内需对经济增长的重要性。

【思考与练习】

1. 解释下列概念:

(1)多元线性回归模型、总体回归函数、样本回归函数。

(2)多重决定系数、调整的多重决定系数。

(3)回归模型的总体显著性检验(F 检验)、参数的显著性检验(t 检验)。

2. 在多元线性回归分析中,为什么用调整的多重决定系数衡量估计模型对样本观察值的拟合优度? t 检验与 F 检验的关系是什么? 为什么做了 F 检验以后还要做 t 检验?

3. 为研究中国各地区入境旅游状况,建立了各省(区、市)旅游外汇收入(Y,百万美元)、旅行社职工人数(X_1,人)、国际旅游人数(X_2,万人次)的模型,用某年部分省(区、市)的截面数据估计结果如下:

$$\hat{Y}_i = -151.0263 + 0.1179 X_{1i} + 1.5452 X_{2i}$$

$$t = (-3.066806)(6.652983)(3.378064)$$

$$R^2 = 0.934331 \quad F = 191.1894 \quad n = 31$$

(1)从经济意义上考察估计模型的合理性。

(2)在 5% 显著性水平上,分别检验参数 β_1、β_2 的显著性,以及方程的显著性。

4. 经研究发现,家庭书刊消费受家庭收入及户主受教育年数的影响,表中为对某地区部分家庭抽样调查得到表 1 样本数据。

表 1

家庭书刊年消费支出 Y/元	家庭月平均收入 X/元	户主受教育年数 T/年	家庭书刊年消费支出 Y/元	家庭月平均收入 X/元	户主受教育年数 T/年
450	1027.2	8	793.2	1998.6	14

续表

家庭书刊年消费支出 Y/元	家庭月平均收入 X/元	户主受教育年数 T/年	家庭书刊年消费支出 Y/元	家庭月平均收入 X/元	户主受教育年数 T/年
507.7	1045.2	9	660.8	2196	10
613.9	1225.8	12	792.7	2105.4	12
563.4	1312.2	9	580.8	2147.4	8
501.5	1316.4	7	612.7	2154	10
781.5	1442.4	15	890.8	2231.4	14
541.8	1641	9	1121	2611.8	18
611.1	1768.8	10	1094.2	3143.4	16
1222.1	1981.2	18	1253	3624.6	20

(1)建立家庭书刊消费的计量经济模型；(2)利用样本数据估计模型的参数；(3)检验户主受教育年数对家庭书刊消费是否有显著影响；(4)分析所估计模型的经济意义和作用。

5.考虑以下"期望扩充菲利普斯曲线(Expectations-augmented Phillips curve)"模型：$y = \beta_1 + \beta_2 x_2 + \beta_3 x_3 + \mu$，其中，$y$ 表示实际通货膨胀率($\%$)；x_1 表示失业率($\%$)；x_2 为预期的通货膨胀率($\%$)，某国数据如表 2 所示。

表 2　为某国有关数据　　　　　　　　　　　　　　　　　　单位：%

年份	实际通货膨胀率 Y	失业率 X_1	预期的通货膨胀率 X_2
1970	5.92	4.90	4.78
1971	4.30	5.90	3.84
1972	3.30	5.60	3.31
1973	6.23	4.90	3.44
1974	10.97	5.60	6.84
1975	9.14	8.50	9.47
1976	5.77	7.70	6.51
1977	6.45	7.10	5.92
1978	7.60	6.10	6.08
1979	11.47	5.80	8.09
1980	13.46	7.10	10.01
1981	10.24	7.60	10.81
1982	5.99	9.70	8.00

(1)估计模型；(2)对估计结果进行统计检验；(3)对结果进行分析。

6. 表 3 给出的是 1960—1982 年间 7 个 OECD 国家的能源需求指数(Y)、实际 GDP 指数(X_1)、能源价格指数(X_2)的数据,所有指数均以 1970 年为基准(1970=100)。

假设能源需求与收入和价格之间的关系如下:

$$\ln Y = \beta_0 + \beta_1 \ln X_1 + \beta_2 \ln X_2 + \mu \qquad (1)$$

(1)估计模型,对估计结果进行统计检验($\alpha = 0.05$),并对结果进行说明。

(2)建立能源需求与收入和价格的线性回归模型:

$$Y = \beta_0 + \beta_1 X_1 + \beta_2 X_2 + \mu \qquad (2)$$

估计参数,并对结果进行统计检验。

(3)比较所建立的两个模型,如果两个模型结论不同,你将选择哪个模型,为什么?

表 3 7 个 OECD 国家的相关数据

年份	能源需求指数 Y	实际 GDP 指数 X_1	能源价格指数 X_2	年份	能源需求指数 Y	实际 GDP 指数 X_1	能源价格指数 X_2
1960	54.1	54.1	111.9	1972	97.2	94.3	98.6
1961	55.4	56.4	112.4	1973	100.0	100.0	100.0
1962	58.5	59.4	111.1	1974	97.3	101.4	120.1
1963	61.7	62.1	110.2	1975	93.5	100.5	131.0
1964	63.6	65.9	109.0	1976	99.1	105.3	129.6
1965	66.8	69.5	108.3	1977	100.9	109.9	137.7
1966	70.3	73.2	105.3	1978	103.9	114.4	133.7
1967	73.5	75.7	105.4	1979	106.9	118.3	144.5
1968	78.3	79.9	104.3	1980	101.2	119.6	179.0
1969	83.3	83.8	101.7	1981	98.1	121.1	189.4
1970	88.9	86.2	97.7	1982	95.6	120.6	190.9
1971	91.8	89.8	100.3				

7. 假定以校园内食堂每天卖出的盒饭数量作为被解释变量,盒饭的价格、气温、附近餐厅的盒饭价格、学校当日的学生数量(单位:千人)作为解释变量,进行回归分析;假设不管是否有假期,食堂都营业。不幸的是,食堂内的计算机被一次病毒侵犯,所有的存储丢失,无法恢复,你不能说出独立变量分别代表着哪一项。下面是回归结果(括号内为标准差):

$$\hat{Y}_i = 10.6 + 28.4 X_{1i} + 12.7 X_{2i} + 0.61 X_{3i} - 5.9 X_{4i}$$
$$se \quad\quad (2.6) \quad\quad (6.3) \quad\quad (0.61) \quad\quad (5.9)$$
$$\bar{R}^2 = 0.63, n = 35$$

要求:(1)试判定每项结果对应着哪一个变量?(2)对你的判定结论做出说明。

8. 为研究我国民航客运量的变化趋势及其成因,以民航客运量为因变量 y(万人),国民收入 x_1(亿元)、消费额 x_2(亿元)、铁路客运量 x_3(万人)、民航航线里程 x_4(万公里)和来华旅游入境人数 x_5(万人)为主要解释变量(数据见表 4),建立多元线性回归模型,并对结果进行检验与分析。

表 4　我国民航客运量的有关数据

年份	y	x_1	x_2	x_3	x_4	x_5
1978	231	3010	1888	81491	14.89	180.92
1979	298	3350	2195	86389	16.00	420.39
1980	343	3688	2531	92204	19.53	570.25
1981	401	3941	2799	95300	21.82	776.71
1982	445	4258	3054	99922	23.27	792.43
1983	391	4736	3358	106044	22.91	947.70
1984	554	5652	3905	11353	26.02	1285.22
1985	744	7020	4879	112110	27.72	1783.30
1986	997	1859	5552	108579	32.43	2281.95
1987	1310	9313	6386	112429	38.91	2690.23
1988	1442	11738	8038	122645	37.38	3169.48
1989	1283	13176	9005	113807	47.19	2450.14
1990	1660	14384	9663	95712	50.68	2746.20
1991	2178	16557	10969	95081	55.91	3335.65
1992	2886	20223	12985	99693	83.66	3311.50
1993	3383	24882	15949	105458	96.08	4152.70

9. 某家电商品的需求函数为: $\ln Y = 120 + 0.5\ln X - 0.2\ln P$, 其中, Y 为需求函数量, X 为消费者收入, P 为该商品价格。(1)试解释 $\ln X$ 和 $\ln P$ 系数的经济意义;(2)若价格上涨 10%, 将导致需求如何变化? (3)在价格上涨 10% 的情况下, 收入增加多少才能保持原有的需求水平?

10. 我国某省轻工业产值 Y 与农业产值 X 之间呈二次抛物线模型形式:

$$Y = \beta_0 + \beta_1 X + \beta_2 X^2 + \mu$$

该省在过去的 11 年中轻工业与农业产值的统计资料如表 5 所示。试估计方程, 根据结果进行简单分析。

表 5　某省轻工业产值与农业产值数据　　　　　　　　　　　　　　　　亿元

	农业产值 X	轻工业产值 Y
第 1 年	68	68
第 2 年	71	69
第 3 年	72	70
第 4 年	70	81
第 5 年	76	85
第 6 年	77	86
第 7 年	76	100
第 8 年	78	108

续表

	农业产值 X	轻工业产值 Y
第 9 年	79	114
第 10 年	81	120
第 11 年	88	133

11. 表 6 给出了德国 1971—1980 年消费者价格指数 Y（1980＝100）及货币供给 X（亿德国马克）的数据。要求分别做以下回归，并解释回归结果。哪个模型较优？为什么？（1）Y 对 X；（2）ln$Y$ 对 ln$X$；（3）Y 对 ln$X$；（4）ln$Y$ 对 X。

表 6　德国 1971—1980 年消费者价格指数 Y 及货币供给数据

年份	Y	X	年份	Y	X
1971	64.1	110.02	1980	100.0	237.97
1972	67.7	125.02	1981	106.3	240.77
1973	72.4	132.27	1982	111.9	249.25
1974	77.5	137.17	1983	115.6	275.08
1975	82.0	159.51	1984	118.4	283.89
1976	85.6	176.16	1985	121.0	296.05
1977	88.7	190.8	1986	120.7	325.73
1978	91.1	216.2	1987	121.1	354.93
1979	94.9	232.41			

数据来源：International Economic Conditions，Annual Ed，June 1988，The Federal Reserve Bank of St. Louis.

即测即评

综合评测

第 4 章

虚拟变量回归模型

☞**知识与技能**：了解虚拟变量的含义，掌握虚拟变量设置原则，学会在回归分析中如何处理定性变量；能熟练运用 EViews 软件对同时包含定量变量与定性变量的模型进行估计。

党的二十大报告提出"中国坚定奉行互利共赢的开放战略，不断以中国新发展为世界提供新机遇。万物并育而不相害，道并行而不相悖。只有各国行天下之大道，和睦相处、合作共赢，繁荣才能持久"。近年来，我国持续推进"一带一路"高质量建设，共建"一带一路"成为深受欢迎的国际公共产品和国际合作平台，为沿线发展中国家的基础设施改善和经济贸易发展贡献新力量，同时也对我国海外贸易投资行为特征产生了重要影响。但是，国家开放战略或政策属于定性因素，很难进行量化测度，如何反映此类因素并将其引入模型进行分析？如何对非定量因素进行参数估计和回归解释？本章学习的虚拟变量回归模型，为解决上述难题提供了新的思路和方法。

前面章节的回归分析中，我们所遇到的变量均可度量，也即为定量变量，如年龄、收入、企业销售额等，但是在实际建模过程中，经济变量的行为不但受到定量变量影响，同时也会受到定性变量的影响，且一些定性变量具有不可忽视的重要影响，例如前述的"一带一路"倡议对我国进出口贸易广度和深度的影响。因此，在建立计量经济模型时，应同时引入定量变量与定性变量作为解释变量，研究相关因素对被解释变量的共同作用。那么，经济计量模型如何同时设置定量和定性因素？解决的思路是引入虚拟变量。本章主要围绕虚拟变量的内涵和本质、引入方法、设置原则以及虚拟变量回归模型的参数估计和应用解释等相关内容展开分析。

4.1 虚拟变量概念

定性变量通常表现为某种属性或特征是否存在的非数值变量，如一个人是男还是女，一个企业是私营还是国企等，将其直接纳入模型进行回归、参数估计和模型检验，显然很困难。为此，人们采取了一种人工构造变量的方法——虚拟变量，对其进行量化，从而使他们能像定量变量一样可以在回归模型中得以应用。

构造人工变量的具体方法是,当某种属性存在时,人工变量取值为1,当某种属性不存在时,人工变量取值为0。例如,在对在校生的消费行为进行的调查中,发现在校生的消费行为呈现多元化的结构,尤其是男女生在消费上存在差异。考察男女同学成绩是否存在差异时,构造性别人工变量,如果是男同学,人工变量取1,如果是女同学,则人工变量取0;考察沿海与内地省份经济增长速度差异时,构造区域人工变量,如果是沿海省份,人工变量取1,如果是内地省份则取0,反之亦可。

在计量经济学中,我们把这种反映定性因素变化,取值仅为1和0的人工变量称为虚拟变量,有时也称为哑变量、属性变量、双值变量、类型变量等。习惯上用字母 D 表示,以同之前的定量变量 x 相区别。例如:

$$D=\begin{cases}1 & 男 \\ 0 & 女\end{cases} \qquad D=\begin{cases}1 & 大学以上学历 \\ 0 & 大学以下学历\end{cases} \qquad D=\begin{cases}1 & 特殊年份 \\ 0 & 正常年份\end{cases}$$

虚拟变量可以作为被解释变量,也可以作为解释变量,本章主要讨论虚拟变量为解释变量的情形。

4.2 虚拟变量的设置

虚拟变量的设置规则涉及两个方面:一是"0"和"1"选取原则;二是属性(类别)因素与设置虚拟变量数量的关系。

4.2.1 虚拟变量的设置规则

1.0—1 选取规则

在具体定义一个虚拟变量时,必须决定赋予定性变量哪个类别取"0",哪个类别取"1",但具体哪个类别取"1"或"0",应从分析问题的目的出发予以界定。

一般地,"1"表示这种属性或特征存在,"0"表示这种属性或特征不存在。因此在设置虚拟变量时,理论上我们将虚拟变量取"0"值的通常作为比较的基础类别(或属性),取"1"值的通常作为被比较类别(或属性)。

比如,考虑政策变动对房价的影响时,由于此时的比较是在政策不变的基础上进行的,所以政策变量作为虚拟变量,其取值可确定为:政策不变作为基础类别,取值为"0";而政策变动作为被比较类别;取值为"1"。因此,虚拟变量可设定为:

$$D=\begin{cases}1 & 经济政策变动 \\ 0 & 经济政策不变\end{cases}$$

取0—1来刻画定性变量的信息,在于它会导致回归模型中的参数具有很自然的解释,这一点在后面的学习中会看到。

2.数量设置规则

定性因素的属性既可能为两种状态,也可能为多种状态。例如,性别(男、女两种)、季节(4种状态)、地理位置(东、中、西部)、行业归属、所有制、收入的分组等。

通常在有截距项的回归模型中,如果一个定性变量有 m 个类别(或属性),则模型中需引入 $m-1$ 个虚拟变量;在无截距项的回归模型中,如果一个定性变量有 m 个类别(或属性),则模型中只能引入 m 个虚拟变量,否则会陷入"虚拟变量陷阱"。

【例 4.2.1】　在校大学生每月消费支出研究。

根据观察,在校大学生每月消费支出(y)除了受家庭收入水平(x)的影响外,还与"性别"密切相关,男生月均消费支出一般要高于女生。因此为反映"性别"这一定性因素的影响,需设置虚拟变量。"性别"具有两个类别:男、女。设女生为基础类别,男生为被比较类别。根据规则,需引入 1 个虚拟变量 D:

$$D = \begin{cases} 1 & 男 \\ 0 & 女 \end{cases}$$

在校大学生每月消费支出模型为:

$$y = \alpha + \beta_1 x + \beta_2 D + u \tag{4.2.1}$$

【例 4.2.2】　家庭教育费用支出研究。

居民家庭教育费用支出(y)除了受收入水平(x)的影响外,还与子女的年龄结构(z)密切相关,如果家庭中有适龄子女,教育费用支出就多。因此为反映"子女年龄结构"这一定性因素的影响,需引入虚拟变量。由于"子女年龄结构"有两个不同水平属性:有适龄子女与无适龄子女,根据规则,引入 1 个虚拟变量 D,其中无适龄子女为基础类别,有适龄子女为被比较类别。

$$D = \begin{cases} 1 & 有适龄子女 \\ 0 & 无适龄子女 \end{cases}$$

从而教育费用支出模型为:

$$y = \alpha + \beta_1 x + \beta_2 D + \mu \tag{4.2.2}$$

【例 4.2.3】　工资收入函数研究。

通常企业员工的工资收入(y)与工龄(x)和学历(z)有关,且与工龄和学历呈正向关系。学历为定性变量,具体表现为高中及以下、大专、本科、研究生及以上,模型设定为:$y = \alpha + \beta_0 x + \beta_1 z + \mu$。

为了研究学历(z)对员工工资收入的影响,需引入三个虚拟变量。在这里,以"高中及以下"学历为基础类别,其他三个为被比较类别,三个虚拟变量分别为:

$$D_1 = \begin{cases} 1 & 大专 \\ 0 & 其他 \end{cases} \qquad D_2 = \begin{cases} 1 & 本科 \\ 0 & 其他 \end{cases} \qquad D_3 = \begin{cases} 1 & 研究生 \\ 0 & 其他 \end{cases}$$

这时工资收入函数模型变为:

$$y = \alpha + \beta_0 x_1 + \beta_1 D_1 + \beta_2 D_2 + \beta_3 D_3 + \mu \tag{4.2.3}$$

4.2.2　虚拟变量的陷阱

在计量经济学中引入虚拟变量,可以使我们同时兼顾定量和定性因素的影响和作用,但在设置虚拟变量过程中,如果设置不当,则容易使自变量之间不独立,从而违背多元线性回归的基本假设。这种情况称为多重共线性,将在第 5 章讨论。

例如,研究居民住房消费支出(y_i)和居民可支配收入(x_i)之间的数量关系。回归模型设定为:

$$y_i = \alpha + \beta_1 x_i + \mu_i$$

考虑城镇居民和农村居民之间的差异,在模型中加入"居民身份"这一定性变量。由于该变量具有两个类别,故引入 1 个虚拟变量 D_i,具体定义:

$$D_i = \begin{cases} 1 & \text{城镇} \\ 0 & \text{农村} \end{cases}$$

于是模型变为: $y_i = \alpha + \beta_1 x_i + \beta_2 D_i + \mu_i$。

但如果对"居民身份"这一定性变量引入 $m=2$ 个虚拟变量,则

$$D_{1i} = \begin{cases} 1 & \text{城镇} \\ 0 & \text{农村} \end{cases}, \quad D_{2i} = \begin{cases} 1 & \text{农村} \\ 0 & \text{城镇} \end{cases}$$

于是模型变为: $y_i = \alpha + \beta_1 x_i + \beta_2 D_{1i} + \beta_3 D_{2i} + \mu_i$。

根据 D_i 的定义,对任一居民都有: $D_{1i} + D_{2i} = 1$,解释变量之间呈线性相关关系(多重共线性),这种现象在计量经济学中称为虚拟变量的陷阱问题。所以,"虚拟变量陷阱"的实质是完全多重共线性。

4.2.3　常见使用虚拟变量的情形

(1)可以作为属性因素的代表。在研究中当我们面临着一些定性因素,如学历、性别、人种、受教育程度、管理素质等需要引入模型中时,可引入虚拟变量,以便使用计量分析来处理。

(2)可以作为某些偶然因素或战争因素的代表。为更好地对模型进行估算,经常需要在回归模型中排除一些突发事件产生的异常值,如地震、战争、政治事件等,为此需要引入虚拟变量。

(3)可以作为时间序列分析中季节(月份)影响的代表。实际问题中由许多变量是按月度或季度数据表示的时间序列,常呈现出季节变化的规律性,如公司销售额、通货膨胀率、节假日储蓄额等。在研究中,需要消除季节性因素的影响,对此,可采用虚拟变量进行消除。

(4)可以实现分段回归,研究斜率、截距的变动,或比较两个回归模型的结构差异。如在金融理论中,常常会出现一种情况:当某影响因素越过某一临界值,或时间过了某一临界点之后,因变量对影响因素的变化率将发生变化,这类问题研究可利用虚拟变量来处理。

4.2.4　引入虚拟变量的作用

(1)分离异常因素的影响,如分析我国 GDP 的时间序列,必须考虑"地震"因素对国民经济的破坏性影响,剔除不可比的"地震"因素。

(2)检验不同属性类型对被解释变量的作用,如工资模型中的文化程度、季节对销售额的影响。

(3)提高模型的精度,相当于将不同属性的样本合并,扩大样本容量,增加误差自由度,从而降低误差方差。

4.2.5　虚拟变量引入的方式

虚拟变量作为解释变量引入模型有两种基本方式:加法方式和乘法方式。

1.加法方式

如上述在校大学生每月消费支出模型中性别虚拟变量的引入采用了加法方式,即模型

中将虚拟变量以相加的形式引入。在该模型中,如果假定 $E(u)=0$,则女大学生平均月消费支出为:

$$E(y|x,D=0)=\alpha+\beta_1 x \qquad (4.2.4)$$

男大学生平均月消费支出为:

$$E(y|x,D=1)=\alpha+\beta_1 x+\beta_2 \qquad (4.2.5)$$

从几何意义上看,假定 $\beta_2>0$,则这两个函数有完全相同的斜率,只是截距项不同。这表示,男女大学生平均月消费水平对家庭收入的变化率是一样的,但两者的平均月消费水平相差 β_2。我们可以通过传统的回归检验,对 β_2 的统计显著性进行检验,以判断男女大学生之间的平均月消费水平是否有显著差异。

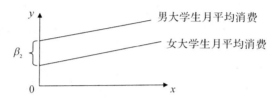

图 4.2.1　男女大学生月平均消费

2.乘法方式

以加法方式引入虚拟变量可以考察截距的不同,但在很多情况下,经济环境的变化对模型的影响不是表现在截距上,而是在斜率上,此时,斜率的变化可通过乘法方式引入虚拟变量来测度。例如,考察收入对居民消费支出的影响,由于城镇居民与农村居民边际消费倾向不同,因此在建立模型时需考虑居民身份这个定性因素,而将居民身份作为虚拟变量引入模型时,可通过在收入系数中引入虚拟变量来考察。此时,设 D:

$$D=\begin{cases}1 & 城镇居民 \\ 0 & 农村居民\end{cases}$$

则居民消费支出模型可设为:

$$y=\alpha+\beta_1 x+\beta_2 Dx+\mu \qquad (4.2.6)$$

其中,y、x 分别表示居民家庭人均年消费支出与年可支配收入,居民身份作为虚拟变量 D 是以与 x 相乘的方式引入模型的。

假定 $E(u)=0$,则上述模型可化为:

城市居民:$E(y/x,D=0)=\alpha+\beta_1 x \qquad (4.2.7)$

农村居民:$E(y/x,D=1)=\alpha+(\beta_1+\beta_2)x \qquad (4.2.8)$

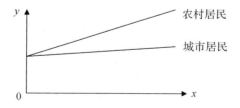

图 4.2.2　城乡居民家庭人均年消费支出

4.3　两分定性变量模型

先考虑模型中仅含有一个只有两种分类的定性变量。例如,忽略收入等其他一些变量影响,仅考虑性别差异是如何影响大学生消费行为的,这时研究的模型为:

$$y = \alpha + \beta D + u \tag{4.3.1}$$

其中,$D = \begin{cases} 1 & 男 \\ 0 & 女 \end{cases}$。

模型(4.3.1)就是一个两分定性变量模型。

假设误差项满足模型所要求的所有假设,已知 D,可以求得 y 的条件期望值并获得如下不同类别的方程:

女大学生月消费支出期望值:$E(y/D=0) = \alpha$

男大学生月消费支出期望值:$E(y/D=1) = \alpha + \beta$

其中,α 为基础类别女大学生的每月平均消费支出;β 反映了被比较类别男大学生与基础类别女大学生月平均消费支出的期望差异。散点图如图 4.3.1 所示。

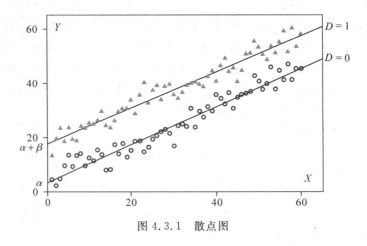

图 4.3.1　散点图

由上述结果可以看出,回归方法等价于把样本自动分为男女两组,再分别计算他们的月平均消费支出。

为了检验男女大学生之间的月消费支出是否存在显著性差别,可构造假设 $H_0: \beta = 0$,即男女之间月消费支出没有差别,进行 t 检验。

反映在数学上是斜率相同但截距不同的两个函数。若 β 显著不为零,说明截距不同;若 β 为零,说明男女这两种类别的月平均消费支出无显著性差异。

在后面章节中,可以看到回归方法功能更强大,因为它在学生年级、系别、文理科等不同时也同样适用。

【例 4.3.1】　某高校大学生月消费支出的性别影响研究。假设 Y 为月消费支出,D 为性别,取 1 时为男性,取 0 时为女性,这里女性群体为基础类别,男性群体为被比较类别,共抽样调查了 36 名学生,数据如表 4.3.1 所示。设立回归方程为:$Y = \alpha + \beta D + u$。

表 4.3.1　36 名学生月消费与性别信息

Y	D	Y	D	Y	D	Y	D
890	女	950	男	650	男	880	男
960	女	750	男	750	女	775	女
750	男	650	女	850	女	750	女
880	男	750	女	880	男	950	男
775	女	850	男	775	女	800	男
1100	男	750	男	750	男	750	男
785	男	950	女	950	男	950	男
860	女	850	男	800	男	850	女
1050	男	900	女	700	女	900	女

利用 EViews 计算，结果如表 4.3.2 所示。

表 4.3.2　EViews 计算结果

Variable	Coefficient	Std. Error	t-Statistic	Prob.	R-squared	F-statistic	Prob(F-statistic)
D	44.0625	32.2967	1.3643	0.1814	0.0519	1.8613	0.181
α	827.1875	24.0725	34.3622	0.0000			

经验回归方程为：

$$y = 827.1875 + 44.0625D$$

女性大学生群体的月消费支出期望值为：

$$E(Y \mid D = 0) = \alpha = 827.18(元)$$

男性大学生群体的月消费支出期望值为：

$$E(Y \mid D = 1) = \alpha + \beta = 871.25(元)$$

男性大学生较基础类别女性大学生群体的月消费支出期望值高 44.0625 元。

由于 R^2 只有 0.0519，故模型整体的拟合优度很差，不过对于只含有虚拟变量的模型，我们更感兴趣的是变量的性质是否影响到被解释变量，所以，我们依然看 D 的 p 值为 0.1863。这意味着在 0.05 或 0.01 的显著性水平下，无法接受 D 之前系数不为 0 的假设。在这个具体例子中，也就意味着没有证据表明性别差异对大学生月消费支出有显著影响。

【例 4.3.2】　1990 年，美国圣地亚哥大学城独栋房屋的售价，其中 PRICE 为价格，POOL 为游泳池，POOL=1 表示有游泳池，POOL=0 表示没有。这里无游泳池的房屋为基础类别，有游泳池的房屋为被比较类别，我们想了解有无游泳池对房屋的售价是否有明显影响，也就是有游泳池的房子平均来说是否比没有游泳池的房屋的售价要高。为此建立如下回归模型进行研究：

$$PRICE = \alpha + \beta POOL + u$$

EViews 的输出结果如表 4.3.3 所示。

表 4.3.3　EViews 计算结果

Variable	Coefficient	Std. Error	t-Statistic	Prob.
POOL	31.8689	50.5471	0.6305	0.5402
C	306.1111	30.2077	10.1336	0.0000

经验回归方程为：

PRICE = 306.111 + 31.8689POOL

无游泳池独栋房屋的平均售价：

$E(PRICE \mid D=0) = 306.111$（美元）

有游泳池独栋房屋的平均售价：

$E(PRICE \mid D=1) = 306.111 + 31.8689 = 337.9799$（美元）

由此可知，有游泳池的独栋房屋售价较基础类别无游泳池独栋房屋售价平均要高 31.8689 美元。

由于该模型中虚拟变量游泳池 POOL 的 t 值很小，p 值高达 0.5402，因此无论在 0.05 还是 0.01 的显著性水平下均无法通过显著性检验，也就是说，尽管有游泳池的独栋房屋平均售价较无游泳池的独栋房屋平均售价要高 31.8689 美元，但这种差异在统计意义上不显著，也即房屋内有无游泳池对房屋售价的影响基本是不存在的。

当然，也可以在这个模型中同时加入一些其他的定量变量，比如卧室数量（BEDRM），这样回归方程就变成：

$$PRICE = \alpha + \beta_1 POOL + \beta_2 BEDRM + u$$

EViews 的计算结果如表 4.3.4 所示。

表 4.3.4　EViews 计算结果

Variable	Coefficient	Std. Error	t-Statistic	Prob.
POOL	31.86889	50.54714	0.630479	0.5402
C	306.1111	30.20769	10.13355	0.0000

回归的结果同样不是十分令人满意。此例表明，对于只含虚拟变量的模型，处理方法与之前的那些含定量变量的模型所用的处理方法并无不同。

4.4　多分定性变量模型

上述例子显示了如何使用仅具有两属性的定性变量。事实上是很多定性变量，如教育、季节、种族等都具备两个以上属性，在模型中使用它们的时候往往会发现仅仅一组 0 和 1 并不能满足需要。例如，在考察员工受教育程度对工作薪水的影响时，通常会将受教育水平分为高等教育、职业教育、初等教育等。在这种情况下,两个或两个以上的虚拟变量就需要被添加到模型里来。

仍以上述 4.3 中例子,如果忽略工龄等其他一些定量变量影响,仅考虑学历(z)差异是如何影响员工工资收入的,这时研究模型变为:

$$y = \alpha_0 + \beta_1 z + u \tag{4.4.1}$$

定性变量学历分为高中及以下、大专、本科、研究生及以上 4 个类别。称上述模型(4.4.1)为多分定性变量模型。

为了研究学历对员工工资收入的影响,需引入三个虚拟变量:D_{11}、D_{12} 及 D_{13},其中基础类别为高中及以下,其他为被比较类别,三个虚拟变量分别定义如下:

$$D_{11} = \begin{cases} 1 & \text{大专} \\ 0 & \text{其他} \end{cases} \qquad D_{12} = \begin{cases} 1 & \text{本科} \\ 0 & \text{本科} \end{cases} \qquad D_{13} = \begin{cases} 1 & \text{研究生及以上} \\ 0 & \text{其他} \end{cases}$$

这时模型为:

$$Y = \alpha + \beta_1 D_{11} + \beta_2 D_{12} + \beta_3 D_{13} + u \tag{4.4.2}$$

这种情况下,如果一个员工的学历为专科,那么,对于这个样本观测值来说,$D_{11} = 1$,$D_{12} = 0$,$D_{13} = 0$;如果一个员工的学历为本科,那么,该样本观测值为:$D_{11} = 0$,$D_{12} = 1$,$D_{13} = 0$;如果一个员工的学历是研究生及以上,那么该样本观测值所对应的值为:$D_{11} = 0$,$D_{12} = 0$,$D_{13} = 1$。从而得到:

学历为高中及以下的企业员工平均工资收入(基础类别):

$$E(Y \mid D_{11} = 0, D_{12} = 0, D_{13} = 0) = \alpha$$

学历为大专的企业员工平均工资收入(被比较类别):

$$E(Y \mid D_{11} = 1, D_{12} = ,0, D_{13} = 0) = \alpha + \beta_1$$

学历为本科的企业员工平均工资收入(被比较类别):

$$E(Y \mid D_{11} = 0, D_{12} = 1, D_{13} = 0) = \alpha + \beta_2$$

学历为硕士及以上的企业员工平均工资收入(被比较类别):

$$E(Y \mid D_{11} = 0, D_{12} = 0, D_{13} = 1) = \alpha + \beta_3$$

α 代表了基础类别高中及以下企业员工的平均工资收入;

β_1 反映了学历为大专的企业员工与基础类别学历为高中及以下企业员工的平均工资收入之间的差异;

β_2 代表了学历为本科的员工平均工资收入与基础类别学历为高中及以下企业员工的平均工资之间的差异;

β_3 代表了研究生及以上学历的员工平均工资收入与基础类别学历为高中及以下企业员工的平均工资之间的差异。

通过检验 β_1、β_2、β_3 的显著性,可以判断不同学历类别与基础类别相比,差异是否显著,也即员工受教育程度对工资收入是否有影响。

【例 4.4.1】 考察季节因素对美国制造业销售量(y)的影响。由于季节有四个类别,需引入 3 个虚拟变量。设冬季为基础类别,春、夏、秋分别为被比较类别,设置如下:

$$D_{11} = \begin{cases} 1 & \text{春季} \\ 0 & \text{不是} \end{cases} \qquad D_{12} = \begin{cases} 1 & \text{春季} \\ 0 & \text{不是} \end{cases} \qquad D_{13} = \begin{cases} 1 & \text{秋季} \\ 0 & \text{不是} \end{cases}$$

则美国制造业销售模型为：

$$y = \alpha + \beta_1 D_{11} + \beta_2 D_{12} + \beta_3 D_{13} + u \tag{4.4.3}$$

冬季时，对样本观测值来说，$D_{11} = D_{12} = D_{13} = 0$；春季时，样本观测值为 $D_{11} = 1$，$D_{12} = D_{13} = 0$；夏季时，样本观测值为 $D_{11} = D_{13} = 0$，$D_{12} = 1$；秋季时，样本观测值为 $D_{11} = D_{12} = 0$，$D_{13} = 1$。

使用 EViews 进行计算，样本数据的回归结果如表 4.4.1 所示。

表 4.4.1　样本数据的回归结果

Variable	Coefficient	Std. Error	t-Statistic	Prob.
D11	10422.17	12214.84	0.853238	0.4036
D12	6976.0	12214.84	0.571109	0.5743
D13	16240.67	12214.84	1.329585	0.1986
C	143970.0	8637.195	16.66861	0.0000

经验回归方程为：

$$\hat{y} = 143970 + 10422.17 D_{11} + 6976.00 D_{12} + 16240.67 D_{13}$$

美国制造业冬季的平均销售量（基础类别）：

$$E(\hat{y} \mid D_{11} = 0, D_{12} = 0, D_{13} = 0) = \alpha = 143970$$

美国制造业春季的平均销售量（被比较类别）：

$$E(\hat{y} \mid D_{11} = 1, D_{12} = , 0, D_{13} = 0) = \alpha + \beta_1 = 154392.2$$

美国制造业夏季的平均销售量（被比较类别）：

$$E(\hat{y} \mid D_{11} = 0, D_{12} = 1, D_{13} = 0) = \alpha + \beta_2 = 150946$$

美国制造业秋季的平均销售量（被比较类别）：

$$E(\hat{y} \mid D_{11} = 0, D_{12} = 0, D_{13} = 1) = \alpha + \beta_3 = 160210.7$$

$\alpha = 143970$ 代表基础类别冬季的平均销售量；

$\beta_1 = 10422.17$ 反映美国制造业春季平均销售量较基础类别冬季多出部分；

$\beta_2 = 6976$ 反映美国制造业夏季平均销售量较基础类别冬季多出部分；

$\beta_3 = 16240.67$ 反映美国制造业秋季平均销售量较基础类别冬季多出部分。

根据统计检验，由于三个虚拟变量参数的 p 值都比较大，显著性检验无论在 0.05 还是 0.01 的水平下都无法通过，因此尽管春、夏、秋三个季节美国制造业平均销售量均高出冬季，但这种差异在统计意义上不显著，也即季节因素对于制造业销售的影响不是很大。

在上例中，如果不是引入 3 个虚拟变量，而是 4 个虚拟变量，得到如下模型：

$$Y_t = \alpha + \beta_1 D_{11} + \beta_2 D_{12} + \beta_3 D_{13} + \beta_4 D_{14} + u_t \tag{4.4.4}$$

其中

$$D_{11} = \begin{cases} 1 & 春季 \\ 0 & 不是 \end{cases} \quad D_{12} = \begin{cases} 1 & 夏季 \\ 0 & 不是 \end{cases} \quad D_{13} = \begin{cases} 1 & 秋季 \\ 0 & 不是 \end{cases} \quad D_{14} = \begin{cases} 1 & 冬季 \\ 0 & 不是 \end{cases}$$

那么就会陷入"虚拟变量陷阱"。因为此时 $D_{11} + D_{12} + D_{13} + D_{14} = 0$。

4.5　多个定性变量模型

这里将分析拓展到模型中包含若干个(两个及以上)定性变量的情形,且模型中其中某些定性变量可以像上面提到的那样有不止两个属性或类别,具体处理方法与前面相同。

【例 4.5.1】　考察教师的薪水(y)决定因素,可以同时列出很多影响因素,这里假定性别(x_1)和学历(x_2)是我们感兴趣的两个因素,于是得到如下模型形式:

$$y=\alpha+\beta_1 x_1+\beta_2 x_2+u \tag{4.5.1}$$

其中,x_1 与 x_2 为两个定性变量,一般称模型(4.5.1)为多个定性变量模型。

对上述模型中的 x_1 与 x_2,可分别引入 1 个虚拟变量 D_1、D_2,其中

$$D_1=\begin{cases}1 & 男性\\0 & 女性\end{cases}\qquad D_2=\begin{cases}1 & 非博士\\0 & 博士\end{cases}$$

模型(4.5.1)转化为:

$$y=\alpha+\beta_1 D_1+\beta_2 D_2+u \tag{4.5.2}$$

可以发现,除去两个虚拟变量 D_1、D_2 所蕴含的含义不同外,整个模型的结构与多分定性变量模型的结构完全相同。同样可以求出不同类别教师群体的平均薪水:

博士女教师的平均薪金:$E(y|D_1=0,D_2=0)=\alpha$

博士男教师的平均薪金:$E(y|D_1=1,D_2=0)=\alpha+\beta_1$

非博士女教师的平均薪金:$E(y|D_1=0,D_2=1)=\alpha+\beta_2$

非博士男教师的平均薪金:$E(y|D_1=1,D_2=1)=\alpha+\beta_1+\beta_2$

β_1 表示在学历不变的情况下,男教师薪水与女教师薪水差异;

β_2 表示在性别不变的情况下,非博士教师薪水与博士教师薪水差异;

通过对 β_1 与 β_2 的显著性检验,可以判断在工资薪酬方面是否存在性别歧视与学历歧视。

【例 4.5.2】　家庭储蓄(y)的影响因素分析。根据相关理论,影响因素有很多,这里假定学历(x_1:高或低)与房屋产权拥有与否(x_2,有或无)是我们感兴趣的两个因素,假定模型形式为:

$$y=\alpha+\beta_1 x_1+\beta_2 x_2+u \tag{4.5.2}$$

学历(x_1)与房屋产权拥有与否(x_2)均为定性变量,根据虚拟变量设置规则,分别设置 D_1、D_2 替代,即:

$$D_1=\begin{cases}1 & 有\\0 & 无\end{cases}\qquad D_2=\begin{cases}1 & 高学历\\0 & 低学历\end{cases}$$

模型(4.5.2)转化为:

$$y=\alpha+\beta_1 D_1+\beta_2 D_2+u \tag{4.5.3}$$

根据样本数据,EViews 回归结果如表 4.5.2 所示。

表 4.5.2　样本数据的回归结果

Variable	Coefficient	Std. Error	t-Statistic	Prob.
D_1	500	19439.96	0.02572	0.9799
D_2	41575.56	17547.88	2.369263	0.0354
C	18000	11223.66	1.603754	0.1347
R-squared	0.511181	Mean dependent var		43312
Adjusted R-squared	0.429711	S. D. dependent var		29724.69
S. E. of regression	22447.33	Akaike info criterion		23.05259
Sum squared resid	6.05E+09	Schwarz criterion		23.1942
Log likelihood	−169.8944	Hannan-Quinn criter.		23.05108
F-statistic	6.274489	Durbin-Watson stat		2.237465
Prob(F-statistic)	0.013642			

估计方程为：

$$\hat{y}=18000 \quad + \quad 500D_1 \quad + \quad 41575.56D_2$$

$$t \quad (1.6038) \quad (0.0257) \quad (2.3693)$$

$$P \quad (0.1347) \quad (0.9799) \quad (0.0354)$$

$$R^2=0.5112 \quad \bar{R}^2=0.4297 \quad F=6.2745$$

无产权低学历家庭平均储蓄($D_1=0,D_2=0$)：$E(y\,|\,D_1=0,D_2=0)=18000$(元)

无产权高学历家庭平均储蓄($D_1=0,D_2=1$)：$E(y\,|\,D_1=0,D_2=1)=59575.56$(元)

有产权低学历家庭平均储蓄($D_1=1,D_2=0$)：$E(y\,|\,D_1=1,D_2=0)=18500$(元)

有产权高学历家庭平均储蓄($D_1=1,D_2=1$)：$E(y\,|\,D_1=1,D_2=1)=60075.56$(元)

由表 4.5.2 可知，D_1 参数的 p 值为 0.9779，大于 0.05 的显著性水平，D_2 参数的 p 值 0.0354，小于 0.05 的显著性水平，表明在 0.05 的显著性水平下，学历(x_1)对家庭储蓄(y)影响不显著，而房屋产权拥有与否(x_2)对家庭储蓄(y)有较为显著影响。

上述结果表明，在学历相同的条件下，有房屋产权家庭的储蓄比无房屋产权家庭的储蓄平均多 41575.56 元，且这种差异在统计上较为显著；在房屋产权相同的条件下，高学历家庭比低学历家庭储蓄平均多 500 元，但这种差异在统计上不显著。

4.6　同时含有定性和定量变量的模型

在实际操作中，一个模型中可能会同时引入定量变量和定性变量。例如，建立某地区啤酒销售水平模型。我们知道，有很多因素会影响到一个地区的啤酒销售量，考虑到居民收入水平与季节因素的重要性，可设定模型为：

$$y = \alpha + \beta x_1 + \beta_2 x_2 + \mu \qquad (4.6.1)$$

其中，y 为啤酒销售量；x_1、x_2 分别为居民收入水平与季节，季节 x_2 为定性变量，包含四个季节类别，模型（4.6.1）同时含有定性和定量变量。

【例 4.6.1】　对 1984 年某地区 59 栋房屋售出成交价进行分析。设模型如下：

$$PRICE = \alpha + \beta_1 AGE + \beta_2 SQFT + \beta_3 VIEW + u_t$$

其中，PRICE、AGE、SQFT 分别为房屋价格、房龄、房屋面积。VIEW 是一个虚拟变量，取 1 表示房屋可以观景，取 0 表示不能观景。通过样本数据得到如表 4.6.1 所示 EViews 回归结果。

表 4.6.1　回归结果

Variable	Coefficient	Std. Error	t-Statistic	Prob.
AGE	2.3399	1.0460	2.2369	0.0294
SQFT	0.1111	0.0191	5.8193	0.0000
VIEW	58.3538	22.4925	2.59437	0.0121
C	−61.0939	46.8369	−1.3044	0.1975

房屋平均售价的经验回归方程为：

$$\hat{PRICE} = -61.0939 + 2.3399 AGE + 0.1111 SQFT + 58.3538 VIEW$$

不能观景房屋的平均售价为（基础类别）：

$$E(PICE|VIEW=0) = -61.0939 + 2.3399 AGE + 0.1111 SQFT$$

能观景房屋的平均售价为（被比较类别）：

$$E(PICE|VIEW=1) = -2.7401 + 2.3399 AGE + 0.1111 SQFT$$

从上述结果可看出，不论是定量变量还是定性变量，它们的 p 值都小于显著性水平 0.05，因此在 0.05 的显著性水平下，各个自变量对房屋价格都具有较为显著的影响。

进一步，$\beta_1 = 2.3399$，表示在其他变量不变的情况下，房龄每增加一年，房屋的价格平均将上升 2.3399 元（合理吗）。

$\beta_2 = 0.1111$，表示在其他变量不变的情况下，房屋面积每增加 1 平方米，房屋的价格平均将上升 0.111 元。

$\beta_3 = 58.3538$，表示在其他变量不变的情况下，可以观景房屋的平均价格比不能观景房屋高 58.3538 元，且这种差异在统计意义上显著。

【例 4.6.2】　随机调查某地区 20 个家庭储蓄情况（见表 4.6.2），拟建立年储蓄额 y（千元）与年收入 x（千元）的回归模型。研究中发现住房状况对该地区居民储蓄的影响也较为明显，于是在模型中加入一个定性变量"住房状况"，用 D 表示，其中 D 的定义如下：

$$D = \begin{cases} 1 & \text{有房} \\ 0 & \text{租房} \end{cases}$$

建立回归模型为：$y = \alpha + \beta_1 x + \beta_2 D + \mu$。

表 4.6.2 20 个家庭的相关信息

序号	Y/千元	X/千元	住房	序号	Y/千元	X/千元	住房
1	1	20	租	11	0.3	9	租
2	1.3	24	租	12	0	6	租
3	0.7	12	租	13	1	18	租
4	0.8	16	租	14	0.4	12	租
5	0.5	11	租	15	3.2	40	有
6	0.6	14	租	16	2.8	32	有
7	0.3	10	租	17	1.5	15	有
8	0.6	15	租	18	1.6	16	有
9	0.7	14	租	19	2.4	32	有
10	0	7	租	20	2	20	有

基于上述样本数据的 EViews 回归结果如表 4.6.3 所示。

表 4.6.3 回归结果

Variable	Coefficient	Std. Error	t-Statistic	Prob.
X	0.0675	0.0040	16.89	0.0000
D	0.8273	0.0754	10.98	0.0000
C	−0.3204	0.0620	−5.17	0.0001
R-squared	0.9854	Mean dependent var		1.0850
Adjusted R-squared	0.9836	S. D. dependent var		0.9098
S. E. of regression	0.1164	Akaike info criterion		−1.3267
Sum squared resid	0.2302	Schwarz criterion		−1.1772
Log likelihood	16.2660	F-statistic		572.1191
Durbin-Watson stat	2.5014	Prob(F-statistic)		0.0000

由此可知,家庭储蓄的经验回归方程为:

$$\hat{y} = -0.3204 + 0.0675x + 0.8273D$$

租房家庭的平均储蓄为:$E(\hat{y} \mid D=0) = -0.3204 + 0.0675x$

有房家庭的平均储蓄为:$E(\hat{y} \mid D=1) = 0.5069 + 0.0675x$

从上述结果可看出,年收入与住房状况 p 值都小于显著性水平 0.05,因此在 0.05 的显著性水平下,年收入与住房状况对家庭储蓄都具有较为显著影响。

$\beta_1 = 0.0675$，表示在住房性质相同的情况下，家庭收入每增加 1 千元，家庭储蓄平均将增加 0.0675 千元，且这种差异在统计意义上显著。

$\beta_2 = 0.8273$，表示在家庭收入相同的情况下，有房家庭的平均储蓄比租房家庭的平均储蓄多 0.8273 千元，且这种差异在统计意义上显著。

4.7　应用举例

【例 4.7.1】　数据表 4.7.1 列出了我国某年城镇居民人均收入(x)与彩电每百户拥有量(y)的统计资料。从表中数据可知，不同收入家庭彩电拥有量存在较大差异。为了反映"收入层次"这一定性因素的影响，需要引入虚拟变量建立模型。

表 4.7.1　城镇居民人均收入与彩电每百户拥有量统计数据

收入等级	彩电每百户拥有量 y/台	人均收入 x/元
困难户	82.64	2198.88
最低收入	87.01	2476.75
低收入	96.75	3303.17
中等偏下	100.9	4107.26
中等	105.89	5118.99
中等偏上	109.64	6370.59
高收入	115.13	7877.69
最高收入	122.54	10962.16

首先对"收入层次"的 8 个状态进行重新界定与归类，以中等为界分为两个类别，中等及以上收入群体称作中高收入家庭群体，中等以下收入群体为低收入家庭群体，并以低收入家庭群体为基础类别，于是，根据虚拟变量设置规则，引入 1 个虚拟变量 D，定义如下：

$$D = \begin{cases} 1 & \text{中高收入家庭} \\ 0 & \text{低收入家庭} \end{cases}$$

模型设定如下：

$$y = \alpha + \beta_1 x + \beta_2 D + \mu$$

使用 EViews 建立模型，得到如图 4.7.1 所示的结果。估计方程为：

$$\hat{y} = 79.9962 + 0.00331x + 8.025348D$$

$$t \quad (29.84) \quad (5.07) \quad (2.123)$$

$$\bar{R}^2 = 0.9322 \quad F = 49.162$$

低收入家庭彩电平均每百户拥有量：$\hat{y} = 79.9962 + 0.00331x$

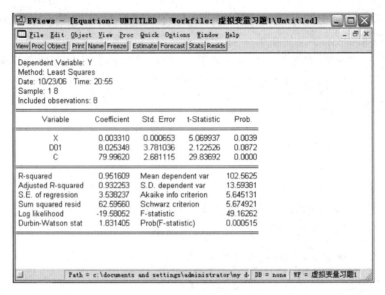

图 4.7.1 EViews 输出结果

高收入家庭彩电平均每百户拥有量：$\hat{y} = 79.9962 + 8.02535 + 0.00331x$

收入层次 D 的 p 值为 0.0872，大于 0.05 的显著性水平，统计检验不显著。

上述模型的缺陷：

(1) D 没通过显著性检验。

(2) 两个模型的斜率相同，这意味着不同收入水平的消费倾向相同，是否如此？

模型修正：

(1) 引入自变量 XD，这主要用来检查两类不同的人群的消费倾向是否相同。

(2) 此时模型设定为：$y = \alpha + \beta_1 x + \beta_2 D + \beta_3 xD + \mu$。

(3) 利用 EViews 建立模型，步骤同上。得到如图 4.7.2 所示结果。

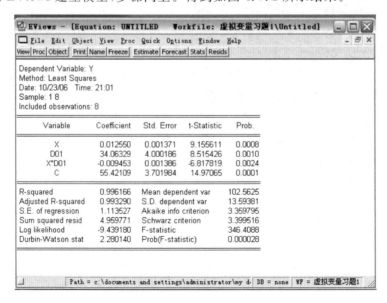

图 4.7.2 EViews 输出结果

修正模型为：

$$\bar{R}^2 = 0.9933 \qquad F = 346.408$$

在 0.05 的显著性水平下，所有系数均通过 t 检验，同时方程的拟合度较好，方程总体效果显著。

上述结果表明，我国城镇低收入家庭与高收入家庭对彩电的消费需求无论在截距还是斜率上都有明显的差距。各自需求函数为：

低收入家庭：$\hat{y} = 55.421 + 0.01261x$

高收入家庭：$\hat{y} = 89.484 + 0.00361x$

根据上述结果可知，城镇居民家庭对彩电的消费需求特点：人均收入在 3300 元以下家庭，需求量随着收入水平的提高而快速增加，人均收入每增加 1000 元，百户拥有量将平均增加 12.6 台；人均收入在 4100 元以上家庭，虽需求量也会伴随收入的提高而增加，但增速减慢，人均收入每增加 1000 元，百户拥有量平均只增加 3.6 台。

【例 4.7.2】　季节数据模型。

我国市场用煤销量的季节性数据（1982—1988），如表 4.7.2 所示。由于受取暖用煤影响，每年第 4 季度的销售量大大高于其他季度。鉴于季节有四个类型，在模型中季节因素可引入三个虚拟变量。假定第一季度为基础类别，三个虚拟变量分别为：

$$D_1 = \begin{cases} 1 & \text{第 4 季度} \\ 0 & \text{其他} \end{cases} \qquad D_2 = \begin{cases} 1 & \text{第 3 季度} \\ 0 & \text{其他} \end{cases} \qquad D_3 = \begin{cases} 1 & \text{第 2 季度} \\ 0 & \text{其他} \end{cases}$$

表 4.7.2　全国按季节市场用煤销售量数据（注：以季节数据 D_1 为例）

季度	Y_t	t	D_1	D_2	D_3	季度	Y_t	t	D_1	D_2	D_3
1982 年 1 季度	2599.8	1	0	0	0	1985 年 3 季度	3159.1	15	0	1	0
1982 年 2 季度	2647.2	2	0	0	1	1985 年 4 季度	4483.2	16	1	0	0
1982 年 3 季度	2912.7	3	0	1	0	1986 年 1 季度	2881.8	17	0	0	0
1982 年 4 季度	4087.0	4	1	0	0	1986 年 2 季度	3308.7	18	0	0	1
1983 年 1 季度	2806.5	5	0	0	0	1986 年 3 季度	3437.5	19	0	1	0
1983 年 2 季度	2672.1	6	0	0	1	1986 年 4 季度	4946.8	20	1	0	0
1983 年 3 季度	2943.6	7	0	1	0	1987 年 1 季度	3209.0	21	0	0	0
1983 年 4 季度	4193.4	8	1	0	0	1987 年 2 季度	3608.1	22	0	0	1
1984 年 1 季度	3001.9	9	0	0	0	1987 年 3 季度	3815.6	23	0	1	0
1984 年 2 季度	2969.5	10	0	0	1	1987 年 4 季度	5332.3	24	1	0	0
1984 年 3 季度	3287.5	11	0	1	0	1988 年 1 季度	3929.8	25	0	0	0
1984 年 4 季度	4270.6	12	1	0	0	1988 年 2 季度	4126.2	26	0	0	1

续表

季度	Y_t	t	D_1	D_2	D_3	季度	Y_t	t	D_1	D_2	D_3
1985 年 1 季度	3044.1	13	0	0	0	1988 年 3 季度	4015.1	27	0	1	0
1985 年 2 季度	3078.8	14	0	0	1	1988 年 4 季度	4904.2	28	1	0	0

数据来源:1987 和 1989《中国统计年鉴》。

试建立以时间 t、D_1、D_2、D_3 为解释变量(1982 年 1 季度取 $t=1$)的煤销售量(y)的模型。假设模型形式为:

$$y = \alpha + \beta_0 t + \beta_1 D_1 + \beta_2 D_2 + \beta_3 D_3 + u$$

使用 EViews 建立模型,输出结果如图 4.7.3 所示。

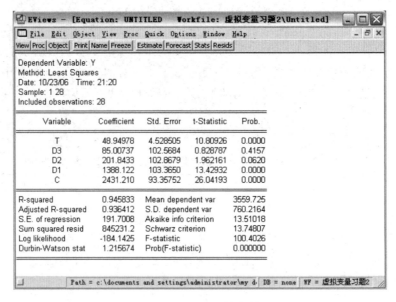

图 4.7.3 EViews 输出结果

估计方程为:

$$y = 2431.20 + 48.95\ t + 1388.09\ D_1 + 201.84\ D_2 + 85.01\ D_3$$
$$t \quad (26.04) \quad (10.81) \quad (13.43) \quad\quad (1.96) \quad\quad (0.83)$$
$$\overline{R}^2 = 0.9364, se = 191.7, F = 100.4$$

由上可知,在 0.05 显著性水平下,D_2,D_3 的系数不显著,说明第 2、3 季度与基础类别第 1 季度用煤销售量在统计意义上没有差异,因此可将其归入基础类别第 1 季度。此时,季节性因素只有两个类别:第 1、2、3 季度合并为基础类别,第 4 季度为被比较类别,根据设置规则,只需加入一个虚拟变量 D_1。

$$D_1 = \begin{cases} 1 & \text{第四季度} \\ 0 & \text{其他} \end{cases}$$

于是,模型转化为:

$$y = \alpha + \beta_0 t + \beta_1 D_1 + \mu$$

使用 EViews 建立模型,输出结果如图 4.7.4 所示。

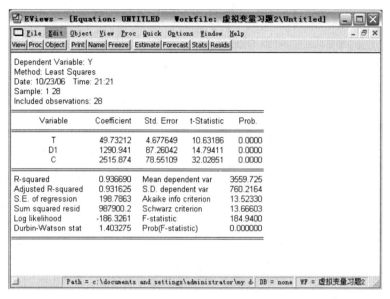

图 4.7.4　EViews 输出结果

煤销售量估计方程为:

$$\hat{y} = 2515.86 + 49.73t + 1290.91D_1$$

$$t \quad (32.03) \quad (10.63)(14.79)$$

$$\bar{R}^2 = 0.9316, \text{s. e.} = 198.7, F = 184.9$$

无论是在 0.05 还是 0.01 的显著性水平下,各个自变量与方程检验效果均显著。

第 1 季度煤销售量方程:$\hat{y} = 2515.86 + 49.73t$

第 2、3、4 季度煤销售量方程:$\hat{y} = 3806.77 + 49.73t$

【例 4.7.3】　用虚拟变量区别不同历史时期。

在建立中国进出口贸易总额预测模型时,研究者发现中国进出口贸易总额(见表 4.7.3)随时间改变(1950—1984 年)呈现如图 4.7.5 所示规律,也即 1978 年为数据趋势的一个转折点,在此前后该时间序列斜率发生了明显变化。为确切描述中国进出口贸易总额随时间变化的规律,模型需采用分段回归方式设定。

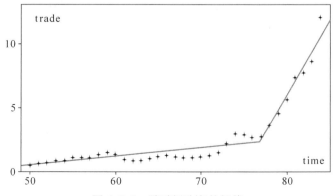

图 4.7.5　随时间改变的规律

表 4.7.3   中国进出口贸易总额数据(1950—1984 年)　　（单位：百亿元人民币）

年份	trade	time	D	time D	年份	trade	time	D	time D
1950	0.415	1	0	0	1968	1.085	19	0	0
1951	0.595	2	0	0	1969	1.069	20	0	0
1952	0.646	3	0	0	1970	1.129	21	0	0
1953	0.809	4	0	0	1971	1.209	22	0	0
1954	0.847	5	0	0	1972	1.469	23	0	0
1955	1.098	6	0	0	1973	2.205	24	0	0
1956	1.087	7	0	0	1974	2.923	25	0	0
1957	1.045	8	0	0	1975	2.904	26	0	0
1958	1.287	9	0	0	1976	2.641	27	0	0
1959	1.493	10	0	0	1977	2.725	28	0	0
1960	1.284	11	0	0	1978	3.550	29	1	29
1961	0.908	12	0	0	1979	4.546	30	1	30
1962	0.809	13	0	0	1980	5.638	31	1	31
1963	0.857	14	0	0	1981	7.353	32	1	32
1964	0.975	15	0	0	1982	7.713	33	1	33
1965	1.184	16	0	0	1983	8.601	34	1	34
1966	1.271	17	0	0	1984	12.010	35	1	35
1967	1.122	18	0	0					

数据来源：中国统计年鉴。

在这里，可以通过引进虚拟变量的方式来实现模型的这种设定，其中定义虚拟变量 D_1 为：

$$D_1 = \begin{cases} 1 & 1950\text{—}1977 \\ 0 & 1978\text{—}1984 \end{cases}$$

以时间 time 为解释变量，设定模型为：

$$\text{trade} = \alpha + \beta_1 \text{time} + \beta_2 D_1 + \beta_3 D_1 \text{time} + \mu$$

采用 EViews 进行计算，结果如图 4.7.6 所示。

图 4.7.6　EViews 输出结果

估计方程为：$\hat{\text{trade}}=0.37+0.067\text{time}-33.96D_1+1.20\text{time }D_1$

1978 年前中国进出口贸易总额预测模型（$D=0$）：

$\quad\hat{\text{trade}}=0.37+0.067\text{time}$

1978 年后中国进出口贸易总额预测模型（$D=1$）：

$\quad\hat{\text{trade}}=-33.59+1.27\text{time}$

式中：D_1 的系数在 0.01 的水平下显著，表示虚拟变量对回归模型的截距项的影响极为明显；time D_1 的系数在 0.01 的水平下显著，表示虚拟变量对回归模型斜率的大小也产生了很大影响，这说明改革前后，模型无论截距和斜率都发生了较为显著的变化，与改革前相比，改革后中国进出口贸易无论在总量规模还是发展速度方面，均发生了显著性改变，进出口贸易总额的年平均增量扩大了 18 倍。

4.8　虚拟变量回归模型实验

4.8.1　实验数据

现在大部分上市公司均有一个显著特点：所有权与控制权是分离的，上市公司的实际控制人往往掌握着超出其所有权比例的控制权。因此，研究上市公司实际控股人的控制权与所有权的分离程度与公司绩效之间的关系就有了必要。表 4.8.1 提供了 35 家上市公司相关数据,其中分离程度指实际控制人的控制权比例除以所有权比例,每股收益代表公司绩效。虚拟变量指实际控制人是否担任董事长或总经理,若实际控制人担任董事长或总经理则取1,否则取0。

表 4.8.1 35 家上市公司相关数据

证券代码	实际控制人担任董事长或总经理	分离程度	每股收益	证券代码	实际控制人担任董事长或总经理	分离程度	每股收益
00000×	0	1.17	0.35	00054×	0	1.66	0.92
00001×	0	2.27	0.13	00054×	1	2.47	0.12
00003×	0	4.84	0.79	00054×	1	1.94	0.11
00003×	0	5.09	0.18	00054×	1	3.04	0.17
00004×	0	3.00	0.15	00055×	1	1.33	1.01
00004×	1	1.3	0.87	00055×	1	1.25	0.38
00006×	0	6.26	0.21	00056×	1	3.16	0.72
00015×	0	1.23	0.36	00056×	0	1.53	0.16
00015×	0	1.82	0.29	00067×	1	1.58	1.06
00050×	0	1.28	0.28	00058×	0	2.5	0.93
00051×	0	1.75	0.13	00058×	0	8.64	0.1
00051×	0	2.95	0.23	00059×	0	1.15	1.29
00051×	1	2.3	1.71	00060×	0	1.57	0.53
00051×	0	9.57	0.6	00060×	0	2.99	0.95
00052×	1	1.16	1.33	00061×	0	20.36	0.38
00053×	0	2.25	0.22	00054×	0	1.79	0.15
00053×	1	1.93	0.55	00054×	1	1.19	0.73
00054×	1	1.34	0.31				

资料来源:国泰安信息技术有限公司开发的《中国民营上市公司数据库》。

4.8.2 实验步骤

1. 构建公司绩效模型

上市公司实际控股人的控制权与所有权的分离程度与实际控制人身份(是否担任董事长或总经理)均对公司绩效有重要的影响。据此可假设模型为:

$$y = \beta_0 + \beta_1 x + \beta_2 D_1 + \mu$$

其中,y 为每股收益;x、D_1 分别代表分离程度、实际控制人身份;u 为随机误差项。

2.模型参数估计

建立文件。选择"File"→"New"→"Workfole",在 Workfile structure type 中选择
"Unstrucred"→"Undated",然后在 Date range 中,输入数据个数 35,Workfile name 中输入
文件名"证券"(可选),点击"OK"(见图 4.8.1)。

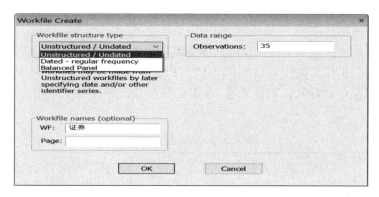

图 4.8.1　建立文件

输入数据。选择"Quick"→"Empty Group",输入 y、x、D1 数据(见图 4.8.2)。

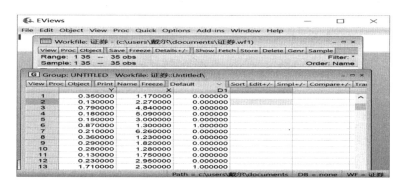

图 4.8.2　输入数据

估计参数。点击"Object"→"Equation"→"OK"(见图 4.8.3)。命令窗口输入 y c x d1
(见图 4.8.4),点击"确定"(见图 4.8.5)。

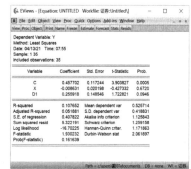

图 4.8.3　选择"Equation"　　　　图 4.8.4　输入　　　　图 4.8.5　点击"确定"

样本估计方程为：

$$\hat{y} = 0.4577 - 0.0086 + 0.2559 D_1$$
$$t \quad (3.90) \quad (-0.42)(1.72)$$
$$R^2 = 0.1076, \bar{R}^2 = 0.0519, se = 0.4078, F = 1.93$$

3. 模型评价（略）

【练一练】 实验作业

为了考察改革开放以来中国居民的储蓄存款与收入的关系是否已发生变化，以城乡居民人民币储蓄存款年底余额代表居民储蓄（Y），以国民总收入 GNI 代表城乡居民收入，分析居民收入对储蓄存款影响的数量关系，并建立相应的计量经济学模型。数据如表 4.8.2 所示。

表 4.8.2　相关变量数据

年份	国民总收入（GNI）	城乡居民人民币储蓄存款年底余额（Y）	城乡居民人民币储蓄存款增加额（YY）	年份	国民总收入（GNI）	城乡居民人民币储蓄存款年底余额（Y）	城乡居民人民币储蓄存款增加额（YY）
1978	3624.1	210.6	NA	1991	21662.5	9241.6	2121.8
1979	4038.2	281	70.4	1992	26651.9	11759.4	2517.8
1980	4517.8	399.5	118.5	1993	34560.5	15203.5	3444.1
1981	4860.3	532.7	124.2	1994	46670.0	21518.8	6315.3
1982	5301.8	675.4	151.7	1995	57494.9	29662.3	8143.5
1983	5957.4	892.5	217.1	1996	66850.5	38520.8	8858.5
1984	7206.7	1214.7	322.2	1997	73142.7	46279.8	7759.0
1985	8989.1	1622.6	407.9	1998	76967.2	53407.5	7615.4
1986	10201.4	2237.6	615.0	1999	80579.4	59621.8	6253.0
1987	11954.5	3073.3	835.7	2000	88254.0	64332.4	4976.7
1988	14922.3	3801.5	728.2	2001	95727.9	73762.4	9457.6
1989	16917.8	5146.9	1374.2	2002	103935.3	86910.6	13233.2
1990	18598.4	7119.8	1923.4	2003	116603.2	103617.7	16631.9

数据来源：《中国统计年鉴》(2004)。表中"城乡居民人民币储蓄存款年增加额"为年鉴数值，与用年底余额计算的数值有差异。

【本章小结】

本章学习了如何在回归分析中处理定性自变量，如性别、学历、季节等。在最简单的情形中，对只有两个类别的定性变量，定义一个虚拟变量，用于区别两个类别，而该虚拟变量的系数估计了在其他条件不变的情况下这两个类别之间的差异。若定性自变量的类别多于两个，则可以定义多个虚拟变量，并具体给出了虚拟变量的设置原则，结合案例进行了深入分析。

【关键术语】

虚拟变量、虚拟变量陷阱、定性变量、定量变量、基础类别、被比较类别

【课后讨论】

要求以学习小组为单位,讨论构建我国与"一带一路"沿线国家的进出口贸易或投资影响因素模型,搜集 2001—2021 年我国与"一带一路"沿线国家(地区)的进出口贸易或投资指标数据(贸易或投资的规模、占比、国别分布特征等),引入若干重要的定量影响因素,同时运用虚拟变量回归模型反映"一带一路"倡议是否对我国与"一带一路"沿线国家的进出口贸易或投资规模产生影响,对比"一带一路"倡议提出前后的回归模型特征,说明二十多年来我国与沿线国家(地区)的进出口贸易或投资广度和深度变化的特征、成因及其社会影响。

【思考与练习】

1. 如果在回归模型中,一年中的 12 个月呈现出季节趋势,那么你要引入多少个虚拟变量? 如果是双月(即只有 2 月,4 月,6 月,8 月,10 月,12 月)呈现出季节模式,那么该引入多少个虚拟变量?

2. 考虑企业规模对销售量的影响,建立了如下回归模型: $y = \alpha_1 + \alpha_2 x + u$,其中,$y$ 为销售量;x 为企业规模。根据相关划分标准,主要分为大、中、小三种类型。试将模型中的定性变量转化为虚拟变量,建立不同规模企业销售量模型,并指出 α_1 与 α_2 的含义。

3. 建立薪酬影响因素研究模型: $Y = \alpha_0 + \beta_1 x_1 + \beta_2 x_2 + u$,其中,$Y$ 为职员薪酬;x_1 为教龄;x_2 为性别。请写出不同性别职员的平均薪酬,并解释系数 β_2 的含义。

4. 设 y 表示某商品消费支出,x 代表居民可支配收入,在消费函数 $y = a + bx + u$ 中引入虚拟变量,用以反映季节因素(淡、旺季)和收入层次差异(高、中、低)对消费支出的影响,并写出不同类别消费函数的具体形式。

5. 根据美国 1961 年第一季度到 1977 年第二季度的数据,我们得到了如下的咖啡需求函数的回归方程:

$$\ln \hat{Q}_t = 1.2789 - 0.1647 \ln P_t + 0.5115 \ln I_t + 0.1483 \ln P'_t - 0.0089T - 0.0961 D_{1t} - 0.1570 D_{2t} - 0.0097 D_{3t}$$

其中,Q 为人均咖啡消费量;P 为咖啡的价格;I 为人均可支配收入;P' 为茶的价格;T 为时间趋势变量(按年份季度递增)。虚拟变量设置如下:

$$D_1 = \begin{cases} 1 & \text{第一季度} \\ 0 & \text{其他} \end{cases} \qquad D_1 = \begin{cases} 1 & \text{第二季度} \\ 0 & \text{其他} \end{cases} \qquad D_1 = \begin{cases} 1 & \text{第三季度} \\ 0 & \text{其他} \end{cases}$$

请解释模型在虚拟变量上的应用:咖啡的需求是否存在季节效益?(其中 $t_{D1} = -3.74$,$t_{D2} = -6.03$,$t_{D3} = -0.37$)

6. 为研究体重和身高的关系,随机抽样调查了 51 名同学,其中 36 名男生,15 名女生,并得到如下两种回归模型:

模型 1: $\hat{W} = -232.06551 + 5.5662h$, $t_c = -5.2066$, $t_h = 8.6246$

模型 2: $\hat{W} = -122.9621 + 23.8238D + 3.7402h$,

$$t_c = -2.5884, t_D = 4.0149, t_h = 5.1613$$

其中,W 为体重,h 为身高,$D=1$ 为男生,否则为 0。请问:(1)你觉得哪个模型更好些,为什么?(2)D 的系数说明了什么?

7.大学生月消费支出。模型设定为:$y = a + b_1 x_1 + b_2 x_2 + u$,$y$ 为学生月消费;x_1 为性别;x_2 为学科性质。根据表 1 数据,要求:

(1)估计模型。

(2)不同类别学生月平均消费是多少? 他们之间的差异是多少?

(3)性别与学科性质对月消费影响显著吗?

(4)各参数如何解释?

表 1　大学生月消费样本数据

序号	y	性别	学科性质
1	300	男	文科
2	300	男	理科
3	305	男	理科
4	350	男	文科
5	350	男	理科
6	350	男	理科
7	350	女	文科
8	375	男	文科
9	400	女	理科
10	400	男	理科
11	400	男	文科
12	400	男	理科
13	410	男	理科
14	420	女	文科
15	450	男	理科
16	450	男	文科
17	450	女	理科
18	450	女	理科
19	450	男	文科
20	500	男	文科
21	500	男	理科
22	500	男	理科
23	500	女	文科

续表

序号	y	性别	学科性质
24	500	男	理科
25	500	女	文科
26	501	女	文科
27	505	男	理科
28	550	女	理科
29	625	女	理科
30	700	女	文科

8.已知模型 $y=b_1+b_2t+\mu$，其中，t 为时间（年度），y 为企业在时间 t 的服装销售额，企业销售经理认为该关系式会伴随季度的不同而不同。下面是该经理提供的 1993—1996 年每个季度的服装销售额的原始数据（单位：百万元）。请问：以上述模型作为该企业服装销售额的预测模型合适吗？如果你认为不合适，请对模型进行修正与估计。

表 2　1993—1996 年服装季度销售额的原始数据

年份	1 季度	2 季度	3 季度	4 季度
1993	4190	4927	6843	6912
1994	5522	5522	5350	7204
1995	5912	5912	5972	7987
1996	6359	6359	6501	8607

9.你想研究商业电视份额的决定因素，并设定模型为：$y=\alpha+\beta_1x_1+\beta_2x_2+\mu$，其中，$y$ 为电视台的市场份额（百分比）；x_1 为本地区竞争电视台的数量；x_2 为有线电视用户的百分比，你知道该电视台是否是网络联播台吗？你认为模型的关系式也将依赖于电视台是否是网络联播台吗？请问在这种情形下，如何对上述模型进行修正？

10.已知消费函数 $C_t=\alpha+\beta y_t+\mu_t$，其中，$C_t$ 为消费支出；Y_t 为可支配收入。假设已知 1995—2012 年度数据，考虑到 2008 年金融危机的影响，其前后几年数据比较特殊，会对模型的建立产生较大影响。请问：如何在考虑 2008 年金融危机影响的状况下建立合适的消费函数模型？描述你如何建立并对此进行检验。

即测即评

第 5 章

多重共线性

⟐知识与技能:了解计量经济学模型中多重共线性的基本定义、多重共线性产生的原因和后果,掌握检验多重共线性的方法及消除多重共线性的方法;能熟练运用 EViews 检验并判断模型是否存在多重共线性,并对存在多重共线性的模型进行修正。

前言加入的引子:党的二十大报告提出"完善支持绿色发展的财税、金融、投资、价格政策和标准体系",凸显了金融在推动绿色转型发展方面的重要意义,我国绿色金融发展过去几年已初见成效。为推动我国绿色金融进一步发展,绿色金融如何评价,受到哪些因素的影响? 比如经济发展水平、金融发展水平、受教育水平、居民收入水平以及环境保护投入等等。我们利用第三章多元回归模型对此进行分析时会发现结果某些因素并不显著,那么有可能影响因素之间存在着多重共线性所导致。因此需要对回归方程做多重共线性检验来解决上述问题。

5.1 多重共线性的定义

多重共线性是 Frisch 于 1934 年最早提出的,是指在经典回归模型 $y = \beta x + \mu$ 中,解释变量 $x_1, x_2, \cdots, x_k$ 之间存在着共线性关系,包括严格的或近似的线性关系。

例如,回归模型:$y = \alpha + \beta_1 x_2 + \beta_2 x_3 + \mu$,$x_2$ 和 x_3 数据如表 5.1.1 所示。

表 5.1.1

y	x_2	x_3	x_3^*
20	5	15	13
70	17	51	52
92	22	66	68
141	36	108	107
202	49	147	151

很明显,$x_{3i} = 3x_{2i}$,即两者有完全的线性关系,且相关系数 ρ 为 1,我们称解释变量 x_2 和 x_3 之间存在完全多重共线性。

如果回归模型是：$y = \alpha + \beta_1 x_2 + \beta_2 x_3^* + \mu_i$，可以看出，虽然自变量 x_2 和 x_3^* 之间不存在严格的线性关系，但却存在着 $x_{3i} \approx 3x_{2i}$ 的关系，且它们之间的相关系数 ρ 高达 0.9994，这时我们称解释变量 x_2 和 x_3^* 之间存在近似多重共线性。

一般地，对 k 个解释变量 $x_1, x_2, \cdots, x_k$，如果它们之间满足：

$$\lambda_1 x_1 + \lambda_2 x_2 + \cdots + \lambda_k x_k = 0 \tag{5.1.1}$$

其中，$\lambda_1, \lambda_2, \cdots, \lambda_k$ 为常数，且不全为 0，则称 $x_1, x_2, \cdots, x_k$ 之间存在完全多重共线性。

若 $\quad \lambda_1 x_1 + \lambda_2 x_2 + \cdots + \lambda_k x_k + v_i = 0 \tag{5.1.2}$

其中，$\lambda_1, \lambda_2, \cdots, \lambda_k$ 为常数，且不全为 0，v_i 为随机误差项，则称 $x_1, x_2, \cdots, x_k$ 之间存在不完全（近似）多重共线性。

在实际经济统计数据中，完全多重共线性和完全无多重共线性两种极端情况很少出现，常见的统计数据中多个解释变量之间或多或少都存在一定程度的相关性，因此通常人们最关心的问题并不是是否存在多重共线性，而是共线性程度的强弱，因此在计量经济学中，通常提到的多重共线性，主要是指解释变量之间存在比较强的线性相关关系。

5.2 多重共线性产生的原因

通常说来，引发多重共线性的原因主要有如下几个方面。

5.2.1 经济变量相关的共同趋势

例如，对于时间序列数据，在经济繁荣时期，各基本经济变量（收入、消费、投资等）基本上都趋于增长，而在经济衰退期同时都趋于下降，如果在模型中同时引入这些变量，就会带来多重共线性问题。如考察上述这几个自变量对因变量 GDP 的影响，建立如下回归模型：GDP $= \beta_0 + \beta_{1收入} + \beta_{2消费} + \beta_{3投资} + \mu$，那么，多重共线性就很有可能出现，因为这些变量的样本数据往往呈现出近似的比例关系。

5.2.2 滞后变量的引入

有时在模型中需要引入某些解释变量的滞后变量来反映真实的经济关系。如居民消费的变动不仅受当期收入的影响，还受到前期消费的影响，则模型建立如下：

$$C_t = \beta_0 + \beta_1 Y_t + \beta_2 C_{t-1} + \mu_t$$

依然采用表 5.1.1 中数据，利用 EViews 计算模型中当期收入 y_t 和前期消费 c_{t-1} 之间的相关系数，其值为 0.990426，两者相关性非常强，因此继续采用这两个解释变量的话，这个模型中多重共线性就不可避免了。

5.2.3 样本资料的限制

由于完全符合理论模型所要求的样本数据较难收集，特定样本可能存在某种程度的多重共线性。此外，在观测值个数较少，以至于小于解释变量个数时，也会产生多重共线性。如在医药研究中，只有少数病人，但却要在他们身上收集大量信息，即解释变量个数 k 可能会大于样本观测次数 n，这时模型会有多重共线性。

5.2.4　模型设定偏误

在计量模型设定中,往往由于不谨慎而导致模型解释变量出现严重的多重共线性。例如,在考察可支配收入对大学生月消费支出的影响时,将大学生的每月可支配总收入 x 分解为来自家庭供给 x_1 以及其做兼职收入 x_2,并设定如下模型:

$$y = \beta_0 + \beta_1 x_1 + \beta_2 x_2 + \beta_3 x + \mu$$

其中,y 代表大学生月消费支出。显然由于 $x_1 + x_2 = x$,模型的解释变量之间存在完全的线性相关性。

5.3　忽略多重共线性的结果

计量经济模型一旦出现多重共线性,如果继续采用最小二乘法来估计模型参数,会产生如下不良后果。

5.3.1　完全多重共线性下参数估计量不存在

例如,对于二元线性回归模型:

$$Y = \beta_0 + \beta_1 X_1 + \beta_2 X_2 + \mu$$

如果两个解释变量完全相关,如 $X_2 = \lambda X_1$,则该二元线性回归模型就会退化为一元线性回归模型:

$$Y = \beta_0 + (\beta_1 + \lambda \beta_2) X_1 + \mu$$

这时,我们只能确定 $\beta_1 + \lambda \beta_2$ 的估计值,但却无法分别确定 β_1 和 β_2 的估计值。

如在上面的例子中,若我们采用消费和收入来解释 GDP 的话,实际上只能得到前两者对 GDP 的共同影响。

5.3.2　近似多重共线性下普通最小二乘法参数估计量的方差变大

例如,对于二元线性回归方程:

$$Y = \beta_0 + \beta_1 X_1 + \beta_2 X_2 + \mu$$

由 $\hat{\beta}_1$ 的方差可以推导出,$V(\hat{\beta}_1) = \dfrac{\sigma^2}{\sum x_{1i}^2} + \dfrac{1}{1 - r_{12}^2}$,其中 r_{12} 为 X_1 与 X_2 的相关系数,显然它的大小受到 $\dfrac{1}{1 - r_{12}^2}$ 项的影响。当模型不存在完全共线时,$r_{12}^2 = 0$,这时 $V(\hat{\beta}_1) = \dfrac{\sigma^2}{\sum x_{1i}^2}$,这就是我们在前面章节中见到的 β_1 的方差计算公式。当模型存在近似多重共线性时,r_{12}^2 近似为 1,$V(\hat{\beta}_1)$ 也即估计量的方差变大。当模型存在完全多重共线性时,$r_{12}^2 = 1$,$V(\hat{\beta}_1) = \infty$,也即估计量的方差变大。

5.3.3　参数估计量经济意义不合理

如果模型中两个解释变量具有线性相关性,如 $X_1 = \lambda X_2$,这时 X_1 和 X_2 的参数 β_1、β_2 并不能够反映各自与解释变量之间的结构关系,而是反映他们对被解释变量的共同影响。各

自的参数 β_1、β_2 已经失去了应有的经济含义,经常会表现出似乎反常的现象,如估计结果本来应该是正号,结果却是负的。经验告诉我们,在多元线性回归模型的估计中,如果出现参数估计值的经济意义明显不合理的情况,应该首先怀疑是否存在严重的共线性。

5.3.4 变量的显著性检验与模型预测功能失去意义

测一测

模型存在多重共线性时,参数估计值的方差与标准差变大,会使得 t 值变小,容易使通过样本计算的 t 值小于临界值,误导我们作出参数显著为 0 的推断,可能将重要的解释变量排除在模型之外。同样,变大的方差也容易使区间预测的"区间"变宽,从而大大降低预测精度。

5.4 多重共线性的检验

多重共线性普遍存在于各类经济数据中,尽管不完全的多重共线性并不影响最小二乘估计的 BLUE 性质,但其影响还是相当广泛的。那么如何解决多重共线性问题呢? 在解决这个问题之前,首先需要确定是否存在共线性。一般而言,对多重共线性的检验并不是要确定其是否存在,而是要检验多重共线性是否严重,以及判断哪些变量之间存在严重的共线性。

5.4.1 不显著系数法

知识拓展

不显著系数法是利用多元线性回归模型的拟合结果进行检验,适用于以下三种情形。

1. R^2 值和 t 检验

如果一个回归方程的拟合优度 R^2 很大(一般 0.8 以上),但模型中全部或部分解释变量的参数 t 检验却不显著,那么该模型各解释变量之间可能存在严重的多重共线性。

【例 5.4.1】 发展农业会减少财政收入吗?

表 5.4.1 是利用某地财政收入与当地第一、二、三产业增加值的回归结果。

表 5.4.1 某地财政收入回归结果

Variable	Coefficient	Std. Error	t-Statistic	Prob.
C	17414.63	14135.1	1.232013	0.264
GDP1	−0.27751	0.146541	−1.89374	0.1071
GDP2	0.084857	0.093532	0.907252	0.3992
GDP3	0.190517	0.15168	1.256048	0.2558
R-squared	0.993798	Mean dependent var		63244
Adjusted R-squared	0.990697	S. D. dependent var		54281.99
S. E. of regression	5235.544	Akaike info criterion		20.2535
Sum squared resid	1.64E+08	Schwarz criterion		20.37454

续表

Variable	Coefficient	Std. Error	t-Statistic	Prob.
Log likelihood	−97.2675	F-statistic	320.4848	
Durbin-Watson stat	1.208127	Prob(F-statistic)	0.000001	

从统计检验结果看,调整的可决系数 0.9907,模型拟合度很高;$F = 320.4848$,Prob(F-statistic)$= 0.00001$,在 0.05 显著性水平下,方程整体较为显著,表明三次产业 GDP_i 中至少有一个解释变量与财政收入有较为显著的线性关系,也即至少有一个解释变量对解释变量有较强的解释能力。但根据 t 检验,各个解释变量的 p 值皆大于 0.05,表明解释变量均不显著,同时第一产业(农业)的系数为负。

显然,结果与理论矛盾。根据上述判断规则,可认为模型解释变量之间可能存在严重的多重共线性。

2. 理论性强,检验值弱

如果从经济理论或常识得知某个解释变量对被解释变量有重要影响,但根据回归模型的统计检验却不显著,此时可怀疑解释变量之间可能存在较严重的多重共线性。

【例 5.4.2】 城市的死亡率受到诸多社会经济变量的影响,现选择如下几个变量进行研究,MORT:每 10 万人口的死亡率,INCC:人均收入,POV:贫困家庭比例,EDU1:完成中学教育的人口比例,EDU2:受过大学教育的人口比例,ALCC:人均酒精消费,TOBC:人均香烟消费,HEXC:人均医疗支出,PHYS:每 10 万人口拥有的内科医生数量,URB:城市人口比例,AGED:65 岁以上人口的比例,调查数据见附录 5.A。建立以下模型:

$$MORT = c + \beta_1 INCC + \beta_2 HEXC + \beta_3 EDU2 + \beta_4 EDU1 + \beta_5 ALCC$$
$$+ \beta_6 AGED + \beta_7 PHYS + \beta_8 POV + \beta_9 TOBC + \beta_{10} URB + \mu$$

EViews 输出结果如图 5.4.1 所示。

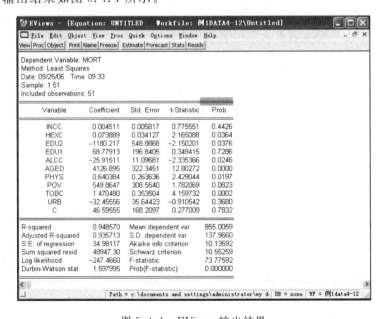

图 5.4.1　EViews 输出结果

拟合优度 94.857%，意味着模型解释变量整体说服力很强，但个别自变量如 EDU1、INCC 和 URB，它们系数的 p 值分别为 0.7286、0.4426 和 0.368，远大于我们一般接受的 0.10，0.05 或 0.01 的显著性水平。在这种情况下，我们基本可以判定这个模型存在比较严重的多重共线性。

5.4.2　新引入变量后，方差明显增大

在多元线性回归模型中新引入一个变量后，若发现模型中原有参数估计量的方差明显增大，则说明解释变量之间可能存在严重多重共线性。

5.4.3　相关系数矩阵法

相关系数矩阵法考察的是回归模型中自变量之间的相关系数关系，对于模型 $Y=\beta_0+\beta_1 x_1+\beta_2 x_2+\cdots+\beta_k x_k+\mu$，其相关系数矩阵中如有元素的绝对值在 0.8 以上，即可判定相应的两个变量之间存在高度相关，模型存在严重多重共线性。对于二元回归模型，相关矩阵退化成一个元素，则只需考察两个变量 x_2 和 x_1 之间的简单相关系数的绝对值是否大于 0.8 即可。

【例 5.4.3】 中国客运量模型分析。

根据理论和经验分析，影响客运总量（Y）的因素有人口数、经济发展程度、交通发达程度等。因此，我们选取以下因素作为影响因素：x_1：人均 GDP，表示经济发展水平；x_2：全国人口数，表示人口因素；x_3：铁路营业里程；x_4：公路营业里程；x_5：内河道营业里程；x_6：民航航线里程。资料来自 2013 年中国统计年鉴，见附录 5B。变量之间的关系模型初步设定为：

$$Y=Y_0+\beta_1 x_1+\beta_2\ x_2+\beta_3\ x_3+\beta_4\ x_4+\beta_4 x_5+\beta_5 x_6+\mu$$

解：用 OLS 法对参数进行估计，使用 EViews 进行计算，结果如图 5.4.2 所示。

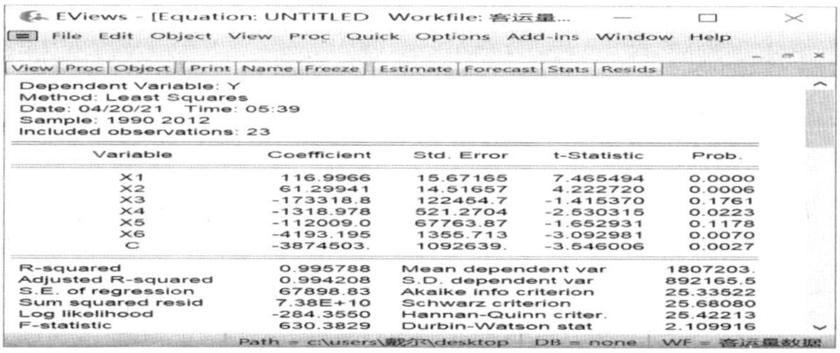

Variable	Coefficient	Std. Error	t-Statistic	Prob.
X1	116.9966	15.67165	7.465494	0.0000
X2	61.29941	14.51657	4.222720	0.0006
X3	-173318.8	122454.7	-1.415370	0.1761
X4	-1318.978	521.2704	-2.530315	0.0223
X5	-112009.0	67763.87	-1.652931	0.1178
X6	-4193.195	1355.713	-3.092981	0.0070
C	-3874503.	1092639.	-3.546006	0.0027

R-squared	0.995788	Mean dependent var	1807203.
Adjusted R-squared	0.994208	S.D. dependent var	892165.5
S.E. of regression	67898.83	Akaike info criterion	25.33522
Sum squared resid	7.38E+10	Schwarz criterion	25.68080
Log likelihood	-284.3550	Hannan-Quinn criter.	25.42213
F-statistic	630.3829	Durbin-Watson stat	2.109916

图 5.4.2　EViews 输出结果

估计方程为：

$$\hat{y}=-3874505+116.9967x_1+61.2994x_2-173318.9x_3-1318.979x_4-112009x_5-4193.198x_6$$

$\bar{R}^2=0.9958$，表明模型的拟合度高。在显著性水平 0.01 下，$F=630.3833$，$P_f=0.00000<0.01$，方程极为显著。但参数的显著性检验表明，x_3、x_5 均未通过 t 检验，且符号

不正确，故解释变量间可能存在严重的多重共线性。

利用相关系数检验。由 EViews 计算得到相关系数矩阵(见图 5.4.3)。

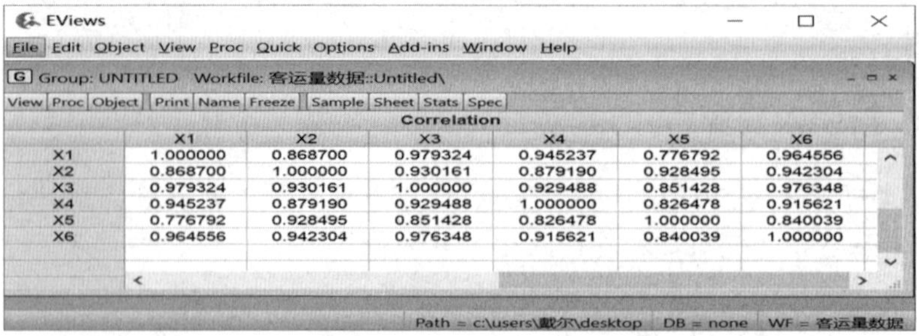

	X1	X2	X3	X4	X5	X6
X1	1.000000	0.868700	0.979324	0.945237	0.776792	0.964556
X2	0.868700	1.000000	0.930161	0.879190	0.928495	0.942304
X3	0.979324	0.930161	1.000000	0.929488	0.851428	0.976348
X4	0.945237	0.879190	0.929488	1.000000	0.826478	0.915621
X5	0.776792	0.928495	0.851428	0.826478	1.000000	0.840039
X6	0.964556	0.942304	0.976348	0.915621	0.840039	1.000000

图 5.4.3　相关系数矩阵

可以看到，解释变量之间的相关系数均在 0.8 以上，所以该模型存在较为严重的多重共线性。

【问一问】(材料 3)(电子材料)如果相关矩阵中所有元素的绝对值都很小(均小于 0.8)，是否意味着变量之间无严重的多重共线性？

问一问

5.4.4　判定系数检验法

判定系数检验法是对原模型中的每个解释变量，分别以其余解释变量为解释变量进行回归，并计算相应的拟合优度，也称判定系数，据此进行判断的方法。设回归模型为：

$$y=b_0+b_1x_1+b_2x_2+\cdots+b_kx_k+\mu \tag{5.4.1}$$

以每个解释变量为被解释变量，构成如下 k 个回归方程：

$$\begin{cases} x_1=f(x_2,x_3,\cdots,x_k) \\ x_2=f(x_1,x_3,\cdots,x_k) \\ \quad\vdots \\ x_k=f(x_1,x_2,\cdots,x_{k-1}) \end{cases}$$

然后，考察这些回归方程的拟合优度 $R_i^2(i=1,2,3,\cdots,k)$ 的大小及相应的统计量 F_i 值，如果其中最大的一个 R_i^2 接近于 1，且 F_i 显著地大于临界值，则可认为 x_i 与其余的 x_j 之间存在较严重的多重共线性。

利用上述方法，不仅能检验多元回归模型的多重共线性，而且可以得到多重共线性的具体形式，从而有助于消除多重共线性的影响。

【例 5.4.4】 某地 10 年中有关服装消费、可支配收入、流动资产、衣服类物价指数总物价指数的调查数据如表 5.4.2 所示。试以：

$$C=\beta_0+\beta_1Y+\beta_2L+\beta_3P_C+\beta_4P_0+\mu$$

建立需求函数模型。

解：利用 EViews 软件，得到估计方程为：

$$\hat{C}=-13.534+0.097Y+0.015L-0.199P_C+0.340P_0$$

表 5.4.2 某地 10 年服装消费相关数据

年份	服装消费 C	可支配收入 Y	流动资产 L	衣服类物价指数 P_C	总物价指数 P_0
1988	8.4	82.9	17.1	92	94
1989	9.6	88	21.3	93	96
1990	10.4	99.9	25.1	96	97
1991	11.4	105.3	29	94	97
1992	12.2	117.7	34	100	100
1993	14.2	131	40	101	101
1994	15.8	148.2	44	105	104
1995	17.9	161.8	49	112	109
1996	19.3	174.2	51	112	111
1997	20.8	184.7	53	112	111

现分别建立各个解释变量对其余解释变量的回归方程,检验是否存在严重多重共线性。EViews 计算结果如下:

$$\hat{Y} = -220.124 + 1.5337L - 1.0438P_C + 3.9205P_0 \tag{1}$$
$$\bar{R}^2 = 0.9881 \qquad F_1 = 250.5603 \qquad P_F = 1.08 \times 10^{-6}$$

$$\hat{L} = 51.3396 + 0.7265P_C + 0.7265P_0 + 0.4411Y \tag{2}$$
$$\bar{R}^2 = 0.9729 \qquad F_1 = 108.879 \qquad P_F = 1.28 \times 10^{-5}$$

$$\hat{P}_c = -30.7981 + 1.3356P_0 - 0.0901Y + 0.2180L \tag{3}$$
$$\bar{R}^2 = 0.9794 \qquad F_1 = 143.6594 \qquad P_F = 5.63 \times 10^{-6}$$

$$\hat{P}_0 = 42.5517 + 0.12267Y + 0.4841P_c - 0.15565L \tag{4}$$
$$\bar{R}^2 = 0.9880 \qquad F_4 = 248.2451 \qquad P_F = 1.11 \times 10^{-6}$$

回归方程(1)的拟合优度 $\bar{R}^2$ 最大,且接近 1,同时 F 值也显著大于临界值,由此可见,服装消费模型存在比较严重的多重共线性。

5.4.5 容许度与方差膨胀因子判别法

容许度是检验多重共线性的常用统计量。解释变量 x_j 的容许度定义为:

$$\text{TOL}_j = 1 - R_j^2 \tag{5.4.2}$$

式中:R_j^2 是用其他解释变量解释第 j 个解释变量 x_j 的判定系数,即以 x_j 为被解释变量,以其他解释变量为解释变量作(辅助)回归方程的 R^2。当 $\text{TOL}_j = 1$ 时,x_j 与其他解释变量线性无关;当 $\text{TOL}_j = 0$ 时,x_j 与其他解释变量完全共线性;当 $0 < \text{TOL}_j < 1$ 时,x_j 与其他解释变量之间存在线性相关关系。

方差膨胀因子是另一个检验多重共线性的统计量。对于多元线性回归模型,定义方差膨胀因子:

$$VIF = \frac{1}{(1-R_j^2)} \tag{5.4.3}$$

其中，R_j^2 是用其他解释变量解释第 j 个解释变量 x_j 的判定系数。一般认为，当 VIF＜5 时，模型存在轻度的多重共线性；当 $5 \ll VIF < 10$ 时，模型存在较严重的多重共线性，当 $VIF \gg 10$ 时（此时 $R_j^2 \gg 0.9$），模型存在严重的多重共线性。

读一读

5.5 多重共线性的消除方法

5.5.1 利用事前信息

这里的事前信息指的是已有的经过验证的经济理论、研究成果。这些信息可以对我们选择变量、调整参数间的关系提供参考，减少多重共线性的影响程度。

例如，在估计柯布—道格拉斯函数的时候，建立如下模型：

$$Y = A L^{\alpha} K^{\beta} e^{\mu} \tag{5.5.1}$$

其中，Y、L、K 分别表示产出、劳动力和资本。由先验信息可知，劳动投入量 L 与资本投入量 K 之间通常是高度相关的，如果按照经济理论"生产规模报酬不变"的假定，即 $\alpha + \beta = 1$，代入式(5.5.1)，整理得到：

$$\frac{Y}{L} = A \left(\frac{K}{L} \right)^{\beta} e^{\mu} \tag{5.5.2}$$

两边取对数：$\ln \frac{Y}{L} = \ln A + \beta \ln \frac{K}{L} + \mu$，变为一元线性回归模型，不存在多重共线性问题。

5.5.2 差分法

假设模型为：

$$y_t = \beta_0 + \beta_1 x_{1t} + \beta_2 x_{2t} + \mu_t \tag{5.5.3}$$

对上式作差分处理：

$$y_t - y_{t-1} = \beta_1 (x_{1t} - x_{1(t-1)}) + \beta_2 (x_{2t} - x_{2(t-1)}) + \mu_t - \mu_{t-1}$$

记 $\Delta y_t = y_t - y_{t-1}$，$\Delta x_{1t} = x_{1t} - x_{1(t-1)}$，$\Delta x_{2t} = x_{2t} - x_{2(t-1)}$，$\varepsilon_t = \mu_t - \mu_{t-1}$，因此，式(5.5.3)转化为：

$$\Delta y_t = \beta_1 \Delta x_{1t} + \beta_2 \Delta x_{2t} + \varepsilon_t \tag{5.5.4}$$

这样模型中的多重共线性大大消除了。因为根据一般经验，增量之间的线性关系远比总量之间的线性关系弱得多。

值得注意的是，差分变换会导致模型随机误差项的自相关性。因此，使用时需要判断是否由于采取差分变换而造成的自相关的问题比原模型中的多重共线性问题还要严重，权衡两个利弊。同时，差分变换会使得原模型损失一个观测值，比较适合大样本。

5.5.3 Frisch 综合分析法

Frisch 综合分析法，也称为逐步回归法。该方法是以 Y 为被解释变量，选择与 Y 相关性最强的一个解释变量为基本解释变量构建回归方程,然后逐个引入其他解释变量。在这个过程中,根据拟合优度 R^2 的变化和解释变量系数的符号等重要信息来判断是否保留每一步引入的解释变量 x_j。具体步骤如下:

第一步:将被解释变量 Y 分别对 $x_1,x_2,\cdots,x_k$ 作简单一元回归。然后,根据经济理论分析与统计检验结果,选出最优一元回归方程——基本回归方程。

第二步:将其余解释变量依次逐步加入基本回归方程中,建立一系列回归方程。然后,按照如下标准对新加入的解释变量进行判断:

(1)如果加入新的解释变量使 R^2(注意此时拟合度选用调整拟合度)显著提高,且回归系数在经济理论上和统计检验上合理,则认为该新变量是有利变量,予以接纳。

(2)若新加入的解释变量不能提高 R^2,或者提高很少,且对其他系数也无影响,可认为该变量是多余的变量,可不予接纳。

(3)如果新加入解释变量严重影响其他变量的系数或符号,则认为是不利变量。不利变量的出现是多重共线性的重要信号。不利变量未必是多余的,它可能对被解释变量是不可缺少的,此时应研究改善模型的办法。

5.5.4　增加样本容量

增加样本容量可采用将时间序列和截面数据结合使用等方法。如考虑下面消费支出 y 与收入 x_2 及财富 x_3 的回归方程[1]($n=10$):

$$y_i = 24.337 \ + \ 0.8716x_2 \ - \ 0.035x_3$$
$$se \quad (6.2801) \quad\quad (9.3144) \quad\quad\quad (0.0301)$$
$$t \quad (3.875) \quad\quad (2.773) \quad\quad\quad (-1.1595) \quad\quad R^2=0.9682$$

结果显示,在 0.05 的显著性水平下,x_3 系数不显著。

但当样本量增加到 40 时,估计方程为:

$$y_i = \ 2.0907 \ + \ 0.0.7299x_2 \ + \ 0.0605x_3$$
$$t \quad\quad (0.87135) \quad\quad (6.0014) \quad\quad\quad (2.0641) \quad\quad R^2=0.9672$$

同样,取显著性水平 0.05,t 检验显示,x_3 系数显著。

读一读

5.6　应用举例

【例 5.6.1】　克莱因与戈德伯格曾用 1921—1950 年(1942—1944 年战争期间略去)美国国内消费 y 和工资收入 x_1、非工资—非农业收入 x_2、农业收入 x_3 的时间序列资料,利用 OLSE 估计得出了下列回归方程(括号中的数据为相应参数估计量的标准误),试对该模型进行评析,指出其中存在的问题。

$$\hat{y}=8.133+1.059x_1+0.452x_2+0.121x_3$$
$$\quad\quad (8.92) \ (0.17) \quad (0.66) \quad\quad (1.09)$$
$$\bar{R}^2=0.95 \quad\quad F=107.37$$

---

① 达莫尔 N. 古亚拉提. 经济计量学精要[M]. 3 版. 北京:机械工业出版社,2006

解：从模型拟合结果可知，$n=27, k=3$。

(1)$R^2=0.95$，模型整体拟合程度较高。

(2)$\alpha=0.05, F(K,n-k-1)=F(3,23)=3.03, F=107.37>F(3,23)$，表明回归方程总体较为显著。

(3)依据参数估计量及其标准误差，计算各回归系数估计量的 t 统计量值：

$$t_0=\frac{8.133}{8.92}=0.91, t_1=\frac{1.059}{0.17}=6.23, t_2=\frac{0.452}{0.66}=0.68, t_3=\frac{0.121}{1.09}=0.11$$

工资收入 x_1 系数的 t_1 检验虽然显著，但该系数的估计值过大。该值为工资收入对消费边际效应，因为它为 1.059，意味着工资收入每增加 1 美元，消费支出的增长平均将超过 1 美元，这与经济理论和常识不符。

此外，理论上非工资—非农业收入 x_2 与农业收入 x_3 也是消费行为的重要解释变量，但两者的 t 检验都没有通过。这些迹象表明，模型中可能存在严重的多重共线性，不同收入部分之间的相互关系，掩盖了各个部分对解释消费行为的单独影响。

【例 5.6.2】 研究我国能源消费量的影响因素，因变量 Y 为能源消费总量，自变量 X_1 为 GDP、X_2 为人口总数、X_3 为城乡居民人均可支配收入、X_4 为与能源消费总量相关性较大的第二产业增加值，数据见本章附录 5C。假设回归模型为：

$$Y=\beta_0+\beta_1X_1+\beta_2X_2+\beta_3X_3+\beta_4X_4+\mu$$

解：(1)用 OLS 法估计方程。

采用 EViews 软件计算，结果如图 5.6.1 所示。

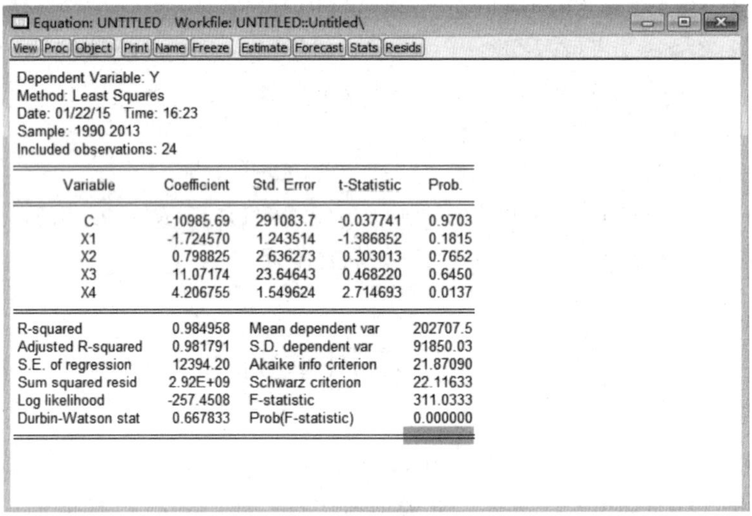

Equation: UNTITLED Workfile: UNTITLED::Untitled\

View Proc Object Print Name Freeze Estimate Forecast Stats Resids

Dependent Variable: Y
Method: Least Squares
Date: 01/22/15 Time: 16:23
Sample: 1990 2013
Included observations: 24

Variable	Coefficient	Std. Error	t-Statistic	Prob.
C	-10985.69	291083.7	-0.037741	0.9703
X1	-1.724570	1.243514	-1.386852	0.1815
X2	0.798825	2.636273	0.303013	0.7652
X3	11.07174	23.64643	0.468220	0.6450
X4	4.206755	1.549624	2.714693	0.0137

R-squared	0.984958	Mean dependent var	202707.5
Adjusted R-squared	0.981791	S.D. dependent var	91850.03
S.E. of regression	12394.20	Akaike info criterion	21.87090
Sum squared resid	2.92E+09	Schwarz criterion	22.11633
Log likelihood	-257.4508	F-statistic	311.0333
Durbin-Watson stat	0.667833	Prob(F-statistic)	0.000000

图 5.6.1 EViews 输出结果

估计方程为：$\hat{y}=-10985.69-1.7246x_1+0.7988x_2-11.0717x_3+4.2068x_4$

调整拟合度达到 0.9818，接近 1。$F=311.0333$，p 值$=0.0000$，方程总体无论在 0.05 还是 0.01 的显著性水平下都显著，但其中 x_1、x_2、x_3 三个解释变量的参数都没有通过 t 检验；另外 x_1 的系数为-1.7246，表明随着 GDP 的增加，能源消费将减少，不符合经济意义，因此初步判断模型解释变量间可能存在较严重的多重共线性。

（2）多重共线性检验及校正

采用 Frisch 综合分析法进行多重共线性检验及校正。首先分别求出 Y 对各个自变量 X_1, X_2, X_3, X_4 的经验回归方程。EViews 输出结果整理后如表 5.6.1 所示。

表 5.6.1　输出结果整理

Variable	Coefficient	Std. Error	t-Statistic	Prob.
X_1	0.540074	0.024215	22.30284	0.0000
C	102663.9	5973.843	17.18556	0.0000
R-squared	0.957645	F-statistic		497.4166
Adjusted R-squared	0.955720	Prob(F-statistic)		0.000000
Variable	Coefficient	Std. Error	t-Statistic	Prob.
X_2	12.66984	1.256998	10.07944	0.0000
C	−1405466.	159754.7	−8.797651	0.0000
R-squared	0.822000	F-statistic		101.5952
Adjusted R-squared	0.813909	Prob(F-statistic)		0.000000
Variable	Coefficient	Std. Error	t-Statistic	Prob.
X_3	18.47583	0.798971	23.12454	0.0000
C	81618.53	6476.225	12.60279	0.0000
R-squared	0.960485	F-statistic		534.7445
Adjusted R-squared	0.958688	Prob(F-statistic)		0.000000
Variable	Coefficient	Std. Error	t-Statistic	Prob.
X_4	1.192546	0.046046	25.89900	0.0000
C	100881.3	5208.512	19.36855	0.0000
R-squared	0.968243	F-statistic		670.7583
Adjusted R-squared	0.966799	Prob(F-statistic)		0.000000

根据 4 个回归结果，选择 Y 与 X_4 的方程为基本回归方程。然后根据拟合优度的大小逐个加入其他解释变量。

加入 X_3（见图 5.6.2），模型的调整拟合优度减少，同时解释变量 x_3 不显著，经济意义也不符合常理，剔除 X_3。

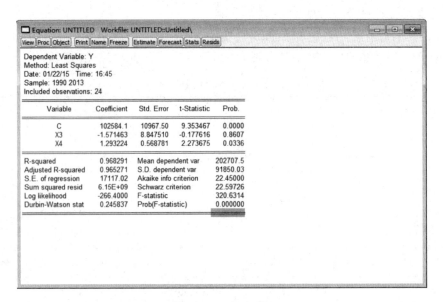

图 5.6.2　加入 X_3

加入 X_1（见图 5.6.3），模型的拟合优度增加至 0.9788，变量 X_1 与 X_4 显著，但 X_1 的经济意义不符合常理，剔除 X_1。

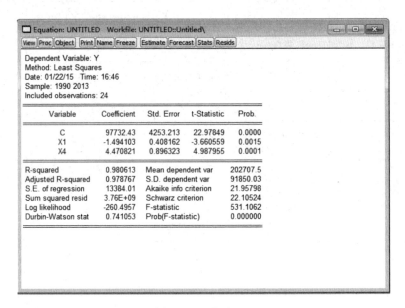

图 5.6.3　加入 X_1

继续加入 X_2（见图 5.6.4），模型的拟合优度增加为 0.97598，所有解释变量显著，且经济意义符合常理，保留 X_2。

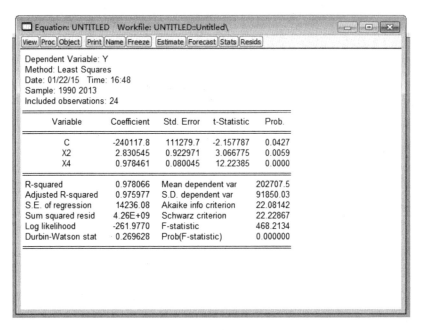

图 5.6.4 加入 X_2

最后消除了严重多重共线性后的经验回归方程为：
$$\hat{y} = -240117.8 + 2.8305X_2 + 0.9785X_4$$
$$t = (-2.16) \quad (3.07) \quad (12.2)$$
$$R^2 = 0.978066 \quad F = 468.2134$$

【例 5.6.4】 继续题 5.4.3 中的中国客运量模型分析。设定模型为：
$$Y = \beta_0 + \beta_1 x_1 + \beta_2 x_2 + \beta_3 x_3 + \beta_4 x_4 + \beta_4 x_5 + \beta_5 x_6 + \mu$$
其中，y 为客运总量；x_1 为人均 GDP；x_2 为全国人口数；x_3 为铁路营业里程；x_4 为公路营业里程；x_5 为内河道营业里程；x_6 为民航航线里程，数据资料见附录 5B。

解：根据前例，经验估计方程为：
$$\hat{y} = -3874505 + 116.9967x_1 + 61.2994x_2 - 173318.9x_3 - 1318.979x_4 - 112009x_5$$
$$- 4193.198x_6$$
且由相关系数矩阵法分析得知模型存在严重的多重共线性。现利用 Frisch 综合分析法进行修正，结果见表 5.6.2（具体过程请同学们计算）。

表 5.6.2 Frisch 逐步回归法各阶段结果

	C	x_1	x_2	x_3	x_4	x_5	x_6	$\bar{R}^2$
$y = f(x_1)$	755588	81.52						
t 值(p 值)	25.38 (0.00)	45.81 (0.00)						0.990

续表

	C	x_1	x_2	x_3	x_4	x_5	x_6	$\bar{R}^2$
$y=f(x_1,x_3)$	119442	70.11		108897				
t 值(p 值)	0.252 (0.80)	8.12 (0.00)		1.35 (0.19)				0.990
$y=f(x_1,x_6)$	692055	76.13					765.68	
t 值(p 值)	8.34 (0.00)	11.20 (0.00)					0.82 (0.42)	0.989
$y=f(x_1,x_4)$	775736	84.09			−242.2			
t 值(p 值)	15.19 (0.00)	15.14 (0.00)			−0.49 (0.63)			0.989
$y=f(x_1,x_2)$	−603687.3	75.71	11.33					
t 值(p 值)	−0.88 (0.39)	22.50 (0.00)	1.99 (0.06)					0.9909
$y=f(x_1,x_2,x_5)$	−83230	74.8	24.56			−125927		
t 值(p 值)	−1.18 (0.25)	23.02 (0.00)	2.63 (0.02)			−1.74		0.9917

最佳经验回归方程为：

$$\hat{y}=-603687.3+75.71x_1+11.33x_2$$

$$t=(-0.88)\quad(22.50)\quad(1.99)$$

$$R^2=0.9917\quad 调整后的\ R^2=0.990894\quad F=1197.981$$

5.7　多重共线性实验

5.7.1　多重共线性的检验

1. 实验数据

农民工就业问题关系到民生问题，只有农民工就业问题得到妥善解决，"三农"问题才能得到缓解，经济增长才能突破瓶颈。有研究表明，劳动力市场分割会对就业产生负面影响。以下将建立模型，分析劳动力城乡分割、行业分割、地区分割和单位分割对农民工就业的影响。表 5.7.1 给出了农民工就业与劳动力市场分割程度的数据。

表 5.7.1　农民工就业与劳动力市场分割程度数据

年份	变量名称	FWL	CXS	HYS	DQS	年份	变量名称	FWL	CXS	HYS	DQS
1986	7522	2.97	1.56	3.97	78.21	1997	13556	2.25	1.00	1.25	7.47
1987	8130	2.89	1.50	3.11	61.77	1998	13806	2.13	0.99	1.42	5.31
1988	8611	2.84	1.46	2.73	47.37	1999	13985	2.03	1.00	1.66	4.92
1989	8498	2.80	1.50	2.16	35.33	2000	15165	1.94	1.00	1.16	4.33
1990	8673	2.79	1.51	1.79	29.21	2001	15778	1.85	1.00	1.09	3.92
1991	8906	2.73	1.48	2.04	71.04	2002	16536	1.77	1.00	0.92	3.51
1992	9765	2.67	1.41	2.38	50.36	2003	17712	1.69	0.96	0.87	3.32
1993	10998	2.62	1.29	1.49	26.72	2004	19099	1.62	0.88	1.08	3.34
1994	11964	2.56	1.19	1.09	15.70	2005	20412	1.55	0.81	1.00	3.37
1995	12707	2.51	1.09	1.63	11.10						

表 5.7.1 中,FWL 表示农民工就业数量;CXS 表示劳动力城乡分割程度,CXS＝[(乡村人口数/城镇人口数)＋(乡村就业人数/城镇就业人数)]/2;HYS 表示行业分割程度,HYS＝第一产业就业数/(第二产业就业人数＋第三产业就业人数);DQS 表示地区分割程度。由于北京为政治经济文化中心,在执行中央政府各项劳动力政策和吸收外来劳动力方面具有典型性,故采用北京市外来人口的多少反映地区分割程度大小,DQS＝2005 年北京市外来人口数/当年北京市外来人口数;DWS 表示单位分割程度,DWS＝[(当年国有单位就业人数/当年城镇集体单位就业人数)＋(当年城镇集体单位就业人数/当年私营企业就业人数)＋(当年国有企业单位就业人数/当年私营企业就业人数)]/3。

2.实验步骤

(1)构建农民工就业模型

为分析各个分割程度因素对农民工就业影响,建立如下多元线性回归模型:

$$\text{FWL}＝\beta_0＋\beta_1\text{CSX}＋\beta_2\text{HYS}＋\beta_3\text{DQS}＋\beta_4\text{DWS}＋\mu$$

其中,μ 为随机误差项。

(2)模型参数估计

建立文件。选择"File"→"New"→"Workfole",在"Workfile structure type"中选择"Dated-regular frequency"→"Annual",然后在 Start date 中,输入"1985",End date 输入"2005",Wf 中输入文件名"NMG"(可选择),点击"OK"(见图 5.7.1)。

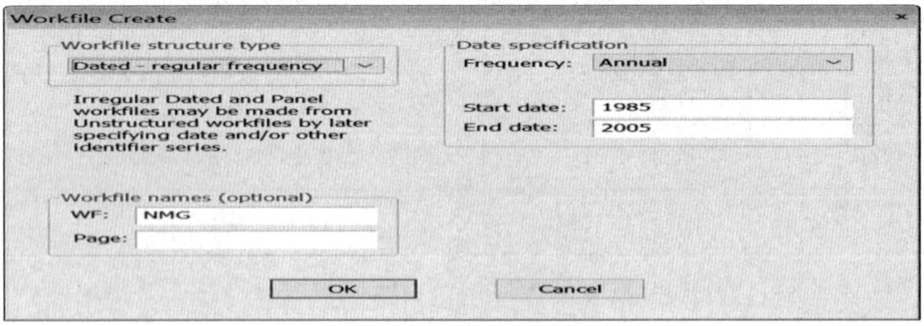

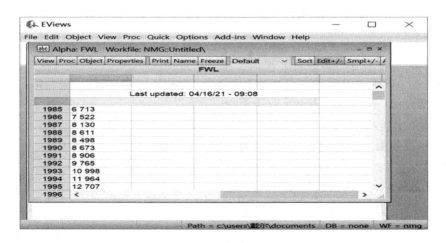

图 5.7.1　建立文件

输入数据。点击"Object"→"New Object"。选择"Series",在右边 Name for object 中输入"FWL"(见图 5.7.2),点击"OK",然后在数据窗口点击"Edit",输入 FWL 数据。同样方式输入"CSX"等其他解释变量数据(见图 5.7.3)。

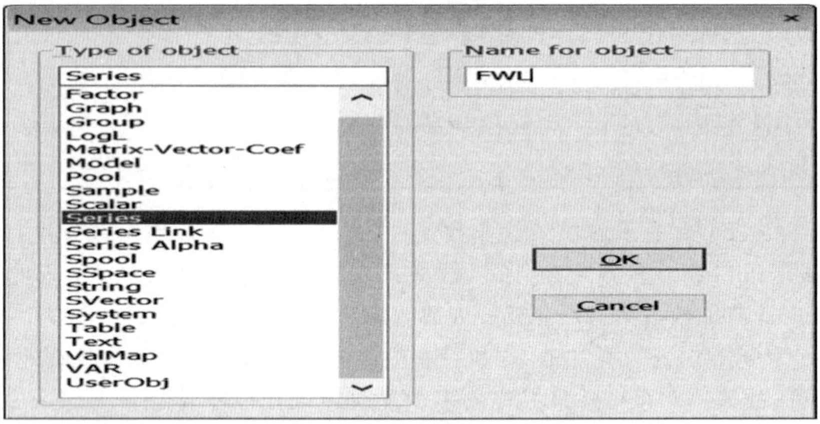

图 5.7.2　输入"FWL"

图 5.7.3　输入其他解释变量数据

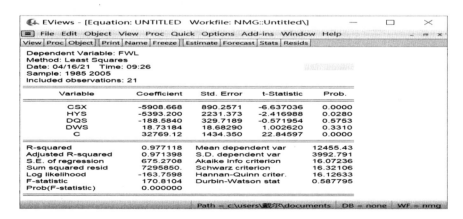

估计参数。点击"Quick"→"Estimate Equation"（见图5.7.4），命令窗口输入"FWL c CSX HYS DQS DWS"（见图5.7.5），点击"确定"（见图5.7.6）

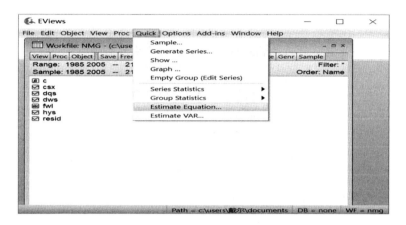

图 5.7.4 点击"Estimate Equation"

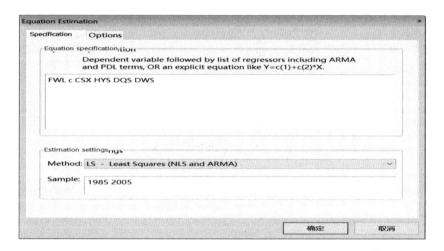

图 5.7.5 输入"FWL c CSX HYS DQS DWS"

图 5.7.6 点击"确定"

（3）多重共线性检验

①R^2 值和 t 值检验

根据图 5.7.6，$R^2=0.9771$，拟合度很高；F 统计量＝170.81，在 0.1、0.05、0.01 显著性水平下检验均显著，但其中 DWS 和 DQS 对应的 Pro 值分别为 0.331、0.5753，即使在 0.1 的显著性水平下 t 检验也不显著，因此，模型可能存在严重的多重共线性。

②相关系数矩阵法

在数据文件窗口选中四个解释变量：CSX、OQS、HYS、DWS，然后点击鼠标右键（见图 5.7.7），选择"Open"→"as Group"→"View-Covariance Analysis"→"Correlation"→"OK"（见图 5.7.8），得到解释变量的相关系数矩阵（见图 5.7.9）。

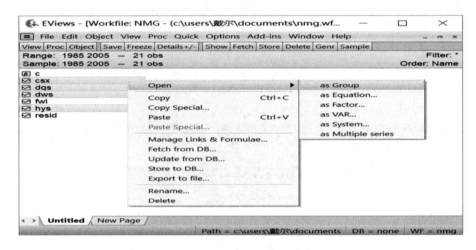

图 5.7.7　选中四个解释变量

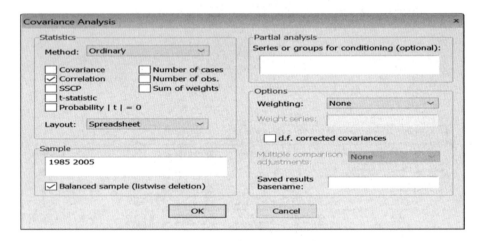

图 5.7.8　"Covariance Analysis"对话框

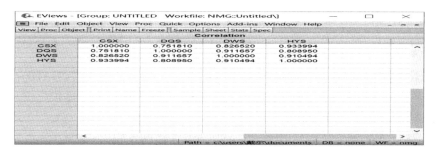

图 5.7.9 相关系数矩阵

根据图 5.7.9，CXS 与 DWS、CXS 与 HYS、DQS 与 DWS、DQS 与 HYS、DWS 与 HYS 之间的相关系数均高达 0.8 以上，根据相关系数判定法，模型可能存在严重的多重共线性。

③判定系数检验法

构建各个解释变量的辅助回归方程。在文件窗口点击"Quick"→"Estimate Equation"，在命令窗口输入 CSX c HYS DQS DWS，点击"确定"（见图 5.7.10）。

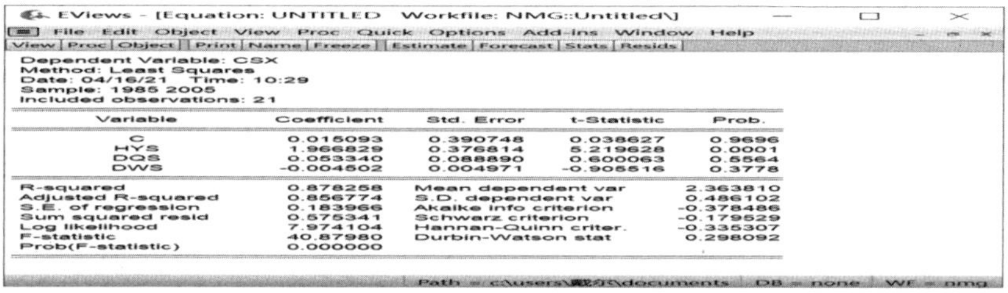

图 5.7.10 构建辅助回归方程

辅助估计方程：$CSX = 0.0151 + 1.9668HYS + 0.0533DQS - 0.0045DWS$

$R^2 = 0.8783$，$Prob(F) = 0.0000$，在 0.05 或 0.01 显著性水平下方程均显著。

同样可得到其他几个解释变量的辅助方程及相关 R^2、F 统计量信息，结果归纳见表 5.7.2。

表 5.7.2 辅助回归方程的相关结果

回归方程	R^2	$Prob(F)$	F 值是否显著（1% 的显著性水平）
$CSX = f(HYS, DQS, DWS)$	0.878	0.0000	显著
$HYS = f(CSX, DQS, DWS)$	0.935	0.0000	显著
$DQS = f(HYS, CSX, DWS)$	0.837	0.0000	显著
$DWS = f(HYS, DQS, CSX)$	0.922	0.0000	显著

根据表 5.7.2，四个辅助方程均通过了显著性水平为 1% 的 F 检验，说明四个解释变量中的每个变量均可由另外三个变量线性表示，模型存在严重多重共线性。

5.7.2 多重共线性修正

1. 实验数据

考察城市公交需求（BUSTRAVL）的决定因素，主要有：公交车费（FARE），汽油价格（GASPRICE），人均收入（INCOME），城市人口规模（POP），城市人口密度（DENSITY），城市面积（LANDAREA），数据见附录 5D。建立如下回归方程：

$$BUSTRAVL = c + \beta_1 FARE + \beta_2 GASPRICE + \beta_3 INCOME + \beta_4 POP + \beta_5 DENSITY + \beta_6 LANDAREA + \mu$$

2. 实验步骤

第一步：构建基本回归方程。将解释变量 BUSTRAVL 一起考虑，求出所有变量的相关系数矩阵。

鼠标选择所有变量（被解释变量 BUSTRAVL 第一个选择），选择"Open"→"as Group"（见图 5.7.11），再选择"Covariance Anslysis"→"Correlation"→"OK"（见图 5.7.12）。

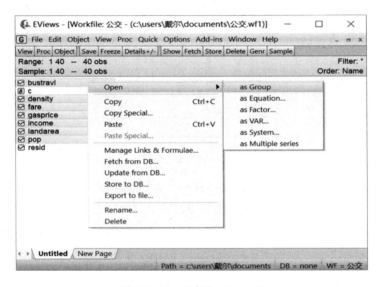

图 5.7.11　选择"as Group"

Correlation	BUSTRAVL	DENSITY	FARE	GASPRICE	INCOME	LANDAREA	POP
BUSTRAVL	1.000000	0.721038	-0.047974	0.378670	0.228671	0.303441	0.931291
DENSITY	0.721038	1.000000	-0.140648	0.455330	0.459094	-0.227466	0.636234
FARE	-0.047974	-0.140648	1.000000	0.050969	-0.075454	0.262076	0.014931
GASPRICE	0.378670	0.455330	0.050969	1.000000	0.136418	-0.108289	0.326581
INCOME	0.228671	0.459094	-0.075454	0.136418	1.000000	0.007598	0.335117
LANDAREA	0.303441	-0.227466	0.262076	-0.108289	0.007598	1.000000	0.484837
POP	0.931291	0.636234	0.014931	0.326581	0.335117	0.484837	1.000000

图 5.7.12　选择"Correlation"

由图 5.7.12,BUSTRAVL 与 POP 的相关系数最高,故基本回归模型为:

$$BUSTRAVL = \alpha + \beta POP + u$$

估计方程。点击"Quick"→"Estimate Equation",输入"BUSTRAVL c POP"(见图 5.7.13),点击"OK"结果如图 5.7.14 所示。

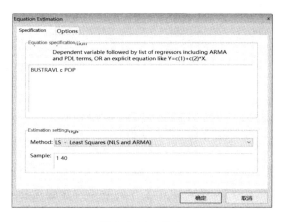

图 5.7.13　输入

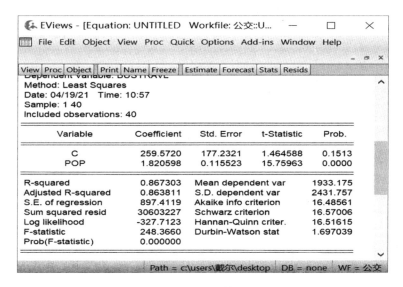

图 5.7.14　结果

基本回归方程为:

$$BUSTRAVL = 259.57 + 1.8206POP, R^2 = 0.8673 \tag{5.7.1}$$

第二步:构建二元最优回归方程。将其余解释变量逐个加入 $BUSTRAVL = \alpha + \beta POP$ 中,看拟合优度的变化和解释变量参数显著性以及符号的变化是否合理。比如首先加入 DENSITY(人口密度)。点击"Quick"→"Estimate Equation",输入"BUSTRAVL c POP DENSITY",点击"OK"(见图 5.7.15)。

EViews - [Equation: UNTITLED Workfile: 公交::U...
File Edit Object View Proc Quick Options Add-ins Window Help
View | Proc | Object | Print | Name | Freeze | Estimate | Forecast | Stats | Resids

Dependent Variable: BUSTRAVL
Method: Least Squares
Date: 04/19/21 Time: 11:03
Sample: 1 40
Included observations: 40

Variable	Coefficient	Std. Error	t-Statistic	Prob.
C	-275.3904	234.0197	-1.176783	0.2468
POP	1.552035	0.134952	11.50064	0.0000
DENSITY	0.115161	0.036818	3.127875	0.0034

R-squared	0.895053	Mean dependent var	1933.175
Adjusted R-squared	0.889380	S.D. dependent var	2431.757
S.E. of regression	808.7919	Akaike info criterion	16.30100
Sum squared resid	24203340	Schwarz criterion	16.42766
Log likelihood	-323.0200	Hannan-Quinn criter.	16.34680
F-statistic	157.7793	Durbin-Watson stat	1.781685
Prob(F-statistic)	0.000000		

Path = c:\users\戴尔\desktop DB = none WF = 公交

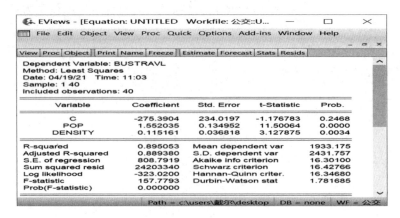

图 5.7.15 构建二元最优回归方程

估计方程为：BUSTRAVL＝－275.39＋1.5520POP＋0.1152DENSITY (5.7.2)

拟合优度$\bar{R}^2$提高至 0.88938，两个解释变量的参数都很显著，保留 DENSITY。

第三步：构建三元最优回归方程。在 5.7.2 结果基础上，继续加入解释变量，比如 GASPRICE（汽油价格）。点击“Quick”→“Estimate Equation”，输入“BUSTRAVL c POP DENSITY GASPRICE”，点击“OK”（见图 5.7.16）。

EViews - [Equation: UNTITLED Workfile: 公交::U...
File Edit Object View Proc Quick Options Add-ins Window Help
View | Proc | Object | Print | Name | Freeze | Estimate | Forecast | Stats | Resids

Dependent Variable: BUSTRAVL
Method: Least Squares
Date: 04/19/21 Time: 11:08
Sample: 1 40
Included observations: 40

Variable	Coefficient	Std. Error	t-Statistic	Prob.
C	-1388.221	2538.754	-0.546812	0.5879
POP	1.548805	0.136644	11.33461	0.0000
DENSITY	0.109246	0.039576	2.760432	0.0090
GASPRICE	1264.377	2871.931	0.440253	0.6624

R-squared	0.895615	Mean dependent var	1933.175
Adjusted R-squared	0.886916	S.D. dependent var	2431.757
S.E. of regression	817.7498	Akaike info criterion	16.34563
Sum squared resid	24073728	Schwarz criterion	16.51452
Log likelihood	-322.9126	Hannan-Quinn criter.	16.40669
F-statistic	102.9590	Durbin-Watson stat	1.806759
Prob(F-statistic)	0.000000		

Path = c:\users\戴尔\desktop DB = none WF = 公交

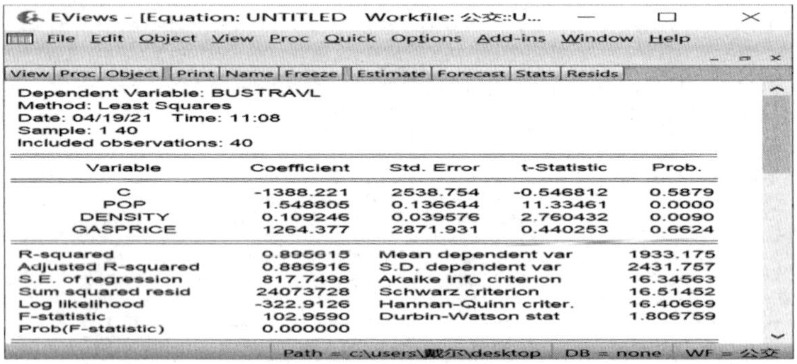

图 5.7.16 构建三元最优回归方程

拟合优度$\bar{R}^2$进一步提高为 0.886916，但 GASPRICE 的 t 值为 0.4402，p 值为 0.6624，无法通过显著性检验，不予保留。

重新选择 FARE（公交车费）加入公式 5.7.2。点击“Quick”→“Estimate Equation”，输入“BUSTRAVL c POP DENSITY FARE”，点击“OK”（见图 5.7.17）。

拟合优度$\bar{R}^2$有所提高，为 0.887285，系数符号为负，符合常识，即随着价格增加，乘坐公交车的人数会有所减少；但其 t 值绝对值很小，仅 0.5587，对应 p 值为 0.5798，无法通过显著性检验，因此不予保留。

继续重新加入解释变量 LANDAREAI（城市面积）。先点击“Quick”→“Estimate Equation”，输入“BUSTRAVL c POP DENSITY LANDAREA”，点击“OK”（见图 5.7.18）。

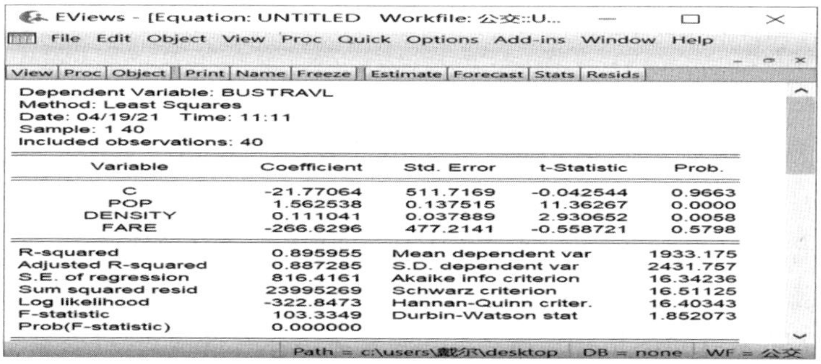
EViews - [Equation: UNTITLED Workfile: 公交::U...

Dependent Variable: BUSTRAVL
Method: Least Squares
Date: 04/19/21 Time: 11:11
Sample: 1 40
Included observations: 40

Variable	Coefficient	Std. Error	t-Statistic	Prob.
C	-21.77064	511.7169	-0.042544	0.9663
POP	1.562538	0.137515	11.36267	0.0000
DENSITY	0.111041	0.037889	2.930652	0.0058
FARE	-266.6296	477.2141	-0.558721	0.5798

R-squared	0.895955	Mean dependent var	1933.175
Adjusted R-squared	0.887285	S.D. dependent var	2431.757
S.E. of regression	816.4161	Akaike info criterion	16.34236
Sum squared resid	23995269	Schwarz criterion	16.51125
Log likelihood	-322.8473	Hannan-Quinn criter.	16.40343
F-statistic	103.3349	Durbin-Watson stat	1.852073
Prob(F-statistic)	0.000000		

图 5.7.17　加入 FARE

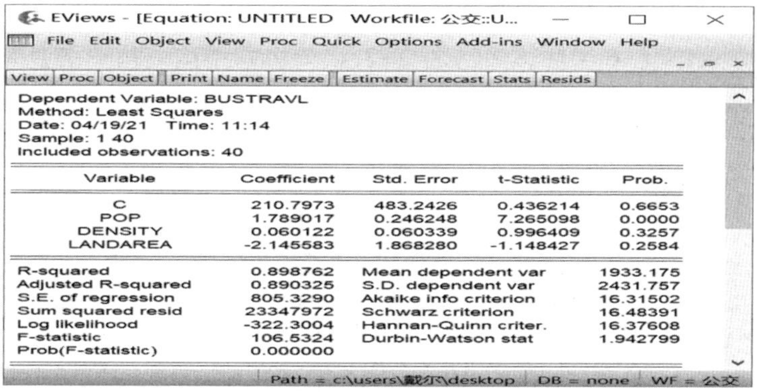
EViews - [Equation: UNTITLED Workfile: 公交::U...

Dependent Variable: BUSTRAVL
Method: Least Squares
Date: 04/19/21 Time: 11:14
Sample: 1 40
Included observations: 40

Variable	Coefficient	Std. Error	t-Statistic	Prob.
C	210.7973	483.2426	0.436214	0.6653
POP	1.789017	0.246248	7.265098	0.0000
DENSITY	0.060122	0.060339	0.996409	0.3257
LANDAREA	-2.145583	1.868280	-1.148427	0.2584

R-squared	0.898762	Mean dependent var	1933.175
Adjusted R-squared	0.890325	S.D. dependent var	2431.757
S.E. of regression	805.3290	Akaike info criterion	16.31502
Sum squared resid	23347972	Schwarz criterion	16.48391
Log likelihood	-322.3004	Hannan-Quinn criter.	16.37608
F-statistic	106.5324	Durbin-Watson stat	1.942799
Prob(F-statistic)	0.000000		

图 5.7.18　加入 LANDAREA

拟合优度虽有所提高(0.890325)，但 LANDAREA 的 t 检验不显著，且同时由于其的加入，导致以前显著的 DENSITY 也不显著了，这说明该变量与模型中原有的两个解释变量 POP 和 DENSITY 之间具有较严重的多重共线性关系，不予保留。

最后，加入 INCOME。点击“Quick”→“Estimate Equation”，输入“BUSTRAVL c POP DENSITY INCOME”，点击“OK”(见图 5.7.19)。

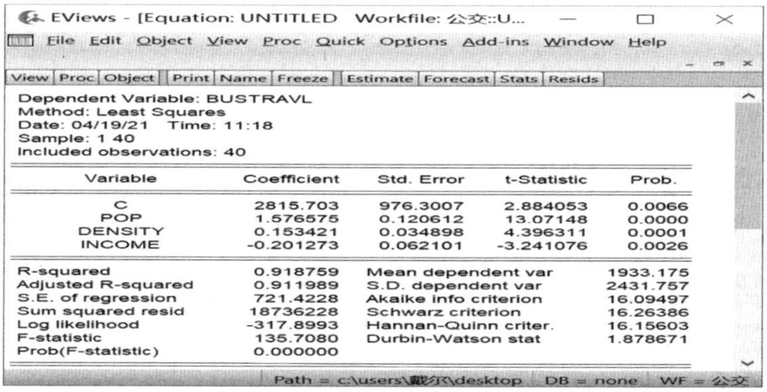
EViews - [Equation: UNTITLED Workfile: 公交::U...

Dependent Variable: BUSTRAVL
Method: Least Squares
Date: 04/19/21 Time: 11:18
Sample: 1 40
Included observations: 40

Variable	Coefficient	Std. Error	t-Statistic	Prob.
C	2815.703	976.3007	2.884053	0.0066
POP	1.576575	0.120612	13.07148	0.0000
DENSITY	0.153421	0.034898	4.396311	0.0001
INCOME	-0.201273	0.062101	-3.241076	0.0026

R-squared	0.918759	Mean dependent var	1933.175
Adjusted R-squared	0.911989	S.D. dependent var	2431.757
S.E. of regression	721.4228	Akaike info criterion	16.09497
Sum squared resid	18736228	Schwarz criterion	16.26386
Log likelihood	-317.8993	Hannan-Quinn criter.	16.15603
F-statistic	135.7080	Durbin-Watson stat	1.878671
Prob(F-statistic)	0.000000		

图 5.7.19　加入 INCOME

拟合优度提高至 0.911989，三个解释变量的 t 值均通过至少 1%的显著性检验，所以考虑保留 INCOME。INCOME 符号为负，表示随着收入的增加，人们对公交的需求是降低的,这可以理解成人们随着收入的增加,购买私人汽车的可能性会逐渐增大,因此自然对公共交通的需求会减少。

综上分析,合理的模型应为:

$$BUSTRAVL = c + \beta_1 INCOME + \beta_2 POP + \beta_5 DENSITY + \mu$$

估计方程为:

$$BUSTRAVL = 2815.703 - 0.2013 INCOME + 1.5766 POP + 0.1534 DENSITY$$

该例中,在确定 POP 为基础解释变量后,添加其他解释变量的顺序是任意的,因此在这个过程中,新加入变量导致的拟合优度 $\bar{R}^2$、参数显著性指标 t 或 p,以及新加入变量参数的符号等的变化都应该引起我们的注意,并作为判断是否保留其的依据。

【练一练】 实验作业(含数据)(电子材料)

关于中国电信业务总量的计量经济模型。为更好地指导中国电信业务的发展,需要定量分析其发展的影响因素有哪些。经初步分析,认为影响中国电信业务总量变化的主要因素是邮政业务总量、中国人口数、市镇人口占总人口的比重、人均 GDP、全国居民人均消费水平。现以 1991—1999 年数据建立中国电信业务总量计量经济模型,数据来自中国统计年鉴,具体如表 5.7.3 所示。

表 5.7.3　中国电信业务相关数据

年份	电信业务总量 y	邮政业务总量 x_1	中国人口数 x_2	市镇人口比重 x_3	人均GDP x_4	人均消费水平 x_5
1991	1.5163	0.5275	11.5823	0.2637	1.879	0.896
1992	2.2657	0.6367	11.7171	0.2763	2.287	1.07
1993	3.8245	0.8026	11.8517	0.2814	2.939	1.331
1994	5.923	0.9589	11.985	0.2862	3.923	1.746
1995	8.7551	1.1334	12.1121	0.2904	4.854	2.236
1996	12.0875	1.3329	12.2389	0.2937	5.576	2.641
1997	12.6895	1.4434	12.3626	0.2992	6.053	2.834
1998	22.6494	1.6628	12.481	0.304	6.307	2.972
1999	31.3238	1.9844	12.5909	0.3089	6.534	3.143

资料来源:《中国统计年鉴》。

现假设模型形式为:$y = a + b_1 x_1 + b_2 x_2 + b_3 x_3 + b_4 x_4 + b_5 x_5 + u$,请:

(1)估计模型;

(2)检验模型是否存在多重共线性(多种方法);

(3)若存在,请使用逐步回归法消除。

【本章小结】

本章讲述了多重共线性的含义,多重共线性造成的后果和影响,如何检验多重共线性以及多重共线性的克服问题。本章的重点在于掌握多重共线性的检验和克服方法,如判定系数法、相关系数矩阵法、Frisch 法等。

【关键术语】

多重共线性,完全多重共线性,不完全多重共线性,相关系数矩阵法,Frisch 综合分析法。

【课后讨论】

讨论和对比我国不同省份的绿色金融发展水平,收集影响绿色金融发展水平的影响因素数据,建立多元回归模型,进行多重共线性检验,利用逐步回归等方法找到影响绿色金融发展的主要因素。

【思考与练习】

1.完全多重共线性和不完全多重共线性的区别在哪? 多重共线性产生的原因及后果分别是什么?

2.存在不完全多重共线性对回归分析结果会有怎样的影响?

3.某地区供水部门利用其所辖的 15 个县城的用水年度数据,得出如下模型:

$$water = -326.9 + 0.305house + 0.363pop - 0.005pcy - 17.87price - 1.123rain$$
$$t \quad (-1.7) \quad (0.9) \quad (1.4) \quad (-0.6) \quad (-1.2) \quad (-0.8)$$
$$\bar{R}^2 = 0.93 \quad F = 38.9$$

其中,water 为各县城用水总量(单位:百万立方米);house 为各县城住户总数(单位:千户);pcy 为人均收入(单位:元);price 为各县城用水价格(单位:元/100 立方米);rain 为每个县城降雨量(单位:毫米)。

(1)根据经济理论和直觉,请估计回归系数的符号是什么(不包括常量)? 为什么? 观察符号与你的直觉相符吗?

(2)在 10% 的显著性水平下,请进行变量的 t 检验与方程的 F 检验。结果有相互矛盾的现象吗?

(3)你认为估计是有偏的或无效的或不一致的吗? 请说明理由。

4.考察美国加州 58 个县的贫困率的决定因素,建立如下模型:

$$POVRATE = c + \beta_1 URB + \beta_2 FAMSIZE + \beta_3 UNEMP + \beta_4 HIGHSCHL + \beta_5 COLLEGE + \beta_6 MEDINC + u$$

其中,POVRATE 为贫困家庭比例;URB 为城市人口比例;FAMSIZE 为每家人数;UNEMP 为百分比失业率;HIGHSCHL 为受过中学教育的人口比例;COLLEGE 为受过高等教育的人口比例;MEDINC 为中等家庭收入,相关调查数据见附录 E。其使用相关系数矩阵检验该模型是否存在严重多重共线性现象。

5. 表1给出了消费支出(y)、周收入(x_1)、财富(x_2)的假设数据,请:

表1 消费支出、周收入、财富样本数据

y	70	65	90	95	110	115	120	140	155	150
x_1	80	100	120	140	160	180	200	220	240	260
x_2	810	1009	1273	1425	1633	1876	2252	2201	2435	2686

(1)估计模型。

(2)存在多重共线性吗?

(3)如果存在严重共线性,如何克服?

6. 经初步分析,认为影响中国电信业务总量变化的主要因素是邮政业务总量、中国人口数、市镇人口占总人口的比重、人均GDP、全国居民人均消费水平。试用1991—1999年数据建立中国电信业务总量计量经济模型。假设模型形式为:

$$\ln y = \beta_0 + \beta_1 x_1 + \beta_2 x_2 + \beta_3 x_3 + \beta_4 x_4 + \beta_5 x_5 + \mu。$$

数据见表2。

表2 中国电信业务相关数据

年份	电信业务总量 y	邮政业务总量 x_1	中国人口数 x_2	市镇人口比重 x_3	人均GDP x_4	人均消费水平 x_5
1991	1.5163	0.5275	11.5823	0.2637	1.879	0.896
1992	2.2657	0.6367	11.7171	0.2763	2.287	1.07
1993	3.8245	0.8026	11.8517	0.2814	2.939	1.331
1994	5.923	0.9589	11.985	0.2862	3.923	1.746
1995	8.7551	1.1334	12.1121	0.2904	4.854	2.236
1996	12.0875	1.3329	12.2389	0.2937	5.576	2.641
1997	12.6895	1.4434	12.3626	0.2992	6.053	2.834
1998	22.6494	1.6628	12.481	0.304	6.307	2.972
1999	31.3238	1.9844	12.5909	0.3089	6.534	3.143

7. 表3给出了2000—2012年我国个体就业人数Y,国内生产总值x_1,财政支出x_2和平均工资x_3,试建立模型研究我国个体就业人数的影响因素分析。你认为数据中存在多重共线性吗?根据检验结果,对多重共线性性质做出说明。

表3 2000—2012年相关变量数据

年份	个体就业人数 /万人	国内生产总值 /亿元	财政支出 /亿元	平均工资 /元
2000	5070	99214.55	15886.5	9333
2001	4760.3	109655.17	18902.58	10834
2002	4742.9	120332.69	22053.15	12373

续表

年份	个体就业人数/万人	国内生产总值/亿元	财政支出/亿元	平均工资/元
2003	4636.5	135822.76	24649.95	13969
2004	4587.1	159878.34	28486.89	15920
2005	4900.5	184937.37	33930.28	18200
2006	5159.7	216314.43	40422.73	20856
2007	5496.2	265810.31	49781.35	24721
2008	5776.4	314045.43	62592.66	28898
2009	6585.4	340902.81	76299.93	32244
2010	7007.6	401512.8	89874.16	36539
2011	7945.3	473104.05	109247.79	41799
2012	8628.3	519470.1	125952.97	46769

附录 A、B、C、D、E 数据（电子，扫描）

附录 5A

城市的死亡率调查相关数据

MORT	INCC	POV	EDU1	EDU2	ALCC	TOBC	HEXC	PHYS	URB	AGED
934.9	10673	0.189	0.565	0.122	1.9	114.5	1620	142	0.675	0.122
396.2	18187	0.107	0.825	0.211	3.86	128.9	1667	127	0.417	0.034
771.5	12795	0.132	0.724	0.174	3.08	107.1	1473	184	0.764	0.123
1022.8	10476	0.19	0.555	0.108	1.78	125.8	1552	136	0.397	0.149
766	16065	0.114	0.735	0.196	3.19	102.8	2069	235	0.957	0.106
625.7	14812	0.101	0.786	0.23	3.09	112.4	1664	196	0.817	0.09
888.4	18089	0.08	0.703	0.207	2.8	111	1945	275	0.926	0.133
880.2	14272	0.119	0.686	0.175	3.17	144.5	1691	185	0.659	0.114
1120.5	18168	0.186	0.671	0.275	5.34	122.1	3872	552	1	0.122
1065.6	13742	0.135	0.667	0.149	3.12	124.2	1886	191	0.908	0.177
814.3	12543	0.166	0.564	0.146	2.48	128.8	1755	159	0.648	0.1
554.2	13814	0.099	0.738	0.203	2.97	69.8	1693	212	0.763	0.097

续表

MORT	INCC	POV	EDU1	EDU2	ALCC	TOBC	HEXC	PHYS	URB	AGED
708.7	11120	0.126	0.737	0.158	2.43	100.7	1288	118	0.2	0.112
886.5	14738	0.11	0.665	0.162	2.77	121.6	1864	199	0.825	0.12
876.3	12446	0.097	0.664	0.125	2.19	135.3	1625	142	0.681	0.119
966.1	12594	0.101	0.715	0.139	2.09	109.4	1758	136	0.434	0.145
900.3	13775	0.101	0.733	0.17	1.95	115.7	1820	162	0.534	0.134
935	10824	0.176	0.531	0.111	1.85	182.4	1404	149	0.461	0.12
825.4	11274	0.186	0.577	0.139	2.63	125	1716	173	0.692	0.101
979.4	11887	0.13	0.687	0.144	2.57	127.9	1641	165	0.361	0.133
833.6	15864	0.098	0.674	0.204	2.84	121.9	1732	303	0.929	0.106
955.4	16380	0.096	0.722	0.2	3.04	117.2	2289	300	0.906	0.136
866.2	13608	0.104	0.68	0.143	2.6	126.6	1996	174	0.799	0.114
830.2	14087	0.095	0.731	0.174	2.68	113	1888	203	0.666	0.125
944.6	9187	0.239	0.548	0.123	2.06	115.3	1519	117	0.305	0.12
1000.4	13244	0.122	0.635	0.139	2.27	129.2	1858	179	0.66	0.137
815	10974	0.123	0.744	0.175	2.95	103.6	1494	136	0.242	0.121
928.5	13281	0.107	0.734	0.155	2.41	105.1	1766	156	0.476	0.136
772.3	14488	0.087	0.755	0.144	5.19	146.7	1946	155	0.826	0.103
849.1	14964	0.085	0.723	0.182	4.91	201.1	1417	179	0.563	0.116
940.7	17211	0.095	0.674	0.183	2.83	116.9	1702	219	1	0.129
672.8	10914	0.176	0.689	0.176	2.75	88	1385	161	0.489	0.098
969.9	16050	0.134	0.663	0.179	2.67	115.9	2412	287	0.912	0.128
846.3	11617	0.148	0.548	0.132	2.13	156.3	1380	168	0.554	0.115
821.6	12052	0.126	0.664	0.148	2.55	103.2	1872	157	0.384	0.13
920.6	13228	0.103	0.67	0.137	2.26	126.7	1833	182	0.789	0.123
900.8	12232	0.134	0.66	0.151	1.91	124.2	1644	138	0.588	0.124
889.7	12622	0.107	0.756	0.179	2.63	118.6	1654	189	0.677	0.134
1043.9	13437	0.105	0.647	0.136	2.25	115.8	1894	214	0.848	0.146

续表

MORT	INCC	POV	EDU1	EDU2	ALCC	TOBC	HEXC	PHYS	URB	AGED
997.6	13906	0.103	0.611	0.154	2.92	133.4	2054	223	0.926	0.146
812.6	10586	0.166	0.537	0.134	2.5	125.4	1341	146	0.605	0.105
932.6	11161	0.169	0.679	0.14	2.33	104.4	1617	130	0.291	0.139
906.8	11243	0.165	0.562	0.126	1.95	128.7	1671	176	0.671	0.123
722.2	13483	0.147	0.626	0.169	2.82	115.9	1577	160	0.813	0.095
550.1	10493	0.103	0.8	0.199	1.53	66.5	1203	171	0.774	0.08
871.4	12117	0.121	0.71	0.19	3.12	144.5	1481	232	0.232	0.119
794.1	14542	0.118	0.624	0.191	2.55	134.6	1498	194	0.722	0.105
782.8	13876	0.098	0.776	0.19	2.71	96.5	1660	196	0.816	0.117
1003.8	10193	0.15	0.56	0.104	1.68	109.1	1542	156	0.365	0.136
868.8	13154	0.087	0.696	0.148	3.19	107	1862	172	0.665	0.13
642.9	13223	0.079	0.779	0.172	2.86	125.7	1453	125	0.292	0.084

附录 5B

客运量模型数据

年份	客运量 Y /万人	人均 GDP X_1 /元	全国人口数 X_2 /万人	铁路营业里程 X_3 /万公里	公路营业里程 X_4 /万公里	内河道营业里程 X_5 /万公里	民航航线里程 X_6 /万公里
1990	772682	1644	114333	5.79	102.83	10.92	50.68
1991	806048	1892.76	115823	5.78	104.11	10.97	55.91
1992	860855	2311.09	117171	5.81	105.67	10.97	83.66
1993	996634	2998.36	118517	5.86	108.35	11.02	96.08
1994	1092882	4044	119850	5.9	111.78	11.02	104.56
1995	1172596	5045.73	121121	6.24	115.7	11.06	112.9
1996	1245357	5845.89	122389	6.49	118.58	11.08	116.65
1997	1326094	6420.18	123626	6.6	122.64	10.98	142.5
1998	1378717	6796.03	124761	6.64	127.85	11.03	150.58

续表

年份	客运量 Y /万人	人均 GDP X_1/元	全国人口数 X_2/万人	铁路营业里程 X_3 /万公里	公路营业里程 X_4 /万公里	内河道营业里程 X_5 /万公里	民航航线里程 X_6 /万公里
1999	1394413	7158.5	125786	6.74	135.17	11.65	152.22
2000	1478573	7857.68	126743	6.87	167.98	11.93	150.29
2001	1534122	8621.71	127627	7.01	169.8	12.15	155.36
2002	1608150	9398.05	128453	7.19	176.52	12.16	163.77
2003	1587497	10541.97	129227	7.3	180.98	12.4	174.95
2004	1767453	12335.58	129988	7.44	187.07	12.33	204.94
2005	1847018	14185.36	130756	7.54	334.52	12.33	199.85
2006	2024158	16499.7	131448	7.71	345.7	12.34	211.35
2007	2227761	20169.46	132129	7.8	358.37	12.35	234.3
2008	2867892	23707.71	132802	7.97	373.02	12.28	246.18
2009	2976898	25607.53	133450	8.55	386.08	12.37	234.51
2010	3269508	30015.05	134091	9.12	400.82	12.42	276.51
2011	3526319	35197.79	134735	9.32	410.64	12.46	349.06
2012	3804035	38420.38	135404	9.76	423.75	12.5	328.01

附录 5C

能源消费数据

年份	能源消费总量 /万吨标准煤	GDP /亿元	人口数 /万人	收入 /元	第二产业增加值/亿元
1990	98703	18667.8	114333	1098.25	7717.40
1991	103783	21781.5	115823	1204.6	9102.20
1992	109170	26923.5	117171	1405.3	11699.50
1993	115993	35333.9	118517	1749.5	16454.43
1994	122737	48197.9	119850	2358.6	22445.40
1995	131176	60793.7	121121	2930.35	28679.46
1996	135192	71176.6	122389	3382.5	33834.96

续表

年份	能源消费总量 /万吨标准煤	GDP /亿元	人口数 /万人	收入 /元	第二产业 增加值/亿元
1997	135909	78973	123626	3625.2	37543.00
1998	136184	84402.3	124761	3793.55	39004.19
1999	140569	89677.1	125786	4032.15	41033.58
2000	145531	99214.6	126743	4266.7	45555.88
2001	150406	109655.2	127627	4613	49512.29
2002	159431	120332.7	128453	5089.2	53896.77
2003	183792	135822.8	129227	5547.2	62436.31
2004	213456	159878.3	129988	6179	73904.31
2005	235997	184937.4	130756	6873.95	87598.09
2006	258676	216314.4	131448	7673.25	103719.54
2007	280508	265810.3	132129	8963.1	125831.36
2008	291448	314045.4	132802	10270.7	149003.44
2009	306647	340902.8	133450	11163.95	157638.78
2010	324939	401512.8	134091	12514.2	187383.21
2011	348002	473104.1	134735	14393.55	220412.81
2012	361732	519470.1	135404	16240.65	235161.99
2013	375000	568845.2	136072	17925.5	249684.42

附录 5D

城市公交需求数据

BUSTRAVL	FARE	GASPRICE	INCOME	POP	DENSITY	LANDAREA
2073	0.85	0.88	17293	537.1	4099	131
2136.1	0.75	1.03	17768	787	9798	80.3
1878.8	0.6	0.91	17823	587.1	12438	47.2
937.5	1	0.91	15163	338	8070	41.8
7343.3	0.5	0.97	17480	3090	13547	228.1

续表

BUSTRAVL	FARE	GASPRICE	INCOME	POP	DENSITY	LANDAREA
837.9	0.85	0.88	15329	399	5110	78.1
1648	1	0.91	16141	561.8	7110	79
739.1	0.75	0.89	15326	585.1	3234	180.9
1070.7	1.5	0.89	17115	1142.4	3431	333
274.6	1.5	0.89	17117	486.5	2027	240.2
312.9	0.75	0.87	16127	198.7	4113	48.4
1879.1	1	0.94	17242	549.8	4975	110.6
1941	0.6	0.99	17340	1253	8913	135.6
2317.6	1.5	0.87	15108	1603	2885	556.4
471.4	1.05	0.93	15809	741.2	2105	352
594.3	0.7	0.79	16321	490.4	1551	316.3
7632.9	0.6	0.93	18027	3478.9	7486	464.7
510.1	0.6	0.93	18023	423.3	8508	49.8
630.6	0.6	0.93	12349	304	4997	60
1650.9	1	1.03	17886	377.2	10994	34.3
1618.3	0.5	0.86	16537	664	6702	95.8
2009.8	1.15	0.96	13019	368	6714	55.1
1562.4	1.15	0.96	13019	265	5144	52.4
1139.4	0.6	0.88	13130	572	2832	199.4
13103	1	1	20513	7323.3	24288	301.5
3739.6	1.35	0.92	17409	1760.2	12944	136
525.7	0.75	0.91	15944	991.6	3059	324
2385.8	1	0.89	15207	396.6	8147	55.4
1698.5	1.15	0.93	15409	387	3751	103.3
544	1	0.87	17743	167	8309	18.9
1769.1	0.85	0.81	16309	495.9	8077	61.4
1065	0.5	0.85	15092	794	2318	262.7

BUSTRAVL	FARE	GASPRICE	INCOME	POP	DENSITY	LANDAREA
803.1	1.25	0.98	18014	1027.2	3208	320
1616.7	0.75	0.9	21886	753.6	16240	46.4
146.5	0.75	0.9	20744	376	6988	53.9
18.1	0.75	0.9	21313	698.1	4422	158
2056.1	1	0.88	17539	548.3	3790	144.6
470.1	0.75	0.92	17633	295.7	3497	84.4
242.5	0.75	0.92	17643	259.8	4675	55.5
3933.5	0.6	0.96	15522	693.6	11068	62.7

附录 5E

城市贫困率

povrate	urb	famsize	unemp	highschl	college	medinc
8.1	18.3	2.59	5.3	52.6	28.8	45.037
16.7	4.2	2.47	8.2	63.6	24	29.276
6.3	65	2.41	7.2	68.5	14	35.062
12.2	31	2.48	9.4	58.1	19.5	28.314
7.5	70.8	2.5	10.5	67.2	14.4	32.211
10.4	31.6	2.84	15.7	51.8	11.1	28.23
5.5	28.1	2.64	5.6	54.9	31.6	51.651
12.7	58.5	2.63	12.5	60.9	10	26.992
5.8	61	2.66	6.1	65.1	20.8	39.823
16.8	37.1	2.96	12.6	49.3	16.9	29.97
14.1	19.5	2.77	15.5	57.5	9.4	27.216
12.8	12.4	2.49	8.8	60.5	20	30.357
20.8	40	3.26	21.3	43.5	9.7	25.147
9.2	2.7	2.35	8.8	68.2	13.5	30.46
13.7	45.8	2.92	11.8	54.3	13.3	31.714

续表

povrate	urb	famsize	unemp	highschl	college	medinc
15	45.6	3.08	12.8	56.6	9	27.614
12.3	47.9	2.38	11.1	60.2	10.7	26.563
10.4	29.7	2.66	10	61.1	11.7	31.803
11.6	21.1	2.91	8	46.7	23.3	39.035
13.1	56.9	3.05	14	51.7	11.7	30.035
3	5	2.33	4	47.9	44	59.147
10.7	38.1	2.42	6.3	61	16.8	29.468
11	22.4	2.57	10.9	60.9	17.8	31.276
15.4	40.5	3.17	14.6	51.1	12	28.269
11.6	14	2.49	12.4	61	11.2	27.407
6.7	16.1	2.48	12.5	65.9	21.9	35.932
8.5	26.8	2.96	10.9	51.4	21.5	36.223
4.6	14.1	2.54	5.9	58.4	22.3	42.789
5.8	61.1	2.51	7	64.2	22.1	36.942
5.2	28.6	2.87	4.8	53.4	27.8	51.167
5.3	59.6	2.66	6.8	62.4	22.7	42.805
9.8	19.4	2.41	12	67.6	15.1	29.967
8.4	94.3	2.85	10.7	59.5	14.6	37.694
9.8	39.6	2.58	6.3	59.2	23	37.841
7.3	53.5	3.15	17.2	54	14.4	39.637
10.3	71.4	2.97	8	60.5	14.9	36.977
8.1	39.7	2.69	6.1	56.6	25.3	39.798
9.7	7.4	2.29	5.6	43	35	40.561
12	45.1	2.94	12	55.4	13.2	34.701
6.8	41.9	2.53	5.8	60.4	22.9	37.086
4.3	13	2.64	4.2	52.8	31.3	53.43
7.4	25.7	2.73	6	53.4	26.6	41.289

续表

povrate	urb	famsize	unemp	highschl	college	medinc
5	18	2.81	5.5	49.4	32.6	53.67
6.2	22.8	2.66	8	52.2	29.7	43.13
11	36.3	2.58	10.3	64.7	13.7	30.332
5.7	6.2	2.45	10.5	59.6	15.9	29.911
11.6	11.5	2.48	12.5	63.2	14.2	26.073
6	53.9	2.88	7	64	18.7	42.392
5.2	33.8	2.55	5.7	59.9	24.5	41.961
11.4	48.6	2.91	14.3	55.4	13	32.923
12.2	33	2.75	17.6	56.9	15.4	31.842
12.6	33.5	2.6	12.4	62	10.2	25.946
15.1	11.7	2.49	14.5	61.3	12.9	25.009
18	34.7	3.12	17.1	48.4	11.8	26.697
6.9	49.6	2.46	8.3	65.3	14.7	31.464
5	29.7	3.02	7	56.4	23	50.091
9.8	27.7	2.63	7.2	48.8	30.3	36.866
16	22.4	2.85	14.1	59	9.5	24.364

即测即评

第6章

异方差性

⯈知识与技能：了解异方差的含义、形成原因和造成的后果；掌握异方差的检验方法；学会如何消除异方差；能熟练运用 EViews 软件对模型的异方差进行检验和消除。

坚持以人民利益为中心，改善民生，是党的二十大精神的重要内容。居民家庭支出是反映民生改善的重要指标。考察居民家庭支出的影响因素，对贯彻落实二十大精神具有重要的现实意义。我国幅员辽阔，不同地区间的居民家庭支出存在很大差异，即使是同样的因素，对居民家庭支出的影响也会存在不同效应，因此难以符合经典假设关于随机项同方差的要求。面对此，该如何修正和完善模型，得出令人信服的实证分析结果？本章将围绕此问题展开讨论。

6.1 异方差性的概念及类型

对多元线性回归模型：$y_i = \beta_0 + \beta_1 x_{1i} + \beta_2 x_{2i} + \cdots + \beta_k x_{ki} + \mu_i$，$i = 1, 2, \cdots, n$，经典线性回归模型的基本假设之一是：$Var(\mu_i) = \sigma^2 (i = 1, 2, 3, \cdots)$，其中 σ^2 代表一个常数，这意味着不论何次样本观察值，其随机误差项都具有相同的方差。如果上述假设不成立，则称模型存在异方差性，用公式表示就是：

$$Var(\mu_i) = \sigma_i^2 \neq \text{常数}(i = 1, 2, 3, \cdots)$$

下面通过例子来说明异方差的存在。

【例 6.1.1】 建立一元线性回归模型，其中解释变量 x 代表家庭年可支配收入，被解释变量 y 代表家庭年消费总额，抽取 1000 个家庭作为样本。

不难想象，对低收入家庭来说，收入的绝大部分都用在生活必需品的消费上了，用于其他支配的余地不大，因此，年消费总额 y_i 的波动较小，即 σ_i^2 较小。而高收入家庭的消费波动较大，既有可能把大部分收入都用于消费，也有可能将大部分收入用于储蓄和投资。这意味着高收入家庭的 Y 围绕均值波动的程度很大，即 σ_i^2 较大。这样就存在着不同的方差，即异方差性。因此，随机误差项的方差随解释变量（收入）的增加而递增。异方差性的几何直观显示如图 6.1.1 所示。

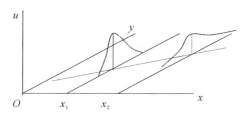

图 6.1.1 异方差在散点图上的反映

一般来说,异方差性主要有以下三种表现形式:

(1)单调递增型:方差 σ_i^2 随解释变量 x_i 的增大而增大,即在 x_i 与 ε_i 的散点图中,表现为随着 x_i 值的增大,ε_i 值的波动越来越大。例如,以截面数据研究居民家庭储蓄行为,建立储蓄模型:$y_i = \beta_0 + \beta_1 x_i + \mu_i$,其中 y_i、x_i 分别表示第 i 个家庭的储蓄额与可支配收入。在其他条件不变的情况下,可支配收入的增加往往可以使人们对储蓄行为有更多选择,也即 μ_i 的方差往往会伴随 x_i 的增加而增加,呈现单调递增型变化。

(2)单调递减型:方差 σ_i^2 随解释变量 x_i 的增大而减小,即在 x_i 与 ε_i 散点图中,表现为随着 x_i 值的增大,ε_i 值的波动越来越小。

(3)复杂型:方差 σ_i^2 与解释变量 x_i 的变化呈复杂形式,即在 x_i 与 ε_i 的散点图中,表现为随着 x_i 值的增大,ε_i 值的波动复杂多变,没有系统关系。

我们可借助于观察值的散点图来表示。以一元线性回归为例,图 6.1.2 给出了四种反映异方差变化的散点图。图(a)显示没有异方差,图(b)、(c)、(d)分别表示有异方差的三种情况。

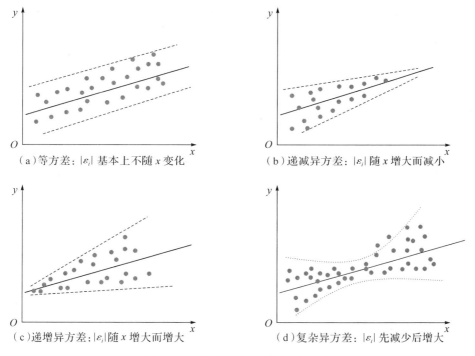

图 6.1.2 异方差在散点图上的反映

6.2　异方差性产生的原因与后果

6.2.1　异方差产生原因

回归模型中随机误差项存在异方差性的原因很多,但常见的主要有以下几种。

1. 使用截面数据作为样本

由于在不同样本点上解释变量以外的其他因素的差异较大,所以往往存在异方差性。如以某一时间截面上不同企业的数据为样本,研究企业的投入产出效率,即建立生产函数:$y_i = f(K_i, L_i) + \mu_i$,$\mu_i$ 包含了资本 K 与劳动 L 以外其他的因素,如企业规模等对产出 y 的影响,显然对不同的企业,这些因素对产出的影响不同。对规模小的企业,在一定的劳动投入和资金投入下,产出的波动幅度小,随机项的方差小;对规模大的企业,在一定的劳动投入和资金投入下,产出的波动幅度大,随机误差项的方差随企业规模增大而递增。因此,对于不同的 i,$\mathrm{var}(\mu_i)$ 不相同。

2. 利用平均数作为样本数据

例如,我们不是使用单个企业数据,而是使用行业平均值建立模型。在这种情况下,模型可能为:$\bar{y}_i = \alpha + \beta \bar{x}_i + \bar{\mu}_i$,其中误差项的方差为:$\mathrm{var}(\bar{\mu}_i) = \dfrac{\sigma^2}{n_i}$,$n_i$ 为第 i 个行业中企业的数量。由于不同行业中该数量不相同,所以误差项的方差也就不同,由此产生了异方差问题。这样的情形我们会经常碰到。

3. 模型函数形式设置不正确

比如模型中缺少某些解释变量,从而使得随机误差项产生某种系统模式,而不是一个常数。

尽管现实中引起异方差的原因有很多,但一般情况下,用截面数据做样本时出现异方差的可能性最大。另外我们也看到,当存在异方差现象时,模型随机误差的方差往往与模型中的主要自变量存在某种联系。

6.2.2　异方差性的后果

在出现异方差性的情况下,如果仍然用普通最小二乘法(OLS)来估计模型参数,会产生以下结果。

1. 参数估计量非有效

异方差性不会改变 OLS 估计量的线性性与无偏性,但不再具有有效性(最小方差性),也即不再是 BLUE 估计。

2.t 检验与 F 检验失效

当存在异方差性且被忽略时,参数估计量的估计方差有偏(偏大或偏小),t 检验与 F 检验失去意义,所以参数的显著性检验失效。

3.模型的预测失效

由于异方性会使得 OLS 估计的方差增大,估计量无效,所以预测失效。

由于存在上述(1)、(2)、(3)所述的不利影响,所以当存在异方差性现象时,普通最小二乘法(OLS)已不再适用于模型的参数估计[①]。

6.3　异方差性的检验

如何才能知道回归模型存在着异方差?本节中将介绍几种最常用的检验方法。这些方法虽然各异,但检验的思路基本相同,大体上都是设法检验 μ_i 的方差与解释变量 x 之间的相关性,具体通过 μ_i 的估计量 ε_i 来实现这一检验。

6.3.1　图示法

假设一个回归模型,采集的样本为 $(y_i, x_{1i}, x_{2i}, \cdots, x_{ki})(i=1,2,\cdots,n)$,每组样本的随机误差项的方差 $\text{var}(\mu_i)$ 不同。我们知道,当模型出现异方差现象时,意味着该模型的随机误差的方差与模型中的主要解释变量之间存在某种联系。基于此,我们不妨假设该模型的随机误差项的方差 σ_i^2 与样本的第 j 个解释变量之间存在着因果关系,记为 $\sigma_i^2 = f(x_{ji})$。

在模型估计中,真实的 σ_i^2 无法获得,但由于即使在异方差存在时,残差 ε_i 也是总体随机误差 μ_i 的无偏估计,所以可使用残差平方即 ε_i^2 来代替 σ_i^2。这样就可以通过对它们和可能造成异方差的变量作图以观察是否存在异方差性现象了。

一般为了考察是否存在异方差性,有两种作图方式可供选择:

(1)$\varepsilon^2 - x$ 散点图法。以 ε^2 为纵轴,解释变量 x 为横轴作散点图。

当存在多个解释变量时,可用(1)的方法对各个解释变量分别作图进行考察,也可以用下述方法。

(2)以 ε^2 为纵轴,以通过 OLS 法拟合的 $\hat{y}$ 为横轴,作散点图。

如果散点图呈现出某种有规律的分布,说明模型可能存在异方差。

如图 6.3.1 中,除了图(a)以外,图(b)至图(f)中的 ε^2 都随着 $\hat{y}$ 或 x 的变化而产生系统性变化,说明图(b)至图(f)所反映的样本存在异方差。

---

① 相关证明略。有兴趣的读者可参考:古扎拉蒂.计量经济学[M].北京:中国人民大学出版社,2000

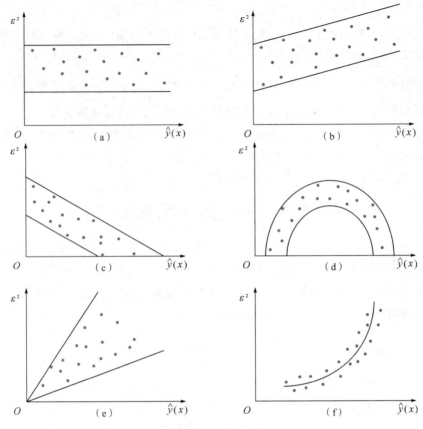

图 6.3.1　散点图

【例 6.3.1】　图示法检验有无异方差性。

假定关于家庭年收入 x 与生活支出 y 的横截面数据列于表 6.3.1，现利用线性模型 $y_i = \alpha + \beta x_i + \mu_i$，研究不同收入水平家庭的消费情况。试问原数据有无异方差性？

表 6.3.1　家庭年收入和生活支出的数据

x_i	y_i	x_i	y_i	x_i	y_i
7.2	6.0	13.2	10.5	24.0	22.0
8.4	6.2	14.4	11.2	26.4	21.0
9.6	7.0	15.6	12.0	30.0	23
10.8	9.0	18.0	14.0	32.4	30
12	10.0	21.6	20.0	36.0	34

利用 EViews 软件，做 $\varepsilon_i^2 - x$ 散点图，结果如图 6.3.2 所示。根据散点图，初步可判断模型有可能存在递增型的异方差性。

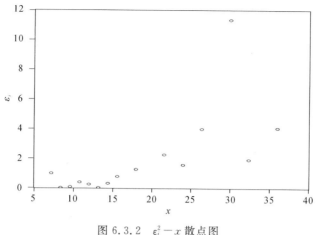

图 6.3.2 $\varepsilon_i^2 - x$ 散点图

需要说明的是,从散点图只能获得是否存在异方差的初步印象,进一步的证明有赖于公式检验法。以下介绍几种常用的公式检验法。

6.3.2 帕克检验

帕克检验的基本想法就是提出形如 $\sigma_i^2 = \sigma^2 x_i^\beta e^{v_i}$ 的具体函数形式,然后通过检验这种模型是否显著,来判定是否具有异方差性及其异方差性的函数结构。具体步骤如下:

(1)估计 y 对所有解释变量的回归方程,求出残差 $\varepsilon_i (i = 1, 2, \cdots, n)$。

(2)假设异方差的函数形式为:

$$\sigma_i^2 = \sigma^2 x_i^\beta e^{v_i} \tag{6.3.1}$$

其中,σ^2 与 β 是两个未知参数;v_i 为随机变量。实际处理中可将式(6.3.1)转化为对数形式:

$$\ln\sigma_i^2 = \ln\sigma^2 + \beta\ln x_i + v_i \tag{6.3.2}$$

(3)估计方差结构回归模型:

由于 σ_i^2 未知,帕克建议用残差平方 ε_i^2 来替代,则式(6.3.2)改写成:

$$\ln\varepsilon_i^2 = \ln\sigma^2 + \beta\ln x_i + v_i, \tag{6.3.3}$$

令 $Z_i = \ln\varepsilon_i^2$,$\alpha = \ln\sigma^2$,$x'_i = \ln x_i$,得:

$$Z_i = \alpha + \beta x'_i + v_i \tag{6.3.4}$$

用 OLS 法估计式(6.3.4),可得 α 与 β 的估计值。

(4)对 β 进行 t 检验。如果 β 在统计意义上显著,说明异方差性存在,且异方差性的形式是 $\hat{\sigma}_i^2 = e^{\hat{\alpha}} x_i^{\hat{\beta}}$。若 β 不显著,则不能说明异方差性不存在。

【例 6.3.2】 采用帕克检验法对例 6.3.1 的模型检验是否存在异方差。

解:(1)首先应用 OLS 法建立 y 与自变量 x 的回归方程。

$$\hat{y}_i = -1.73501 + 0.93678 x_i$$

然后求出对应的残差平方 ε_i^2。

(2)利用 ε_i^2 及 x_i 数据建立方差结构回归模型。

设异方差结构函数形式为:$\sigma_i^2 = \sigma^2 x_i^\beta e^{v_i}$,取对数,并用残差 ε_i^2 替代式(6.3.3)的 σ_i^2,得

$$\ln\varepsilon_i^2 = \ln\sigma^2 + \beta\ln x_i + v_i \tag{6.3.5}$$

对式(6.3.5)进行估计。利用 EViews 进行计算,结果如图 6.3.3 所示。

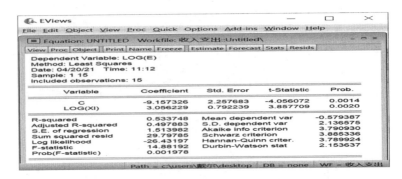

图 6.3.3　EViews 输出结果

得到：$\ln \hat{\varepsilon}_i^2 = -9.1573 + 3.0562\ln x_i$

$\quad t \qquad (-4.056)\quad (3.8577)$

$\quad p \qquad (0.00136)\quad (0.00198)$

$\quad R^2 = 0.5337, F = 14.8819$

在 $\alpha = 0.01$ 的显著性水平下，参数 β 的 $t = 3.8577$，相应的 p 值为 $0.00198 < 0.01$，所以该系数是显著的，说明原数据具有异方差性。

（3）确定异方差结构。

由于 $\ln \hat{\sigma}^2 = -9.1573$，所以 $\hat{\sigma}^2 = 0.000105$，异方差结构为：

$$\hat{\sigma}_i^2 = 0.000105 x_i^{3.0562}$$

帕克检验的优点在于不但能检验模型有无异方差，而且在确定有异方差时，还能够给出异方差的函数结构。

6.3.3　戈德费尔得—匡特检验（Goldfeld-Quandt）

戈德费尔得—匡特检验的思路是：如果随机误差项的方差 σ_i^2 在不同的样本观察值之间是均衡的（即同方差），则对于样本的不同部分，σ_i^2 之间应相差不大；否则就可认为存在异方差性。具体做法就是将样本分成三部分，中间的舍弃不用，对两头的两个子样本分别作回归，然后利用两个子样的残差的方差之比构造检验统计量 F，对随机误差方差的均衡性进行检验，以判断是否存在异方差性。

该方法仅适用于大样本情形，并满足以下三个前提条件：

（1）样本容量较大。一般要求 $n \geqslant 30$，且至少是参数的 2 倍。

（2）异方差属于递增或递减的情况。

（3）随机项没有自相关且服从正态分布。

具体步骤：

（1）建立统计假设。原假设 $H_0: \mu_i$ 是同方差；备择假设 $H_1: \mu_i$ 具有异方差（$i = 1, 2, \cdots, n$）。

（2）分割样本观察值，将其变为两个子样本。确认与误差方差相关的变量，比如解释变量 x_i，然后按 x_i 的大小顺序，将观测值重新排列（如果是多个解释变量，则选择其中一个进行）。然后将居中的 c 个观测值去掉（c 一般为样本容量的 $1/6 \sim 1/3$），剩下 $(n-c)$ 个观察值分为数目相等的两组，其中观察值较小的为一组子样本，观察值较大的为另一组子样本，每一子样本的容量均为 $\dfrac{(n-c)}{2}$。

（3）分别建立子样本回归方程，求其残差平方和。将上述两组子样本分别用 OLS 法建立回归方程，然后分别求残差平方和，记观察值较小的子样本的残差平方和为 RSS_1，观察值较大的子样本的残差平方和为 RSS_2。

（4）构造统计量。用所得出的两个子样本的残差平方和构造统计量 F，即：

$$F=\frac{\text{RSS}_2/\left(\frac{n-c}{2}-k-1\right)}{\text{RSS}_1/\left(\frac{n-c}{2}-k-1\right)}=\frac{\text{RSS}_2}{\text{RSS}_1}$$

可以证明在 H_0 为真的假设下：$F\sim F\left(\frac{n-c}{2}-k-1,\frac{n-c}{2}-k-1\right)$。

（5）检验。给定显著性水平 α，若 $F>F_\alpha$ 或 F 对应的 p 值 $<\alpha$，则认为存在异方差性；否则，可认为没有发现异方差性。

【例 6.3.3】　考察从事农业经营收入（X_1）和其他收入（X_2）对中国农村居民消费支出（Y）的影响，建立双对数模型。数据采自 2001 年中国 31 个省（区、市）。

表 6.3.2　农村居民消费支出及其影响因素表　　　　　单位：元

Y	X_1	X_2	Y	X_1	X_2
3552.1	579.1	4446.4	2703.36	1242.9	2526.9
2050.9	1314.6	2633.1	1550.62	1068.8	875.6
1429.8	928.8	1674.8	1357.43	1386.7	839.8
1221.6	609.8	1346.2	1475.16	883.2	1088.0
1554.6	1492.8	480.5	1497.52	919.3	1067.7
1786.3	1254.3	1303.6	1098.39	764.0	647.8
1661.7	1634.6	547.6	1336.25	889.4	644.3
1604.5	1684.1	596.2	1123.71	589.6	814.4
4753.2	652.5	5218.4	1331.03	614.8	876.0
2374.7	1177.6	2607.2	1127.37	621.6	887.0
3479.2	985.8	3596.6	1330.45	803.8	753.5
1412.4	1013.1	1006.9	1388.79	859.6	963.4
2503.1	1053.0	2327.7	1350.23	1300.1	410.3
1720	1027.8	1203.8	2703.36	1242.9	2526.9
1905	1293.0	1511.6	1550.62	1068.8	875.6
1375.6	1083.8	1014.1			

解：（1）首先用 OLS 法建立双对数模型，得：

$$\ln\hat{Y}=1.6025+0.3257\ln X_1+0.5071\ln X_2$$

t　　（1.8613）　（3.316）　　（10.4338）

$R^2=0.7965$　$\overline{R}^2=0.7820$　$F=54.79$

由于是截面数据，所以需进行异方差检验。

(2)使用戈德费尔得—匡特方法进行检验。

第一步:建立假设。$H_0 : \mu_i$ 同方差;$H_1 : \mu_i$ 具有异方差$(i=1,2,\cdots,n)$

第二步:将原始数据按 X_2 升序排列,$c=7$,故去掉中间 7 组数据,得两个容量各为 12 的子样本。

第三步:建立子样本回归方程求残差平方和 RSS_1 和 RSS_2。

子样本 1:$\ln\hat{Y}=3.7446+0.3443\ln X_1+0.1689\ln X_2$ $RSS_1=0.065$

子样本 2:$\ln\hat{Y}=-0.3534+0.2109\ln X_1+0.8586\ln X_2$ $RSS_2=0.2038$

第四步:构造 F 统计量:

$$F=\frac{RSS_2}{RSS_1}=\frac{0.2038}{0.065}=3.13$$

第五步:检验。取 $\alpha=0.05$,查表得 $F_{0.05}((9,9))=3.18$,因为 $F=3.13<3.18$,所以接受同方差假设 H_0,认为随机误差项不存在递增型异方差性。

6.3.4 格莱泽(Glejser)检验

格莱泽检验法思路:通过寻找 ε_i 与 x_i 之间显著成立的关系进行判断。一般在用 OLS 法求出回归模型后,获得残差 ε_i,并用残差绝对值 $|\varepsilon_i|$ 同时对解释变量 x_i 做多种形式的回归模型,将其中显著成立的函数关系作为异方差结构的函数形式。假设回归模型为:

$$y_i=\beta_0+\beta_1 x_{1i}+\beta_2 x_{2i}+\cdots+\beta_k x_{ki}+\mu_i \tag{6.3.5}$$

检验的基本步骤:

(1)估计模型(6.3.5),计算残差 $\varepsilon_i (i=1,2,\cdots,n)$。

(2)如果认为解释变量 x_j 与随机误差项 μ_i 的方差有关,则将 $|\varepsilon_i|$ 作为被解释变量,x_j 作为解释变量,建立回归模型:

$$|\varepsilon_i|=f(x_{ji})+\nu_i \tag{6.3.6}$$

常用的回归方程的函数形式为:

$$|\varepsilon_i|=\beta_0+\beta_1 x_{ji}+\nu_i \qquad |\varepsilon_i|=\beta_0+\beta_1 \frac{1}{x_{ji}}+\nu_i$$

$$|\varepsilon_i|=\beta_0+\beta_1 \sqrt{x_{ji}}+\nu_i \qquad |\varepsilon_i|=\beta_0+\beta_1 x_{ji}^2+\nu_i$$

$$|\varepsilon_i|=\beta_0+\beta_1 \frac{1}{\sqrt{x_{ji}}}+\nu_i \qquad \cdots\cdots$$

(3)对上述模型进行估计,得到各个经验回归方程,选择其中拟合度最大的作为最佳拟合回归估计方程。

(4)对最佳拟合回归方程中的参数 β_1 进行显著性 t 检验。若 β_1 显著地不为零,则可认为存在异方差性。若 β_1 显著为零,此时不能轻易断定不存在异方差性,还应考虑其他另外一些函数形式进行判断。

6.3.5 怀特(White)检验

怀特检验方法在大样本下适合于任何形式的异方差。基本思路与步骤以二元线性回归模型为例说明。假设二元回归模型为:

$$y_i=\beta_0+\beta_1 x_{1i}+\beta_2 x_{2i}+\mu_i \tag{6.3.7}$$

(1)估计模型(6.3.7),求得残差 ε_i。

(2)建立如下辅助回归方程：

$$\varepsilon_i^2 = \alpha_0 + \alpha_1 x_{1i} + \alpha_2 x_{2i} + \alpha_3 x_{1i}^2 + \alpha_4 x_{2i}^2 + \alpha_5 x_{1i} x_{2i} + v_i \tag{6.3.8}$$

或 $$\varepsilon_i^2 = \alpha_0 + \alpha_1 x_{1i} + \alpha_2 x_{2i} + \alpha_3 x_{1i}^2 + \alpha_4 x_{2i}^2 + v_i \tag{6.3.9}$$

令 $LM = nR^2$，可以证明，在同方差假设下，LM 近似服从 $\chi^2(q)$ 分布。

这里，R^2 为式(6.3.8)或式 6.3.9)中未矫正的拟合优度；q 为式(6.3.8)或式(6.3.9)的解释变量个数；n 为原模型的样本容量。

(3)给定 α，若 $LM = nR^2 > \chi_\alpha^2(q)$，则拒绝同方差性假设；否则认为模型没有发现异方差性。

在上述检验方法中，进行第二步时要非常小心，尤其是一些解释变量为虚拟变量时。因为 x 为虚拟变量，$x^2 = x$，所以它不应该单独放入，也不能进行辅助回归。另外，当解释变量个数较多时，第二步将涉及大量变量，由此可能会导致辅助回归方程中解释变量个数超过观察值的个数，从而使估计无法进行。一般当解释变量个数较多而产生上述问题时，一个简单的辅助方程的备选方法是让 ε_i^2 对常量 c、$\hat{y}_i$、$\hat{y}_i^2$ 进行回归，其中 $\hat{y}_i$ 为使用 OLS 估计所得 y 的拟合值。

【例 6.3.5】 继续前例 6.3.3，用 White 方法检验。

解：(1)用 OLS 对原模型进行估计，求残差。

原模型估计方程为：$\ln \hat{y}_i = 1.6025 + 0.3254 x_{i1} + 0.5071 x_{i2}$

得到残差序列：$\hat{\varepsilon}_i = \ln \hat{y}_i - \ln y_i$

(2)构建选择辅助方程，计算 LM。

$$\varepsilon_i^2 = \alpha_0 + \alpha_1 x_{1i} + \alpha_2 x_{2i} + \alpha_3 x_{1i}^2 + \alpha_4 x_{2i}^2 + \alpha_5 x_{1i} x_{2i} + v_i$$

利用 EViews 计算，辅助方程的估计为：

$$\varepsilon_i^2 = -1.1029 + 0.2530 x_{1i} + 0.0640 x_{2i} + 0.0093 x_{1i}^2 + 0.02296 x_{2i}^2 - 0.05485 x_{1i} x_{2i}$$

$R^2 = 0.4732$，则 $LM = nR^2 = 31 \times 0.4732 = 14.6692$。

(3))给定 $\alpha = 0.05$，$\chi_{0.05}^2((5)) = 11.07$。

因为：$LM = nR^2 = 14.6692 > \chi_{0.05}^2((5)) = 11.07$，则拒绝同方差性假设，认为模型存在异方差性。

在实际操作中，检验常常借助于 EViews 软件一步完成。如上题，根据 EViews 可直接得表 6.3.3。

表 6.3.3 Heteroskedasticity Test：White

F-statistic	4.491843	Prob. F(5,25)	0.0047
Obs * R-squared	14.67019	Prob. Chi-Square(5)	0.0119
Scaled explained SS	12.72951	Prob. Chi-Square(5)	0.0260

根据表 6.3.3，$LM = nR^2 = 14.67$，F-statistic = 4.49，ProbF = 0.0119 < α = 0.05，所以在 0.05 的显著性水平下拒绝同方差假设，可认为原模型存在异方差性。

同样也可选择辅助方程(6.3.8)(不含交叉项)检验，检验过程如上。

6.3.6　布罗施—帕甘(B-P)检验

B-P 检验是一种较为现代的、最为常用的异方差解决方法,它具备将所有检验都放在同一框架之中的好处。其基本思路是:

对线性模型　　$y_i = \alpha_0 + \alpha_1 x_{1i} + \alpha_2 x_{2i} + \cdots + \alpha_k x_{ki} + \mu_i$ 　　　　　(6.3.10)

异方差性的存在意味着 μ_i^2 是部分或全部解释变量的某种函数。一个简单的方法就是假定该函数为所有解释变量的线性函数:

$$\mu_i^2 = \delta_0 + \delta_1 x_{1i} + \delta_2 x_{2i} + \cdots + \delta_k x_{ki} + \mu_i$$ 　　　　　(6.3.11),

则检验同方差性就是检验如下联合假设:

$$H_0 : \delta_1 = \delta_2 = \cdots = \delta_k = 0$$ 　　　　　(6.3.12)

由于观测不到真实的 μ_i^2,可用它的最小二乘估计 ε_i^2 近似替代,则对原模型(6.3.10)随机误差项同方差的检验,就是针对辅助方程:

$$\varepsilon_i^2 = \delta_0 + \delta_1 x_{1i} + \delta_2 x_{2i} + \cdots + \delta_k x_{ki} + \mu_i$$ 　　　　　(6.3.13)

检验联合假设(6.3.12)是否成立,可通过选择拉格朗日乘数 LM 检验。其中,$LM = n * R^2$。可以证明,在大样本下 LM 渐进服从卡方分布,即:$LM \sim \chi^2((K))$。

如果计算的 LM 值大于给定显著性水平下的临近值,则拒绝 H_0,表明存在异方差性。

6.4　异方差的消除

6.4.1　模型变换法

设原模型:

$$Y_i = \beta_0 + \beta_1 X_{1i} + \beta_2 X_{2i} + \cdots + \beta_k X_{ki} + \mu_i$$ 　　　　　(6.4.1)

其中,μ_i 具有异方差,且假定:

$$\mathrm{Var}(\mu_i) = \sigma_i^2 = \sigma^2 f(X_{ji}),\sigma \text{ 为常数。}$$ 　　　　　(6.4.2)

对式(6.4.1)两边同除以 $\sqrt{f(X_{ji})}$,得

$$\frac{Y_i}{\sqrt{f(X_{ji})}} = \beta_0 \frac{1}{\sqrt{f(X_{ji})}} + \beta_1 \frac{X_{1i}}{\sqrt{f(X_{ji})}} + \cdots + \beta_K \frac{X_{ki}}{\sqrt{f(X_{ji})}} + \frac{\mu_i}{\sqrt{f(X_{ji})}}$$ 　　(6.4.3)

令
$$
\begin{cases}
Y_i^* = \dfrac{Y_i}{\sqrt{f(X_{ji})}} \\[2mm]
X_{1i}^* = \dfrac{1}{\sqrt{f(X_{ji})}} \\[2mm]
X_{2i}^* = \dfrac{X_{1i}}{\sqrt{f(X_{ji})}} \\[2mm]
\quad\vdots \\[2mm]
X_{(K+1)i}^* = \dfrac{X_{Ki}}{\sqrt{f(X_{ji})}} \\[2mm]
\mu_i^* = \dfrac{\mu_i}{\sqrt{f(X_{ji})}}
\end{cases}
$$ 　　(6.4.4)

则式(6.4.3)转化为:

$$Y_i^* = \beta_0 X_{1i}^* + \beta_1 X_{2i}^* + \cdots + \beta_K X_{(k+1)i}^* + \mu_i^* \qquad (6.4.5)$$

显然,对式(6.4.5)的随机误差项,有:

$$\mathrm{Var}(\mu_i^*) = \mathrm{Var}\left(\frac{\mu_i}{\sqrt{f(X_{ji})}}\right) = \frac{\sigma^2 f(X_{ji})}{f(X_{ji})} = \sigma^2$$

即模型(6.4.5)满足同方差性。此时,对变换后的模型(6.4.5)可用 OLS 法进行估计,得到参数 β_i 的估计值。

6.4.2 加权最小二乘法(WLS)

加权最小二乘法的基本思想是:对原模型进行加权,使其成为一个不存在异方差的新模型,然后采用普通最小二乘法进行估计。而加权的基本思路是,对较小的残差平方 ε_i^2 赋予较大的权数,对较大的残差平方 ε_i^2 赋予较小的权数。因此,加权最小二乘法就是对加了权重的模型实施普通最小二乘法,找到使得式(6.4.6)达到最小的 $(\hat{\beta}_0, \hat{\beta}_1, \cdots, \hat{\beta}_k)$。

$$\sum w_i \varepsilon_i^2 = \sum w_i (Y_i - \hat{\beta}_0 - \hat{\beta}_1 X_{1i} - \hat{\beta}_2 X_{2i} - \cdots - \hat{\beta}_k X_{ki})^2 \qquad (6.4.6)$$

其中,w_i 为权数。

加权最小二乘法适用于随机误差项方差 σ_i^2 的已知情形。因此,采用加权最小二乘法的关键是寻找适当的"权",或者说是寻找模型中随机误差项 u 的方差与解释变量间适当的函数形式。如果发现 $\mathrm{Var}((\mu_i) = \sigma^2 f(x_{1i}, x_{2i}, \cdots, x_{ki})$,则权重 $= 1/\sqrt{f(x_{1i}, x_{2i}, \cdots, x_{ki})}$。另外,在实际应用中,也常常采用残差的绝对值的倒数作为权重进行加权最小二乘法。

问一问

6.4.3 异方差稳健标准误法

加权最小二乘法的关键是寻找模型中随机扰动项的方差与解释变量间的适当函数形式,但这并非一件易事。为此,在样本量足够大的情况下,怀特提出了一种较为实用的异方差修正标准误法。基本思路是:用普通最小二乘估计的残差平方 ε_i^2 作为相应的 σ_i^2 代表。如在一元线性回归中,参数 β_1 的估计量 $\hat{\beta}_1$ 的方差为:

知识拓展

$$\mathrm{Var}(\hat{\beta}_1) = \sum x_i^2 \sigma_i^2 / \left(\sum x_j^2\right)^2 \qquad (6.4.1)$$

用普通最小二乘法估计的残差 ε_i^2 替代 σ_i^2,式(6.4.1)转化为:

$$\hat{V} = \sum x_i^2 \varepsilon_i^2 / \left(\sum x_j^2\right)^2 \qquad (6.4.2)$$

怀特证明了在大样本下,式(6.4.2)是式(6.4.1)的一致估计。称 $\sqrt{\sum x_i^2 \varepsilon_i^2 / \left(\sum x_j^2\right)^2}$ 为 $\hat{\beta}_1$ 的异方差稳健标准误,这种方法也称为异方差稳健标准误法。

多元回归模型进行怀特的异方差稳健标准误处理方法较为复杂,已超出本书范围,但任何一款应用软件都有标准的处理程序,可以直接使用。

6.4.4 对数变换法

对于存在异方差的模型:$Y_i = \beta_0 + \beta_1 X_i + \mu_i$,对数变换后的模型为:$\ln Y_i = \beta_0 + \beta_1 \ln X_i + \mu_i$,该模型往往能减少异方差性。

6.5　应用举例

【例 6.5.1】　表 6.5.1 中数据是美国 1988 年研究与开发(R&D)费用支出(Y)与不同部门产品销售量(X)及利润(Z)。试根据资料建立如下回归模型:$y=\beta_0+\beta_1 x+\beta_2 z+\mu$,检验是否具有异方差性,若存在,请用适当方法加以修正。

表 6.5.1　美国 1988 年研究与开发(R&D)费用支出相关数据

工业群体	销售量 X	R&D 费用 Y	利润 Z	工业群体	销售量 X	R&D 费用 Y	利润 Z
1.容器与包装	6375.3	62.5	185.1	10.卫生保健	80552.8	6620.1	13869.9
2.非银行业金融	11626.4	92.9	1569.5	11.宇航	95294	3918.6	4487.8
3.服务行业	14655.1	178.3	276.8	12.消费者用品	101314.3	1595.3	10278.9
4.金属与采矿	21869.2	258.4	2828.1	13.电器与电子产品	116141.3	6107.5	8787.3
5.住房与建筑	26408.3	494.7	225.9	14.化工产品	122315.7	4454.1	16438.8
6.一般制造业	32405.6	1083	3751.9	15.五金	141649.9	3163.9	9761.4
7.休闲娱乐	35107.7	1620.6	2884.1	16.办公设备与计算机	175025.8	13210.7	19774.5
8.纸张与林木产品	40295.4	421.7	4645.7	17.燃料	230614.5	1703.8	22626.6
9.食品	70761.6	509.2	5036.4	18.汽车	293543	9528.2	18415.4

6.5.1　模型估计

使用 OLS 法估计模型,借用 EViews 进行计算,结果如图 6.5.1 所示。

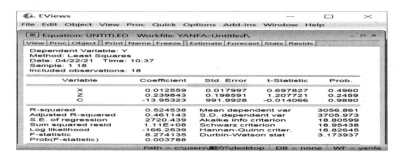

图 6.5.1　EViews 输出结果

估计方程为:$\hat{Y}=-13.9532+0.01256x+0.2398z$

t　　(−0.0141)　(0.6978)　　(1.2077)

$$R^2 = 0.5245 \qquad \overline{R}^2 = 0.4611 \qquad \text{F-static} = 8.2741$$

6.5.2　异方差检验

（1）图示法。分别做残差 ε_i^2 与 x、ε_i^2 与 z 的散点图（见图 6.5.2）。根据残差图初步判断可能存在递增的异方差性。

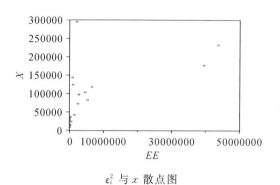

ε_i^2 与 x 散点图

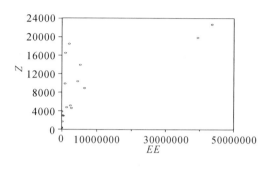

ε_i^2 与 z 散点图

图 6.5.2　散点图

（2）帕克检验法。

第一步，选择 x，假设异方差结构函数形式为：

$$\sigma_i^2 = \sigma^2 x_i^{\beta} \mathrm{e}^{v_i} \tag{1}$$

取对数得：

用残差 ε_i^2 替代上式中的 σ_i^2，得

$$\ln\varepsilon_i^2 = \ln\sigma^2 + \beta\ln x_i + v_i \tag{2}$$

第二步，用最小二乘法估计（2），估计方程为：

$$\ln\hat{\varepsilon}_i^2 = -10.808 + 2.2109\ln x_i \tag{3}$$

$$t \qquad (-2.76) \quad (6.2149)$$

$$P \qquad (0.0139) \quad (0.0000)$$

$$R^2 = 0.7071 \qquad \text{F-statistic} = 38.6262 \qquad \text{Prob(F)} = 0.0000$$

在 $\alpha = 0.01$ 的显著性水平下，参数 β 的 $t = 6.2149$，相应的 p 值为 $0.0000 < 0.01$，t 检验极为显著，说明原模型（6.5.1）存在异方差性。

第三步，由式（3）得 $\ln\hat{\sigma}^2 = 10.808$，所以 $\hat{\sigma}^2 = \mathrm{e}^{10.808} = 49414.54$。

异方差形式为：$\hat{\sigma}_i^2 \approx 49414.54 x_i^{2.2109}$。

（3）戈德费尔得—匡特检验。

首先，将样本数据按"x"大小排序，然后去掉中间 $1/4$ 个观察值，即 $c = 4$ 个。对将剩余 $14(n-c)$ 个观察值分成两组，由前 7 个观察值与后 7 个观察值组成容量均为 7 的两个子样本。

其次，分别以这两个子样本数据建立回归方程，求出各自残差平方和 SSR_1、SSR_2。

子样本 1（前 7 个数据）的估计方程为

$$\hat{y} = -490.5324 + 0.04627x + 0.03032z$$

$$\text{SSR}_1 = 405913.8$$

子样本 2（后 7 个数据）的估计方程为：

SSR$_2$＝96228609

最后,计算 F 值。F＝SRR$_2$/SSR$_1$＝96228609/405913.8＝228.296。

取 α＝0.05,显然,F＝228.296＞$F_{0.05}(7,7)$＝2.78,所以,拒绝同方差假设,认为原模型(6.5.1)存在异方差性。

(4)怀特(White)检验。采用无交叉项辅助方程,使用 EViews 进行计算,结果如表 6.5.2 所示。

表 6.5.2　Heteroskedasticity Test：White

F-statistic	19.05530	Prob. F(2,15)	0.0001
Obs * R-squared	12.91627	Prob. Chi-Square(2)	0.0016
Scaled explained SS	18.93864	Prob. Chi-Square(2)	0.0001

取 α＝0.05,LM＝nR^2＝12.9163 对应的 p 值＝0.0016＜α＝0.05,所以拒绝同方差假设,认为原模型(6.5.1)存在异方差性。

(5)B-P 检验。采用 B-P 检验方法,使用 EViews 进行计算,结果如表 6.5.2 所示。

表 6.5.3　Heteroskedasticity Test：Breusch-Pagan-Godfrey

F-statistic	8.227550	Prob. F(2,15)	0.0039
Obs * R-squared	9.416336	Prob. Chi-Square(2)	0.0090
Scaled explained SS	13.80682	Prob. Chi-Square(2)	0.0010

选择 α＝0.05,因为 LM＝9.4163,Prob(LM)＝0.0090＜α＝0.05,所以原模型存在异方差性。

6.5.3　异方差的消除

1.加权最小二乘法

根据帕克检验,$\hat{\sigma}_i^2 \approx 49414.54 x_i^{2.2109}$,取 w_i＝$1/\sqrt{x_i^{2.2109}}$,采用加权最小二乘法,矫正后的估计方程为：

$$\hat{y}＝-190.7854+0.0258x+0.1007z$$
$$t \quad (-1.9710) \quad (2.4768) \quad (0.8422)$$
$$R^2＝0.6691 \quad \overline{R}^2＝0.6250 \quad F\text{-static}＝15.1680 \quad Pro(F)＝0.0000$$

该模型是否消除了异方差呢? 我们通过 White 检验,得到表 6.5.3。

表 6.5.3　Heteroskedasticity Test：White

F-statistic	1.821068	Prob. F(6,11)	0.1841
Obs * R-squared	8.969794	Prob. Chi-Square(6)	0.1753
Scaled explained SS	4.119859	Prob. Chi-Square(6)	0.6605

由表 6.5.3 知，LM＝8.9698，相应的 p 值为 0.1753，在 0.01、0.05、0.1 的显著性水平下，均不显著，由此可见，模型消除了异方差性。

2．异方差稳健标准误法

使用异方差稳健标准误法，修正后的估计方程为：

$$\hat{Y}=-13.9532+0.01256x+0.2398z$$

$$t \quad (-0.0206)(0.8694) \quad (0.9797)$$

$$R^2=0.5245 \quad \bar{R}^2=0.4611 \quad \text{F-static}=8.2741$$

可以看到，估计参数与普通最小二乘法的结果相同，只是由于参数的标准差得到了修正，从而使得 t 检验与普通最小二乘法的结果不同。

3．对数变换法

原模型为：$y=\beta_0+\beta_1 x+\beta_2 z+\mu$，令 $yy=\ln y,xx=\ln x,zz=\ln z$，原模型转化为：$yy=\beta_0+\beta_1 xx+\beta_2 zz+\mu$，也即：$\ln y=\beta_0+\beta_1 \ln x+\beta_2 \ln z+\mu$。

采用最小二乘法估计，得到估计方程：

$$\ln\hat{y}=-7.0368+1.2453\ln x+0.0619\ln z$$

$$t \quad (-2.9988)(3.4097) \quad (0.2393)$$

$$R^2=0.7954 \quad \bar{R}^2=0.7672 \quad \text{F-static}=29.16297 \quad \text{Prob}(F)=0.0000$$

该模型是否消除了异方差？通过 White 检验，结果如表 6.5.4 所示。

表 6.5.4　**Heteroskedasticity Test：White**

F-statistic	0.830148	Prob. F(5,12)	0.5523
Obs * R-squared	4.626001	Prob. Chi-Square(5)	0.4632
Scaled explained SS	2.380444	Prob. Chi-Square(5)	0.7944

由表 6.5.4 知，LM＝4.6260，相应的 p 值为 0.4632，在 0.01、0.05、0.1 的显著性水平下，均不显著，模型消除了异方差性。可见，对变量取对数可以消除模型的异方差性，这就是一些学术论文中常常对变量取对数的原因。

6.6　异方差性实验

6.6.1　实验数据

某市 2013 年规模以上工业总产值（Y）与综合能耗数据如表 6.6.1 所示。要求建立回归模型：$Y_i=\alpha+\beta X_i+\mu_i$，并进行异方差性的检验。

表 6.6.1　某市 2013 年规模以上工业总产值与综合能耗数据

行业	工业总产值 Y/万元	综合能耗 X/吨标准煤	行业	工业总产值 Y/万元	综合能耗 X/吨标准煤
非金属矿采选业	138	16159	非金属矿物制品业	385786	2154774
农副食品加工业	85643	1585472	黑色金属冶炼和压延加工业	3033173	5403571
食品制造业	95798	940694	有色金属冶炼和压延加工业	236522	5760873
酒、饮料和精制茶制造业	55586	318242	金属制品业	194318	3669225
烟草制品业	11830	1271879	通用设备制造业	221269	7174537
纺织业	667350	3595186	专用设备制造业	97800	3944789
纺织服装、服饰业	113980	6283818	汽车制造业	218597	7507808
皮革、毛皮、羽毛及其制品和制鞋业	5843	129981	铁路、船舶、航天和其他运输设备制造业	52007	1547134
木材加工及木、竹、藤、棕、草制品业	8453	122502	电气机械和器材制造业	294832	15384629
家具制造业	23333	854288	计算机、通信和其他电子设备制造业	130753	8086193
造纸及纸制品业	821736	1564516	仪器仪表制造业	29256	1727600
印刷和记录媒介复制业	15258	805730	其他制造业	19591	480132
文教、工美、体育和娱乐用品制造业	59348	2871440	废弃资源综合利用业	5201	760996
石油加工、炼焦和核燃料加工业	6505415	16121204	金属制品、机械和设备修理业	1249	59709
化学原料和化学制品制造业	2923232	14312832	电力、热力的生产和供应业	5896697	8973106
医药制造业	31506	547527	燃气的生产和供应业	5705	661059
化学纤维制造业	287342	1615917	水的生产和供应业	13873	247176
橡胶和塑料制品业	186720	3600196			

6.6.2 实验步骤

1.模型估计

首先建立文件,输入数据 Y、X。然后在命令窗口输入"ls y c x",按回车键,结果如图 6.6.1 所示。

图 6.6.1 建立文件

估计方程为:$\hat{Y}=-194279.9+0.227X$

$$t \quad (-0.7255) \quad (4.8454)$$

$$R^2=0.4157 \qquad \text{F-static}=23.4775 \qquad \text{Prob(F)}=0.0000$$

2.异方差的检验

方法 1:图示法。做残差 ε_i^2 与 x 的散点图。

考虑到 resid 值随时会改变,先用 Genr 命令把 resid 转换为其他变量再调用。命令窗口输入"r1 = resid, r2 = resid^2"。选中 x 和 r2,打开数据,点击"View"→"Graph"→"Scatter",结果如图 6.6.2 所示。根据残差图初步判断存在异方差。

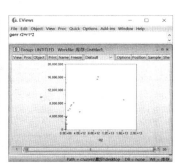

图 6.6.2 结果显示

实际操作中散点图也使用 EViews 命令方式完成。

方法 2:帕克检验法。

假设异方差结构的函数形式为:$\sigma_i^2=\sigma^2 x_i^\beta \mathrm{e}^{v_i}$。

取对数得:$\ln\sigma_i^2=\ln\sigma^2+\beta\ln x_i+v_i$。

用残差替代上式中的 σ_i^2,得 $\ln\varepsilon_i^2=\ln\sigma^2+\beta\ln x_i+v_i$,用最小二乘法估计

EViews 命令

参数。EViews 软件操作过程如下：

首先，估计原方程。命令窗口键入"LS y c x"，按回车键。其次，生成新序列 r2。命令窗口键入："genr r1＝resid，genr r2＝r1^2"。最后，在主菜单窗口点击"Procs"→"make Equation"，命令窗口输入"log(r2) c log(x)"，点击"OK"。

图 6.6.3　操作过程

估计方程为：$\ln\hat{\varepsilon}_{\mu}^2=10.9617+90.9745\ln x_i$

取 $\alpha=0.01$，参数 β 的 $t=3.8141$，相应的 p 值为 $0.0006<0.01$，所以该系数是极为显著的，说明原数据具有异方差性。

由于 $\ln\hat{\sigma}^2=10.96165$，所以 $\hat{\sigma}^2=57618.56$。

异方差形式为：$\hat{\sigma}_i^2=57618.56X_i^{0.9745}$。

方法 3：戈德费尔得—匡特检验。

(1)样本数据按照解释变量"x"大小排序，选择"Procs"→"Sort Current page"，输入 x，点击"OK"，得到图 6.6.4 和图 6.6.5。

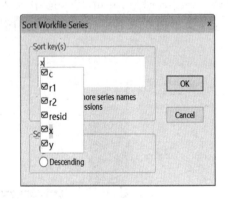

图 6.6.4　按"x"大小排序

(2)建立子样本回归方程，求出残差平方和。

样本数据排序后，去掉中间 $1/4$ 个观察值，$c=9$，将剩余 $26(n-c)$ 个观察值分成两组，前 13 个观察值(1~13)构成子样本组 1，后 13 个数据(23~35)构成子样本组 2，然后建立子样本回归方程。

子样本 1 方程构建是：在图 6.6.5 界面，选择"Procs"→"set Sample"→"Current page"，输入"1 13"，点击"OK"，结果如图 6.6.6 至图 6.6.7 所示。

166

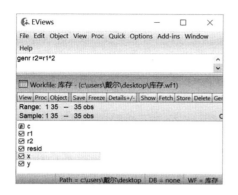

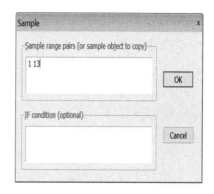

图 6.6.5　子样本 1 方程构建界面　　　　　图 6.6.6　输入"1 13"

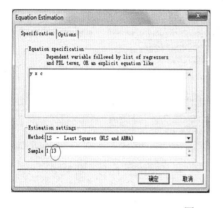

图 6.6.7　结果显示

样本 1 方程残差平方和：$SSR_1 = 6.67E+09, df_1 = 11$

对子样本 2，实施同样操作，可得到图 6.6.8 和图 6.6.9。从而得到样本 2 方程残差平方和：$SSR_2 = 4.61E+13, df_2 = 11$。

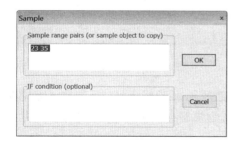

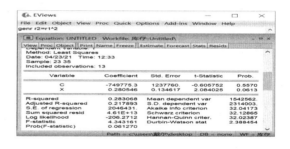

图 6.6.8　输入"23 35"　　　　　　　图 6.6.9　结果显示

（3）计算 F 统计量值：

$$F = \frac{SSR_2/d_{f2}}{SSR_1/d_{f1}} = 6911.544$$

取 $\alpha = 0.05, F_{0.05}(11,11) = 2.82$，显然 $F > F_{0.05}(11,11)$，所以，拒绝同方差假设，认为原模型存在异方差性。

方法 4：格莱泽(Glejser)检验。

分别做下述回归，并考察其显著性：

$$|r_{1i}| = \beta_0 + \beta_1 x_i + \mu_i \tag{1}$$

$$|r_{1i}| = \beta_0 + \beta_1 \sqrt{x_i} + \mu_i \tag{2}$$

$$|r_{1i}| = \beta_0 + \beta_1 x_i^2 + \mu_i \tag{3}$$

$$|r_{1i}| = \beta_0 + \beta_1 (1/x_i) + \mu_i \tag{4}$$

首先生成序列 $|r_{1i}|$、$\sqrt{x_i}$、x_i^2、$1/x_i$，然后分别估计上述方程。操作过程为：

GENR rr＝Abs(r1)（注意：此时不能使用 resid），GENR xx1＝x^0.5，GENR xx2＝x^2，GENR xx3＝1/x，然后点击"Procs"→"make Equation"，分别依次输入"rr c x（rr c xx1、rr c xx2、rr c xx3）"，得到图 6.6.12 至图 6.6.15。

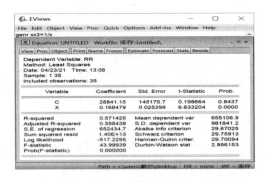

图 6.6.10　结果 1

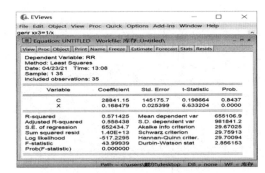

图 6.6.11　结果 2

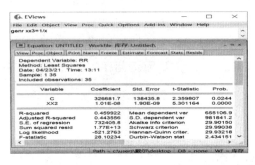

图 6.6.12　结果 3

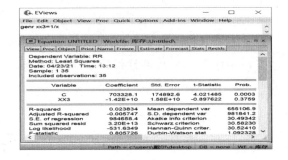

图 6.6.13　结果 4

比较四个回归结果，显然，第(1)个模型的拟合优度 $R^2 = 0.5714$ 最大，且参数 β 无论在 0.05 还是 0.01 的显著性水平下，t 检验显著，所以可认为模型存在异方差，同时可知异方差的形式为：$|\varepsilon_i| = 28841.15 + 0.1685 x_i$。

方法 5：怀特(White)检验

估计方程（见图 6.6.1 界面）。在方程估计结果窗口点击"View"→"Residual Diagnostics"→"Heterosketasicity"→"White"，选择"Include White Cross Terms（or 不选）"，点击"OK"，结果如图 6.6.16 所示。

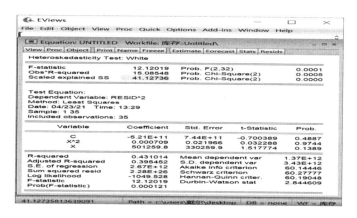

图 6.6.16　结果显示

取 $\alpha=0.05$，$\text{LM}=nR^2=15.0855$ 对应的 p 值为 $0.0005<\alpha=0.05$，所以拒绝同方差假设，认为模型存在异方差。

3. 异方差的消除

异方差的消除采用加权最小二乘法（WLS）。取权重 $w_i=1/|\varepsilon_i|$，EViews 中操作如下：估计方程（见图 6.6.1 界面）。生成权重序列 w1，在方程估计窗口选择"Option"，勾选"inversestd. dev"，输入权重"w1"（见图 6.6.17），点击"确定"，结果如图 6.6.18 所示。

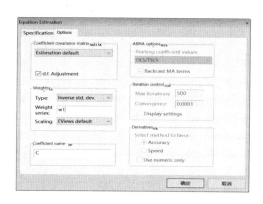

图 6.6.17　操作过程

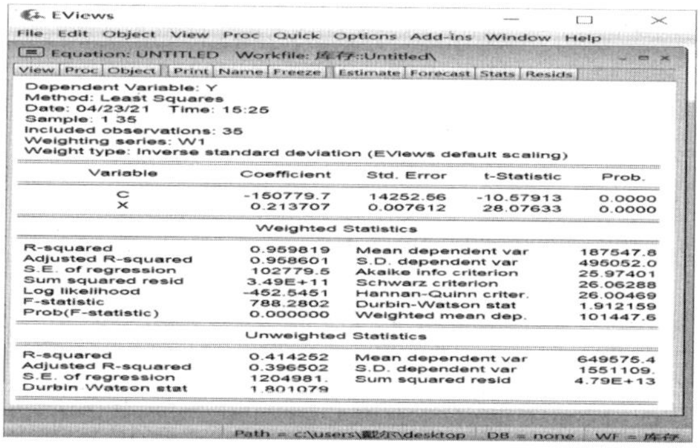

图 6.6.18　结果显示

估计方程为：$\hat{Y}=-150779.7+02137X$

$$t\quad(-10.5791)\quad(28.0763)$$

$R^2=0.9658$　　　F-statistic$=788.2802$　　　Prob(F)$=0.0000$

进一步采用 White 检验，发现异方差已被消除。

【练一练】　实验作业。

关于中国制造业各行业总产出及要素投入关系研究。现以 2010 年数据建立如下模型：$y=\beta_0+\beta_1K+\beta_2L+\mu$，其中 K 为资产合计；L 为职工人数。数据来自中国统计年鉴，具体如表 6.6.2 所示。请：

（1）估计模型；（2）检验异方差性；（3）若存在异方差，对模型进行校正。

表 6.6.2　2010 年中国制造业各行业总产出及要素投入

编号	行业	Y/亿元	K/亿元	L/万人
1	煤炭开采和洗选业	22109.3	21785.1	527.2
2	石油和天然气开采业	9917.8	12904	106.1
3	黑色金属矿采选业	5999.3	4182.5	67
4	有色金属矿采选业	3799.4	2317.5	55.4
5	非金属矿采选业	3093.5	1424.4	56.5
6	其他采矿业	31.3	14.2	0.5
7	农副食品加工业	34928.1	14373.1	369
8	食品制造业	11350.6	6113.6	175.9
9	饮料制造业	9152.6	6527	130
10	烟草制品业	5842.5	4569.6	21.1
11	纺织业	28507.9	16253	647.3
12	纺织服装、鞋、帽制造业	12331.2	6044.7	447
13	皮革、毛皮、羽毛(绒)及其制品业	7897.5	3410.6	276.4
14	木材加工及木、竹、藤、棕、草制品业	7393.2	3037.7	142.3
15	家具制造业	4414.8	2261.3	111.7
16	造纸及纸制品业	10434.1	7949.1	157.9
17	印刷业和记录媒介的复制	3562.9	2801.6	85.1
18	文教体育用品制造业	3135.4	1602.1	128.1
19	石油加工、炼焦及核燃料加工业	29238.8	13360.6	92.2
20	化学原料及化学制品制造业	47920	31948.6	474.1
21	医药制造业	11741.3	9017	173.2
22	化学纤维制造业	4954	3526.1	43.9
23	橡胶制品业	5906.7	3595.5	102.9
24	塑料制品业	13872.2	8033.2	283.3
25	非金属矿物制品业	32057.3	21490.5	544.6
26	黑色金属冶炼及压延加工业	51833.6	37101.9	345.6

续表

编号	行业	Y/亿元	K/亿元	L/万人
27	有色金属冶炼及压延加工业	28119	16992.7	191.6
28	金属制品业	20134.6	11477.4	344.6
29	通用设备制造业	35132.7	24005.6	539.4
30	专用设备制造业	21561.8	16879.4	334.2
31	交通运输设备制造业	55452.6	40224.8	573.7
32	电气机械及器材制造业	43344.4	27454.8	604.3
33	通信设备、计算机及其他电子设备制造业	54970.7	34005.4	772.8
34	仪器仪表及文化、办公用机械制造业	6399.1	4565.8	124.9
35	工艺品及其他制造业	5662.7	2904.5	140.4
36	废弃资源和废旧材料回收加工业	2306.1	829.8	13.9
37	电力、热力的生产和供应业	40550.8	58989.3	275.6
38	燃气生产和供应业	2393.4	2263.8	19.0
39	水的生产和供应业	1137.1	4207.7	45.9

数据来源:《中国统计年鉴》。

【本章小结】

随机扰动项违背经典假设 $\mathrm{Var}(\mu_i)=\sigma^2$ 将会产生异方差问题,导致参数估计量不再具有最小方差性,并使得检验失效,模型精度降低。本章主要讲述了异方差产生的原因、导致的后果以及各种判断检验方法,并结合案例和 EViews 软件进行了深入分析。最后提出了模型变换法、加权最小二乘法、对数变换法等克服异方差问题的办法,对现实经济模型中异方差问题处理提供了相应参考。

【关键术语】

异方差,帕克检验,戈德费尔得—匡特检验,格莱泽检验,怀特检验,加权最小二乘法

【课后讨论】

请同学们搜集 2021 年全国 31 个省、直辖市的农村居民家庭支出数据,分析其影响因素,并建立相应的计量模型。检验该模型是否存在异方差,如果是,则消除异方差。进一步地,要求对比 2011 年的相应模型(自建),说明十年间中国农村居民家庭收入、支出及其相互关系的变化。

【思考与练习】

1. 什么是异方差,并举例说明经济生活中存在异方差的例子。

2. 下列哪种情形是异方差造成的结果?(1)OLS 估计量是有偏的;(2)通常 t 检验不再服从 t 分布;(3)OLS 估计量不再具有最佳线性无偏性

3. 简述帕克检验、B-P 检验、White、Goldfeld-Quandt 检验的基本思想与步骤。

4. 根据表数据,要求:(1)拟合线性回归模型:$y = \beta_0 + \beta_1 X + \mu$;(2)用图示法、B-P、White、帕克法、Goldfeld-Quandt 等方法判断是否存在异方差;(3)如果存在异方差,则采用适当方法消除。

表 1　2003 年分地区农村居民家庭收入、支出表

地区	消费支出	收入	地区	消费支出	收入
北 京	4147.30	5601.55	湖 北	1801.63	2566.76
天 津	2319.52	4566.01	湖 南	2139.15	2532.87
河 北	1600.10	2853.38	广 东	2927.35	4054.58
山 西	1434.40	2299.17	广 西	1751.23	2094.51
内蒙古	1770.56	2267.65	海 南	1644.79	2588.06
辽 宁	1884.08	2934.44	重 庆	1583.31	2214.55
吉 林	1815.57	2530.41	四 川	1747.02	2229.86
黑龙江	1661.70	2508.94	贵 州	1185.17	1564.66
上 海	5669.57	6653.92	云 南	1405.7	1697.12
江 苏	2704.37	4239.26	西 藏	1030.13	1690.76
浙 江	4285.13	5389.04	陕 西	1455.39	1675.66
安 徽	1596.27	2127.48	甘 肃	1336.85	1673.05
福 建	2715.50	3733.89	青 海	1563.15	1794.13
江 西	1907.57	2457.53	宁 夏	1637.13	2043.30
山 东	2133.2	3150.49	新 疆	1465.31	2106.19

5. 表 2 中列出了 1995 年北京市规模最大的 20 家百货零售商店的商品销售收入 X 和销售利润 Y 的统计资料。

表 2　北京 20 家百货零售商店的商品销售收入与利润

商店名称	销售收入	销售利润	商店名称	销售收入	销售利润
百货大楼	160.0	2.8	贵友大厦	49.3	4.1

商店名称	销售收入	销售利润	商店名称	销售收入	销售利润
城乡贸易中心	151.8	8.9	金伦商场	43.0	2.0
西单商场	108.1	4.1	隆福大厦	42.9	1.3
蓝岛大厦	102.8	2.8	友谊商业集团	37.6	1.8
燕莎友谊商场	89.3	8.4	天桥百货商场	29.0	1.8
东安商场	68.7	4.3	百盛轻工公司	27.4	1.4
双安商场	66.8	4	菜市口百货商场	26.2	2.0
赛特购物中心	56.2	4.5	地安门商场	22.4	0.9
西单购物中心	55.7	3.1	新街口百货商场	22.2	1.0
复兴商业城	53.0	2.3	星座商厦	20.7	0.5

(1)假设模型为：$y_i = \beta_1 + \beta_2 x_i + u_i$，$y$ 为销售利润，x 为销售收入，估计方程；(2)分别利用图示法、Park、Gleiser、Goldfeld-Guandt、White 等方法进行异方差性检验；(3)如果存在异方差，则采用适当方法消除。

6. 中国某年按行业分全部制造业国有企业及规模以上制造业非国有企业工业总产值 Y，资产合计 K 及职工人数 L 如表 3 所示，构建模型：$Y = \beta_0 + \beta_1 K + \beta_2 L + \mu$，考察资本投入与劳动投入对工业总产值 Y 的影响。要求：(1)估计模型；(2)用图示法、B-P、White、帕克法、Goldfeld-Guandt 等方法判断是否存在异方差性；(3)若存在异方差，则采用适当方法消除。

表 3　国有与国有企业工业的相关指标数据

行业	工业总产值 Y/亿元	资产合计 K/亿元	职工人数 L/万人	行业	工业总产值 Y/亿元	资产合计 K/亿元	职工人数 L/万人
1	3722.70	3078.22	113	17	812.70	1118.81	43
2	1442.52	1684.43	67	18	1899.70	2052.16	61
3	1752.37	2742.77	84	19	3692.85	6113.11	240
4	1451.29	1973.82	27	20	4732.90	9228.25	222
5	5149.30	5917.01	327	21	2180.23	2866.65	80
6	2291.16	1758.77	120	22	2539.76	2545.63	96
7	1345.17	939.10	58	23	3046.95	4787.90	222
8	656.77	694.94	31	24	2192.63	3255.29	163
9	370.18	363.48	16	25	5364.83	8129.68	244

续表

行业	工业总产值 Y/亿元	资产合计 K/亿元	职工人数 L/万人	行业	工业总产值 Y/亿元	资产合计 K/亿元	职工人数 L/万人
10	1590.36	2511.99	66	26	4834.68	5260.20	145
11	616.71	973.73	58	27	7549.58	7518.79	138
12	617.94	516.01	28	28	867.91	984.52	46
13	4429.19	3785.91	61	29	4611.39	18626.94	218
14	5749.02	8688.03	254	30	170.30	610.91	19
15	1781.37	2798.90	83	31	325.53	1523.19	45
16	1243.07	1808.44	33				

7. 表 4 中给出了 12 个省(区、市)的农业生产情况,要求:(1)拟合线性回归模型 $y = \beta_0 + \beta_1 x_1 + \beta_2 x_2 + \beta_3 x_3 + \beta_4 x_4 + \beta_5 x_5 + \mu$;(2)使用 B-P、White 等方法检验是否存在异方差;(3)如果存在异方差,则采用适当方法消除。

表 4 各省(区、市)相关数据

省(区、市)	农业总产值 y/亿元	劳动力 x_1/万人	灌溉面积 x_2/万公顷	化肥用量 x_3/万吨	户均固定资产 x_4/元	农机动力 x_5/万马力
北京	19.64	90.1	33.84	7.5	394.3	435.3
天津	14.4	95.2	34.95	3.9	567.5	450.7
河北	149.9	163.9	357.26	92.4	706.89	2712.6
山西	55.07	562.6	107.9	31.4	856.37	1118.5
内蒙古	60.85	462.9	96.49	15.4	1282.81	641.7
辽宁	87.48	588.9	72.4	61.6	844.74	1129.6
吉林	73.81	399.7	69.63	36.9	2576.81	647.6
四川	104.51	425.3	67.95	25.8	1237.16	1305.8
山东	276.55	2365.6	456.55	152.3	5812.02	3127.9
河南	200.02	2557.5	318.99	127.9	754.78	2134.5
陕西	68.18	884.2	117.9	36.1	607.41	764
新疆	49.12	256.1	260.46	15.1	1143.67	523.3

即测即评

第 7 章

序列相关

⊏⟩**知识与技能**：了解序列相关（自相关）的含义及其形成的原因以及造成的后果；掌握自相关的检验方法，并学会如何消除自相关；能熟练运用 EViews 软件进行自相关的检验和消除。

　　党的二十大报告指出：要推动形成绿色低碳的生产方式和生活方式。考察我国近二十年能源消费总量（万吨标准煤）与 GDP 的关系，建立资源投入对产出影响模型，分析绿色低碳的生产方式是否在逐步建立。考虑到时间序列数据有可能引起序列相关性，即前后期的随机误差项之间具有相关性，应该如何修正和完善模型，得出令人信服的实证分析结果？本章将围绕此问题展开讨论。

7.1　序列相关性

　　对于多元回归模型：
$$y_i=\beta_0+\beta_1 x_{i1}+\beta_2 x_{i2}+\cdots+\beta_k x_{ik}+\mu_i, i=1,2,\cdots,n \tag{7.1.1}$$
　　如果经典假设条件：$\mathrm{COV}(\mu_i,\mu_j)=E(\mu_i,\mu_j)=0(i\neq j)$ 不成立，也即：
$$\mathrm{COV}(\mu_i,\mu_j)=E(\mu_i,\mu_j)\neq 0 \ (i\neq j)$$
则称随机项误差 μ_i 出现了序列相关性。如果仅存在：$\mathrm{COV}(\mu_i,\mu_{i+1})=E(\mu_i,\mu_{i+1})\neq 0$，$i=1,2,\cdots,i-1$，则称为一阶序列相关或自相关；如果 μ_i 仅与它的后两期有关，则称为二阶序列相关；依此类推，有三阶、四阶……；我们把二阶以上的统称为高阶序列相关。

　　以下通过例子来说明。以房地产业产值 Y 为被解释变量，GDP 为解释变量，选取年度数据为样本，建立回归模型：
$$Y_i=\alpha+\beta \cdot \mathrm{GDP}_i+\mu_i$$

　　不难想象，政府的产业政策也会对 Y 产生影响，但在上述模型中，这种影响只能体现在 μ_i 中。考虑到产业政策具有连续性，如果在第 i 年出台了一项政策，那么在后继若干年（s）内，它对 y 的影响都将存在，或为正，或为负，从而造成 μ_i 不仅与 μ_{i+1} 有关，同时与 μ_{i+2}，$\cdots$，μ_{i+s} 都存在相关性，即序列相关现象。

　　由于一阶序列相关最为常见，所以本书中只讨论一阶序列相关，而且一般假定它是线性相关，可以表示成：

$$\mu_i = \rho\mu_{i-1} + v_i, \quad -1 \leqslant \rho \leqslant 1 \tag{7.1.1}$$

其中,ρ 称为一阶自相关系数(或自协方差系数),v_i 是随机误差项,满足经典假设对误差项的所有要求。

当 $\rho > 0$ 时,称序列为正的一阶序列相关;当 $\rho < 0$ 时,称序列为负的一阶序列相关;当 $\rho = 0$ 时,称序列没有一阶序列相关性;当 $\rho = 1$ 或 -1 时,一阶序列相关性最强。由此可见,自相关系数 ρ 是一阶线性序列相关强度的一个度量,ρ 的绝对值大小决定了序列相关的强弱。

序列相关现象通常出现在时间序列数据中。本章后续将以 t 代替不同样本点的下标。

7.2 序列相关产生的原因及后果

7.2.1 序列相关产生的原因

1. 经济现象固有的惯性

大多数时间数据都有一个明显的特点:惯性,表现在时间序列不同时间的前后关联上。如众所周知,GDP、价格指数、生产、就业和失业等时间序列都会呈现周期性波动,相继的观测值很可能是相互依赖的。因此,在涉及此类时间序列数据的回归模型中,连续的观察值之间很可能是相关的。

例如,绝对收入假设下居民总消费函数模型:

$$C_t = \alpha + \beta y_t + \mu_t \quad (t = 1, 2, \cdots, n) \tag{7.2.1}$$

消费习惯、商品短缺程度等因素对商品需求量 C 是有影响的,但这些因素被包含在随机误差项 μ_t 中。显然,如果在第 s 年,这些因素对 C 的影响较大,那么,在第 $s+1$ 年这种影响也不可能完全消除,这就会引起 μ_s 与 μ_{s+1} 之间出现序列相关性。

2. 变量的滞后效应

在经济运行过程中,广泛存在时间滞后效应。某些经济变量不仅受到同期各种因素的影响,而且也受到过去某些时期的各种因素甚至自身的过去值的影响,如消费函数。通常认为,本期的消费除了受本期的收入影响之外,还依赖前期的消费支出,因此研究模型可设定为:

$$C_t = \beta_1 + \beta_2 I_t + \beta_3 C_{t-1} + \mu_t \tag{7.2.2}$$

如果我们设定模型时使用的是:

$$C_t = \beta_1 + \beta_2 I_t + v_t$$

此时因 C_{t-1} 出现在随机误差项 v_t 中,可能会导致 v_t 与 v_{t-1} 出现序列相关性。

3. 蛛网现象

许多农产品的供给表现出一种所谓的蛛网现象,例如,供给对价格的反应要滞后一个时期,即今年的作物种植是受去年流行的价格影响的。因此,相关的函数形式是:

$$S_t = \beta_1 + \beta_2 P_{t-1} + \mu_t \tag{7.2.3}$$

这种现象就不能期望随机误差项是无关的。

4. 经济数据的"编造"

在实际经济问题中,有些数据是通过已知数据生成的。因此,新生成的数据与原数据间就有了内在的联系,表现出序列相关性。例如,季度数据来自月度数据的简单平均,这种平均的计算减弱了每月数据的波动性,从而使随机干扰项出现序列相关。

5. 模型设定偏误

模型设定偏误(Specification Error)是指所设定的模型"不正确",主要表现在模型中丢掉了重要的解释变量或模型函数形式有偏误。例如,本来应该估计的模型为:

$$y_t = \beta_0 + \beta_1 x_t + \beta_2 x_t^2 + \mu_t \tag{7.2.4}$$

但在实际中却设定了模型:

$$y_t = \beta_0 + \beta_1 x_t + \mu_t \tag{7.2.5}$$

模型(7.2.5)中,随机误差项将依赖于 x_t^2。如果 x 随时间增加或减少,u 也将表现出同样趋势,这表明存在序列相关性。

需要注意的是,序列相关具有真实与虚假之分。如果是由于模型设定的偏误而引起的序列相关,属于虚假序列相关,这类问题的解决主要是弄清原因,改进变量选择或模型设定的形式。而对于真实的序列相关,则要专门讨论解决方法予以消除。

7.2.2 序列相关的后果

多元线性回归模型一旦出现序列相关性,如果仍然用普通最小二乘法(OLS)估计模型的参数,则会产生许多不良后果。

1. 参数估计量非有效

普通最小二乘法参数估计量线性性与无偏性保持不变,但不再具备有效性,也即序列相关破坏了最小方差性,参数估计值的方差不再是最小的。

2. 变量的显著性检验失效

如果存在序列相关性,估计的参数方差 $S_{\hat{\beta}_j}$ 出现偏误(偏大或偏小),t 检验失去意义。其他检验也是如此

3. 模型的预测失效

由于区间预测与参数估计量的方差有关,在方差估计有偏误的情况下,预测估计就不准确,预测区间无效[1]

测一测

由于存在以上所述的不利影响,所以普通最小二乘法已不再适用于存在序列相关时模型的参数估计。

7.3 序列相关的检验方法

序列相关的实质在于随机误差项 μ_t 序列存在前后的相关性。然而实际的 μ_t 是无法以观察得知的。由于残差 ε_t 可以被视为 μ_t 的估计值,因此实际中我们可以依据 OLS 法中得到的 ε_t 来诊断序列相关性是否存在。

---

① 相关证明略,有兴趣的读者可以参考:古扎拉蒂《计量经济学》[M].3 版.北京:中国人民大学出版社,2011

具体检验的基本思路是:首先,采用OLS法估计模型,以求得随机误差项的近似估计量(ε_t);然后,通过分析这些"近似估计量"之间的相关性,以判断随机误差项μ_t是否具有序列相关性。

常用的具体检验方法主要有残差图法、DW检验法、拉格朗日乘数检验等

7.3.1 残差图法

假设多元线性回归模型为:

$$y_t = \alpha + \beta_1 x_{1t} + \beta_2 x_{2t} + \cdots + \beta_k x_{kt} + \mu_t \tag{7.3.1}$$

首先,采用OLS法对模型(7.3.1)进行估计,得到残差ε_t序列($t=1,2,\cdots,n$),然后做出相应残差图,并根据残差图的趋势进行判断。其主要有两种作图法可供选择。

1. 时间顺序图

以残差ε_t为纵轴,时间t为横轴,绘制残差与时间的变化图。如果出现图7.3.1所示趋势,则意味着随机误差项之间存在序列相关性。

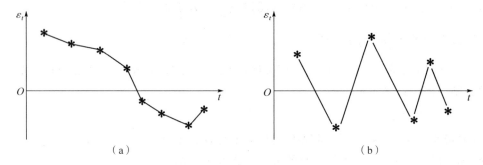

(a)　　　　　　　　　　(b)

图 7.3.1　残差与时间的变化图

图7.3.1(a)所示,随机误差项的估计值呈循环形,并不频繁地改变符号(一个正接一个负),而是相继若干个正的以后跟着几个负的,表明存在正自相关。

图7.3.1(b)所示,随机误差项的估计值呈锯齿形(一个正接一个负),随时间逐次改变符号,意味着存在负相关性。

2. ε_t 与 ε_{t-1} 的散点图

以残差ε_t为纵轴,ε_{t-1}为横轴,绘制$(\varepsilon_1,\varepsilon_2)$,$(\varepsilon_2,\varepsilon_3)$,$\cdots$,$(\varepsilon_{n-1},\varepsilon_n)$的散点图。如果大部分点落在I、III象限,表明随机误差项之间存在正序列相关,如图7.3.2(a)所示;如果大部分点落在II、IV象限,表明随机误差项之间存在负序列相关,如图7.3.2(b)所示。

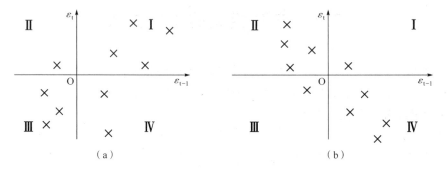

(a)　　　　　　　　　　(b)

图 7.3.2　ε_t 与 ε_{t-1}的散点图

需要指出的是,残差图法只能对是否存在序列相关性做出初步判断,进一步的确定需要使用其他方法。

【例 7.3.1】 某国 1960—1995 年个人实际可支配收入(x)和个人实际消费支出(y)如表 7.3.1 所示,要求建立回归模型:$y = \alpha + \beta x + \mu$ 进行研究。请使用残差图法检验是否存在序列相关。

表 7.3.1　某国个人实际可支配收入和个人实际消费支出　　　（单位:百亿美元）

年份	x	y	年份	x	y	年份	x	y
1960	157	143	1972	268	242	1984	384	341
1961	162	146	1973	287	253	1985	396	357
1962	169	153	1974	285	251	1986	409	371
1963	176	160	1975	290	257	1987	415	382
1964	188	169	1976	301	271	1988	432	397
1965	200	180	1977	311	283	1989	440	406
1966	211	190	1978	326	295	1990	448	413
1967	220	196	1979	335	302	1991	449	411
1968	230	207	1980	337	301	1992	461	422
1969	237	215	1981	345	305	1993	467	434
1970	247	220	1982	348	308	1994	478	447
1971	256	228	1983	358	324	1995	493	458

(1)首先,用 OLS 法估计模型,求出残差序列 ε_t。

(2)然后,做残差 ε_t 与 ε_{t-1} 的散点图(或 $\varepsilon - t$ 时间顺序图)。利用 EViews 软件作图,结果如图 7.3.3 所示。

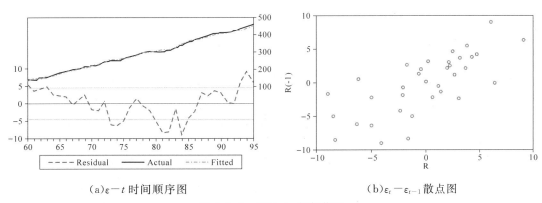

（a）$\varepsilon - t$ 时间顺序图　　　　　（b）$\varepsilon_t - \varepsilon_{t-1}$ 散点图

图 7.3.3　EViews 软件作图

无论是根据图 7.3.3(a),还是图 7.3.3(b),都显示该模型存在正的序列相关性。

7.3.2 杜宾—沃森(Durbin-Waston)检验

杜宾—沃森简称 DW 检验,是检验一阶序列相关性最常用的方法。

1. DW 检验的适用条件

(1)解释变量 x 非随机。

(2)仅仅适用于检验一阶序列相关的情况:

$$\mu_t = \rho\mu_{t-1} + \varepsilon_t$$

(3)回归模型中不应含有滞后的被解释变量作为解释变量,即不应出现下列形式:

证明

$$Y_t = \beta_0 + \beta_1 X_{1t} + \cdots + \beta_k X_{kt} + \gamma Y_{t-1} + \mu_t$$

(4)回归模型含有截距项。

2. DW 检验的基本思路

杜宾和沃森针对原假设 $H_0 : \rho = 0$,即不存在一阶序列相关,构建统计量:

$$DW = \sum_{t=2}^{n}(\varepsilon_t - \varepsilon_{t-1})^2 \Big/ \sum_{t=1}^{n}\varepsilon_t^2 \tag{7.3.2}$$

可以证明,在大样本情况下:

$$DW \approx 2(1 - \hat{\rho}) \tag{7.3.3}$$

其中,$\hat{\rho} = \sum_{t=2}^{n}\varepsilon_t\varepsilon_{t-1} \Big/ \sum_{t=2}^{n}\varepsilon_{t-1}^2$,$\varepsilon_t$ 为原模型估计的残差。 $\tag{7.3.4}$

根据式(7.3.3),ρ 与 DW 之间具有如表 7.3.2 所示对应关系。

表 7.3.2　ρ 与 DW 的对应关系

$\hat{\rho}$ 值	DW 值	随机误差项的序列相关性
$\hat{\rho} = -1$	DW $= 4$	完全负序列相关
$\hat{\rho} = 0$	DW $= 2$	无序列相关
$\hat{\rho} = 1$	DW $= 0$	完全正序列相关

这意味着:

(1)DW 的取值范围在[0,4]。

(2)如果 DW 取值接近于 0,则存在正序列相关性;如果 DW 取值接近于 4,则存在负序列相关性;如果 DW 取值接近于 2,则无序列相关性。

但是,仅仅根据(2)来判断相关性显得太粗略,为此,杜宾和沃森根据统计量 DW 所服从的分布,找到了检验临界值。与一般的假设检验中只有一个临界值不同,杜宾和沃森给出了两个临界值,分别是 d_L 和 d_U,并按表 7.3.3 所示原则来判断是否存在序列相关性。其中 d_L 和 d_U 的取值可根据显著水平 α、变量个数 k(包括常数项)与样本量 n 查表得到。

表 7.3.3 一阶序列相关 DW 的判断准则

DW 值	结论
$0 \leqslant \mathrm{DW} < d_L$	正序列相关
$4 - d_L < \mathrm{DW} \leqslant 4$	负序列相关
$d_U < \mathrm{DW} < 4 - d_U$	无序列相关
$d_L \leqslant \mathrm{DW} \leqslant d_U$ 或 $4 - d_U \leqslant \mathrm{DW} \leqslant 4 - d_L$	无法确定,失效

用图形展示,如图 7.3.4 所示。

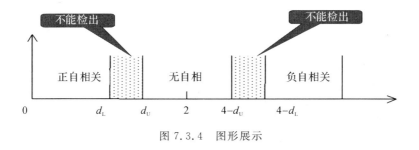

图 7.3.4 图形展示

3. DW 检验的步骤

(1)提出假设 $H_0 : \rho = 0$;$H_1 : \rho \neq 0$;

(2)使用 OLS 法估计原模型,求出残差 ε_t;

(3)由样本计算 DW 值,其中 $\mathrm{DW} = \sum_{t=2}^{n} (\varepsilon_t - \varepsilon_{t-1})^2 / \sum_{t=1}^{n} \varepsilon_t^2$(大多数计算机软件能够实现);

(4)根据样本容量 n、解释变量个数(含截距项)和显著性水平 α,查 DW 临界值表,得到 d_L 和 d_U。

(5)序列相关性判断。根据表 7.3.3 判定规则,判断是否存在序列相关性。

实际中利用 EViews 软件估计方程直接可得到 DW 估计值。

【例 7.3.2】 对例 7.3.1,使用 DW 方法检验是否存在序列相关现象。

(1)提出假设 $H_0 : \rho = 0$;$H_1 : \rho \neq 0$。

(2)求出 DW 值。利用 EViews 软件估计方程,结果如表 7.3.4 所示。由表知 DW = 0.5234。

表 7.3.4 方程估计结果

Variable	Coefficient	Std. Error	t-Statistic	Prob.
X	0.935866	0.007467	125.3411	0.0000
C	−9.42875	2.504347	−3.764951	0.0006
R-squared	0.997841	Mean dependent var		289.9444
Adjusted R-squared	0.997777	S. D. dependent var		95.82125

续表

Variable	Coefficient	Std. Error	t-Statistic	Prob.
S. E. of regression	4.517862	Akaike info criterion		5.907908
Sum squared resid	693.9767	Schwarz criterion		5.995881
Log likelihood	−104.342	Hannan-Quinn criter.		5.938613
F-statistic	15710.39	Durbin-Watson stat		0.523428
Prob(F-statistic)	0.0000			

(3)给定 $\alpha=0.05$,求出 d_L 和 d_U。

$n=36$,变量个数 $k=2$,查 DW 临界值表,得:$d_L=1.41,d_U=1.52$。

(4)根据 DW 判定规则,判断是否存在序列相关

由图显示,DW$=0.5234<d_L=1.41$,所以模型存在正的序列相关性

7.3.3　拉格朗日乘数(LM)检验(BG 检验)

如前所述,DW 检验具有一定局限性,并有可能会出现无法确定结果的情况,为此,Breusch 与 Godfrey(1978 年)提出了拉格朗日乘数(LM)检验(也称 BG 检验)。该检验法无论在确认一阶还是高阶序列相关方面都较有效。这里我们只介绍存在一阶序列相关的情况。

假设线性回归模型:

$$y_t=\alpha+\beta_1 x_{1t}+\beta_2 x_{2t}+\cdots+\beta_k x_{kt}+\mu_t \tag{7.3.5}$$

且 $\mu_t=\rho\mu_{t-1}+\varepsilon_t$ (7.3.6)

LM 检验步骤如下:

(1)提出假设:$H_0:\rho=0$;$H_1:\rho\neq0$。

(2)构建辅助回归方程:

首先,使用 OLS 对模型(7.3.5)进行估计,求出残差 ε_t;

其次,构建辅助方程:$\varepsilon_t=\alpha+\beta_1 x_{1t}+\cdots+\beta_k x_{kt}+\gamma\varepsilon_{t-1}+\mu_t$

(3)定义 LM 统计量:

$$LM=nR^2$$

其中,R^2 是辅助回归方程未校正的拟合优度。可以证明,LM$\sim\chi_\alpha^2(1)$。

(4)序列相关性判断:

确定显著性水平 α,如果 LM$>\chi_\alpha^2(1)$,或对应的 p 值$<\alpha$,则拒绝原假设 $H_0:\rho=0$,说明存在一阶序列相关性,否则没有发现。

这里值得注意的是,拉格朗日乘数检验法(LM)是一种大样本检验方法,一般要求样本容量至少大于 30。

实际中可利用 EViews 软件直接进行拉格朗日乘数检验。

【例 7.3.3】　对例 7.3.1 使用拉格朗日乘数方法检验是否存在序列相关现象。

(1)提出假设 $H_0:\rho=0$;$H_1:\rho\neq0$。

(2)使用 OLS 对原模型:$y=\alpha+\beta x+\mu$ 进行估计,求出残差 ε_t。

利用 EViews 进行计算,原方程估计为:
$$\hat{y}=-9.4287+0.9359x$$
得到 μ_t 的估计残差:$\hat{\varepsilon}_t=y_t-\hat{y}_t$。

(3)建立辅助回归方程:$\varepsilon_t=\alpha+\beta x_t+\gamma\varepsilon_{t-1}+\nu_t$。

利用 EViews 进行计算。结果如表 7.3.5 所示。

表 7.3.5　辅助方程估计结果

Variable	Coefficient	Std. Error	t-Statistic	Prob.
C	−1.571497	1.807145	−0.869602	0.3910
X	0.004749	0.005333	0.890579	0.3798
ε(−1)	0.735037	0.121168	6.066243	0.0000
R-squared	0.536636	Mean dependent var		−0.157079
Adjusted R-squared	0.507676	S. D. dependent var		4.415507
S. E. of regression	3.098177	Akaike info criterion		5.181321
Sum squared resid	307.1583	Schwarz criterion		5.314637
Log likelihood	−87.67312	Hannan-Quinn criter.		5.227341
F-statistic	18.53009	Durbin-Watson stat		2.101879
Prob(F-statistic)	0.000005			

辅助回归方程估计式为:$\hat{\varepsilon}_t=-1.5715+0.0047x_t+0.7350\varepsilon_{t-1}$,$R^2=0.5366$。

(4)计算 LM 值,进行序列相关性检验。

LM$=nR^2=35\times0.5366=18.781$,取 $\alpha=0.05$,查表可知,$\chi^2_{0.05}(1)=3.84$。

因为 LM$=18.781>\chi^2_{0.05}(1)=3.84$,所以拒绝原假设 H_0,可认为模型存在一阶序列相关性。

测一测

实际中也可使用 EViews 软件直接得到相关判定结果(见表 7.3.4),进行判断。

表 7.3.4　**Breusch-Godfrey Serial Correlation LM Test**

F-statistic	33.47740	Prob. F(1,33)	0.0000
Obs * R-squared	18.12927	Prob. Chi-Square(1)	0.0000

由表 7.3.4 知,LM$=nR^2=18.1293$,对应的 p 值为 $0.0000<\alpha=0.05$,拒绝原假设 H_0,可认为模型存在一阶序列相关性。

7.4 序列相关性的处理

如前所述,当模型存在序列相关性时,就不能直接采用普通最小二乘法进行估计。解决的基本方法有两种:一是变换原模型为不存在序列相关性的新模型,然后再使用最小二乘法估计,这就是所谓的广义最小二乘法和广义差分法;二是依然采用最小二乘法估计原模型,然后再对参数估计量的方差或标准差进行修正,称之为序列相关稳健估计方法。

7.4.1 广义差分法

1. 广义差分法的基本思想与步骤

广义差分法的基本思路是将原模型转化为差分形式,消除序列相关性,然后使用普通最小二乘法对变换后的模型进行估计。该方法既适用于一元线性回归模型,也适用于多元线性回归模型。此处,以一元线性回归为例讨论。

假设一元线性回归模型为:

$$Y_t = \beta_0 + \beta_1 X_t + \mu_t \tag{7.4.1}$$

且 $\mu_t = \rho\mu_{t-1} + \nu_t, 1 \leqslant \rho \leqslant 1, \rho \neq 1$ (7.4.2)

ν_t 满足经典假设。广义差分法的基本步骤是:

(1)写出模型(7.4.1)的滞后一期模型:

$$Y_{t-1} = \beta_0 + \beta_1 X_{t-1} + \mu_{t-1} \tag{7.4.3}$$

(2)在式(7.4.3)两端同乘以自相关系数 ρ,得到:

$$\rho Y_{t-1} = \rho\beta_0 + \rho\beta_1 X_{t-1} + \rho\mu_{t-1} \tag{7.4.4}$$

(3)将方程式(7.4.1)减去式(7.4.4),得:

$$Y_t - \rho Y_{t-1} = \beta_0(1-\rho) + \beta_1(X_t - \rho X_{t-1}) + (\mu t_t - \rho\mu_{t-1}) \tag{7.4.5}$$

(4)令
$$\begin{cases} Y_{tt}^* = Y_t - \rho Y_{t-1} \\ X_t^* = X_t - \rho Y_{t-1} \\ \beta_0^* = \beta_0(1-\rho) \end{cases} \tag{7.4.6}$$

则式(7.4.5)变为:

$$Y_t^* = \beta_0^* + \beta_1 X_t^* + \nu_t \tag{7.4.7}$$

变换 $\begin{cases} Y_{tt}^* = Y_t - \rho Y_{t-1} \\ X_t^* = X_t - \rho Y_{t-1} \end{cases}$,称为广义差分变换,变化后的模型(7.4.7)称作广义差分模型。

由于式(7.4.2)中的误差项 ν_t 满足经典假设对随机项的所有要求,所以可认为模型(7.4.7)已经消除了序列相关性。

(5)用 OLS 法对模型(7.4.7)进行估计,得到估计值$\hat{\beta}_1$和$\hat{\beta}_0^*$,从而得到原模型(7.4.1)的参数估计值,分别为:

$$\hat{\beta}_1 \text{ 和} \hat{\beta}_0 = \frac{\hat{\beta}_0^*}{1-\rho}$$

需提示的是,第(4)步的变换 $Y_i^* = Y_i - \rho Y_{i-1}$ 和 $X_i^* = X_i - \rho X_{i-1}$,使样本观测值减少一个($i = 2, 3, \cdots, n$),为此,在小样本情况下,我们令:

$$Y_1^* = \sqrt{1-\rho^2}\, Y_1 , X_1^* = \sqrt{1-\rho^2}\, X_1$$

这样可以避免丢失一个观测值。但是,在大样本情况下,可以不做此变换。

从上述过程可以看出,运用广义差分法关键的一点是必须先知道 ρ 值。但是现实中真实的 ρ 值往往未知,我们只能通过一定的方法对 ρ 值进行估计,下面介绍几种估计方法。

2. 自相关系数 ρ 的估计方法

(1)使用 DW 统计量估计

我们知道,在大样本情况下,$DW \approx 2(1-\hat{\rho})$,因此

$$\hat{\rho} \approx 1 - \frac{DW}{2} \tag{7.4.8}$$

而在小样本情况下,用泰尔—纳加估计公式:

$$\hat{\rho} = \frac{n^2(1-DW/2) + k^2}{n^2 - k^2} \tag{7.4.9}$$

这里,n 为样本容量;k 为待估参数个数(含截距项)。

【例 7.4.1】 对例 7.3.1 使用广义差分法消除序列相关现象,并估计模型。

解: 根据前例分析,模型存在序列相关性,但自相关系数 ρ 未知。

第一步,利用 DW 法估计 ρ。

$n=36$,$DW=0.5234$,根据式(7.4.8):

$$\hat{\rho} \approx DW = = 1 - \frac{0.5234}{2} = 0.7383$$

第二步,利用广义差分变换转换模型:

令 $\begin{cases} yy_t = y_t - \hat{\rho} y_{t-1} = y_t - 0.7383 y_{t-1} \\ xx_t = x_t - \hat{\rho} y_{t-1} = x_t - 0.7383 x_{t-1} \end{cases}$,则原模型转化为:

$$yy_t = \alpha^* + \beta_1 xx_t + \mu_t^* \tag{7.4.10}$$

第三步,采用最小二乘法(OLS)估计模型(7.4.10)。

使用 EViews 进行计算,结果如表 7.4.1 所示。

表 7.4.1 模型估计结果

Variable	Coefficient	Std. Error	t-Statistic	Prob.
XX	0.948671	0.019579	48.45441	0.0000
C	−3.675349	1.874831	−1.960362	0.0584
R-squared	0.986139	Mean dependent var		83.62189
Adjusted R-squared	0.985719	S. D. dependent var		25.68114
S. E. of regression	3.068949	Akaike info criterion		5.135992
Sum squared resid	310.8087	Schwarz criterion		5.224870
Log likelihood	−87.87987	Hannan-Quinn criter.		5.166673
F-statistic	2347.829	Durbin-Watson stat		2.117551
Prob(F-statistic)	0.000000			

由表 7.4.1，广义差分模型（4.7.10）的估计式为：

$$\hat{yy} = -3.6753 + 0.9487 xx$$

第四步，写出原模型的估计式：

原模型的估计为：$\hat{y} = \dfrac{-3.6753}{1-0.7383} + 0.9487x = -14.934 + 0.9487x$

（2）使用 Cochrane-Orcutt（柯克兰—奥克特）迭代法估计

仍以一元线性回归模型为例。假设模型为式（7.4.1），且满足式（7.4.2）。Cochrane-Orcutt 迭代法步骤是：

第一步，使用 OLS 法估计原模型（7.4.1），求得 μ_t 的估计值 ε_t：

$$\varepsilon_t = y_t - \hat{\beta}_0 - \hat{\beta}_1 x_t$$

第二步，根据式（7.3.4），求出 ρ 的初始估计值 $\hat{\rho}$：

$$\hat{\rho} = \sum_{t=2}^{n}\varepsilon_t\varepsilon_{t-1} \Big/ \sum_{t=2}^{n}\varepsilon_{t-1}^2$$

第三步，对原模型（7.4.1）实施广义差分变换，即

$$Y_t - \hat{\rho}Y_{t-1} = \beta_0(1-\hat{\rho}) + \beta_1(X_t - \hat{\rho}X_{t-1}) + (\mu_t - \hat{\rho}\mu_{t-1})$$

令：$Y_t^* = Y_t - \hat{\rho}Y_{t-1}$，$X_t^* = X_t - \hat{\rho}X_{t-1}$，$\beta_0^* = \beta_0(1-\hat{\rho})$，$\nu_t = \mu_t - \hat{\rho}\mu_{t-1}$

则式（7.4.1）转化为：

$$Y_t^* = \beta_0^* + \beta_1 X_t^* + \nu_t \tag{7.4.11}$$

用 OLS 估计模型（7.4.11），得到 $\hat{\beta}_1$ 和 $\hat{\beta}_0^*$，并由此得到原模型的第二轮参数估计值，称之为 $\bar{\beta}_1$ 和 $\bar{\beta}_0$。

第四步，将第三步求出的 $\bar{\beta}_1$ 和 $\bar{\beta}_0$ 代入原模型（7.4.1），求得第二轮残差 ε_{2t}。

$$\varepsilon_{2t} = y_t - \bar{\beta}_0 - \bar{\beta}_1 x_t$$

第五步，重复第二步，可以得到 ρ 的第二轮估计值，记为 $\bar{\rho}$。依此类推，可以得到 ρ 的第三轮、第四轮……估计值。一般当相继出现的两个相邻的 ρ 估计值之差小于预先给定的一个很小的数（控制精度），比如 0.01 或 0.005 时，迭代终止。

实际应用过程中，使用 Cochrane-Orcutt（柯克兰—奥克特）迭代法消除模型序列相关的计算过程常借助软件实现。

【例 7.4.2】 对例 7.3.1 使用 Cochrane-Orcutt 迭代法估计 ρ，并使用广义差分法消除模型序列相关现象。

使用 EViews 进行计算，结果如表 7.4.2 所示。

表 7.4.2 模型估计结果

Variable	Coefficient	Std. Error	t-Statistic	Prob.
X	0.948188	0.019543	48.51835	0.0000
C	−13.84951	7.128343	−1.942880	0.0609
AR(1)	0.720606	0.120343	5.987912	0.0000
R-squared	0.998962	Mean dependent var		294.1429

1

6

续表

Variable	Coefficient	Std. Error	t-Statistic	Prob.
Adjusted R-squared	0.998897	S. D. dependent var		93.80052
S. E. of regression	3.115409	Akaike info criterion		5.192414
Sum squared resid	310.5847	Schwarz criterion		5.325730
Log likelihood	−87.86725	Hannan-Quinn criter		5.238435
F-statistic	15394.95	Durbin-Watson stat		2.080020
Prob(F-statistic)	0.000000			

由表 7.4.2 可得，经过 6 次迭代后，得到：$\hat{\rho}=0.72$，原模型的估计方程为：

$$\hat{y}=-13.8495+0.9482x+AR(1), AR(1)=0.72$$

（3）杜宾两步法

杜宾两步法的特点是不但求出了$\hat{\rho}$，还求出了模型的参数估计值。仍以一元线性回归模型为例。假设模型为式（7.4.1），且满足式（7.4.2）。具体过程为：

第一步：构建辅助回归方程，求出自相关系数 ρ 的估计值$\hat{\rho}$：

辅助方程为：$y_t=\beta_0+\delta y_{t-1}+\beta_1 x_t+\beta_2 x_{t-1}+\mu_t$ 　　　　　（7.4.12）

用 OLS 法估计式（7.4.12），得到：

$$\hat{y}_t=\hat{\beta}_0+\hat{\delta}y_{t-1}+\beta_1 x_t+\beta_2 x_{t-1}$$

则 Y_{t-1} 前面的参数估计值就是$\hat{\rho}$，即$\hat{\rho}=\hat{\delta}$。

第二步：利用$\hat{\rho}$进行广义差分变换，对原模型估计。

令 $y_t^*=y_t-\hat{\rho}y_{t-1}$，$x_t^*=x_t-\hat{\rho}x_{t-1}$，则原模型式（7.4.1）转化为：

$$y_t^*=\beta_0^*+\beta_1 x_t^*+\nu_t$$ 　　　　　（7.4.13）

其中，$\beta_0^*=\beta_0(1-\hat{\rho})$，$\nu_t=\mu_t-\hat{\rho}\mu_{t-1}$，然后使用 OLS 法对式（7.4.13）进行估计。再利用式（7.4.1）与式（7.4.13）两模型中参数之间的关系，求得原模型的估计式。

实际中上述过程常借助于 EViews 或其他统计软件完成。

【例 7.4.3】　对例 7.3.1 使用杜宾两步法估计$\hat{\rho}$，并使用广义差分法消除模型 $y=\beta_0+\beta_1 x+\mu$ 的序列相关现象。

第一步，做辅助回归方程，估计自相关系数$\hat{\rho}$。

设辅助回归方程为：

$$y_t=\beta_0+\rho y_{t-1}+\beta_1 x_t+\beta_2 x_{t-1}+\mu_t$$

使用 OLS 法，采用 EViews 进行计算，结果如表 7.4.3 所示。

表 7.4.3　辅助方程回归结果

Variable	Coefficient	Std. Error	t-Statistic	Prob.
C	−2.399880	2.240256	−1.071253	0.2923
X	0.764571	0.100820	7.583548	0.0000
Y(−1)	0.774799	0.119634	6.476434	0.0000
X(−1)	−0.547787	0.136029	−4.026999	0.0003

续表

Variable	Coefficient	Std. Error	t-Statistic	Prob.
R-squared	0.999065	Mean dependent var		294.1429
Adjusted R-squared	0.998975	S. D. dependent var		93.80052
S. E. of regression	3.003155	Akaike info criterion		5.144415
Sum squared resid	279.5872	Schwarz criterion		5.322169
Log likelihood	−86.02726	Hannan-Quinn criter.		5.205775
F-statistic	11046.04	Durbin-Watson stat		1.812112
Prob(F-statistic)	0.000000			

辅助方程估计式为：

$$\hat{y}_t = -2.3999 + 0.7748 y_{t-1} + 0.7646 x_t - 0.5748 x_{t-1}$$

由此可得：$\hat{\rho} = 0.7748$。

第二步，采用广义差分法修正模型：

令 $\begin{cases} yy_t = y_t - 0.7748 y_{t-1} \\ xx_t = x_t - 0.7748 x_{t-1} \end{cases}$，则原模型转换为广义差分模型：

$$yy_t = \alpha^* + \beta_1 xx_t + \mu_t^* \tag{7.4.14}$$

用 OLS 法进行估计。使用 EViews 进行计算，结果如表 7.4.4 所示。

表 7.4.4　广义差分模型估计结果

Variable	Coefficient	Std. Error	t-Statistic	Prob.
XX	0.949594	0.022622	41.97664	0.0000
C	−3.252019	1.894492	−1.716565	0.0954
R-squared	0.981616	Mean dependent var		73.21417
Adjusted R-squared	0.981059	S. D. dependent var		22.36695
S. E. of regression	3.078288	Akaike info criterion		5.142070
Sum squared resid	312.7033	Schwarz criterion		5.230947
Log likelihood	−87.98622	Hannan-Quinn criter.		5.172750
F-statistic	1762.038	Durbin-Watson stat		2.186952
Prob(F-statistic)	.000000			

广义差分模型估计方程为：

$$\hat{yy} = -3.2520 + 0.9496 xx$$

原模型的估计式为：

$$\hat{y} = \frac{-3.2520}{1-0.7748} + 0.9496x = -14.4405 + 0.9496x$$

7.4.2 序列相关稳健标准误法

与回归模型随机误差项出现异方差情况类似,当模型随机误差项出现序列相关时,使用普通最小二乘法只是影响到了参数估计量方差或标准差的正确估计,从而无法保证最小二乘估计量的有效性,但这并不影响估计量的无偏性与一致性,因此与解决异方差情况相同,可采用另一种针对序列相关修正的方法:仍采用最小二乘估计量,但修正其相应的方差。

如何修正普通最小二乘估计量的方差? 尼威和韦斯特(1987)提出了类似怀特矫正异方差时提出的修正最小二乘估计量方差的方法,即在一元线性回归模型中,对估计量 $\hat{\beta}_1$ 的方差不是按照普通最小二乘法中的 $\mathrm{Var}(\hat{\beta}_1) = \sigma^2 / \sum x_t^2$ 估计,而是按:

$$\mathrm{Var}(\hat{\beta}_1) = \frac{\sigma^2}{\sum x_t^2} + \frac{2\sigma^2}{\sum x_t^2} \left[\rho \frac{\sum\limits_{t=1}^{n-1} x_t x_{t+1}}{\sum x_t^2} + \rho^2 \frac{\sum\limits_{t=2}^{n-2} x_t x_{t+2}}{\sum x_t^2} + \cdots + \rho^{n-1} \frac{x_1 x_n}{\sum x_t^2} \right] \quad (7.4.15)$$

进行估计。

尼威和韦斯特提出的修正普通最小二乘估计参数估计量标准误的方法,不仅能在模型随机误差项只存在序列相关时得到参数估计量的正确标准误,而且当模型随机误差项同时存在异方差和序列相关时,也能得到参数估计量的正确标准误,因此该标准误也称为异方差—序列相关一致标准误,该估计参数的方法称为序列相关稳健标准误法。

序列相关稳健标准误法虽不能得到有效的估计量,但由于可以得到普通最小二乘估计量正确的方差估计,所以就成为在不能较好地实施广义最小二乘法消除序列相关不良后果的一个主要手段。

7.5 应用举例

【例 7.5.1】 以某地区 22 年的年度数据估计了如下工业就业回归方程:

$$\hat{y} = -3.89 + 0.51\ln x_1 - 0.25\ln x_2 + 0.62\ln x_3$$
$$t \quad (-0.56) \quad (2.3) \quad (-1.7) \quad (5.8)$$
$$\bar{R}^2 = 0.996 \quad \mathrm{DW} = 1.147$$

其中,y 为总就业量;x_1 为总收入;x_2 为平均月工资率;x_3 为地方政府的总支出,请问:
(1)一阶自相关的 DW 检验有效吗? (2)如何进行 LM 检验? 取 $\alpha = 0.05$,要求写出具体过程。

解:(1)由于样本量 $n = 22$,变量个数 $k = 4$(含截距项),$\alpha = 0.05\%$,相应临界值 $d_L = 1.053, d_U = 1.664$,由于 $d_L < \mathrm{DW} < d_U$,所以 DW 检验失效。

(2)第一步,提出假设:$\mathrm{H}_0 : \rho = 0$;$\mathrm{H}_1 : \rho \neq 0$;

第二步,使用 OLS 法估计模型:$y_t = \beta_0 + \beta_1 \ln x_{1t} + \beta_2 \ln x_{2t} + \beta_3 \ln x_{3t} + \mu_t$,求出残差 ε_t;

第三步,构建辅助回归方程:$\varepsilon_t = \beta_0 + \beta_1 \ln x_{1t} + \beta_2 \ln x_{2t} + \beta_3 \ln x_{3t} + \delta \varepsilon_{t-1} + \nu_t$,并使用 OLS 法估计,求出 R^2;

第四步,计算统计量 LM 值:$\mathrm{LM} = nR^2 = 22 \times 0.996 = 21.912$;

第五步,进行序列相关性判断:确定显著性水平 $\alpha=0.05$,$\chi^2_{0.05}(1)=3.841$,因为 $LM=21.912>\chi^2_{0.05}(1)=3.841$,因此拒绝原假设 $H_0:\rho=0$,说明模型存在一阶序列相关性。

【例 7.5.2】 某地区制造业的库存(KC)与销售情况(XS)如表 7.5.1 所示,要求估计模型:$KC_t=\beta_0+\beta_1 XS_t+\mu_t$,检验是否存在系列相关,若存在,请消除。

表 7.5.1 制造业的库存(KC)与销售数据　　　　单位:亿元

年份	销售	库存	年份	销售	库存	年份	销售	库存	年份	销售	库存
1960	38596	59822	1981	117023	188991	1971	61159	95580	1992	348771	575486
1961	43356	70242	1982	131227	203227	1972	65662	101049	1993	370501	591858
1962	44840	72377	1983	153881	234406	1973	68995	105463	1994	411427	651527
1963	47987	76122	1984	178201	287144	1974	73682	111504	1995	423940	665837
1964	46443	73175	1985	182412	288992	1975	80283	120929	1996	431786	664654
1965	51694	79516	1986	204386	318345	1976	87187	136824	1997	459107	711745
1966	54063	87304	1987	229768	350706	1977	90918	145681	1998	496334	767387
1967	55879	89052	1988	260755	400929	1978	98794	156611	1999	522344	813018
1968	54201	87055	1989	298328	452636	1979	105812	170400	2000	540788	835985
1969	59729	92097	1990	328112	510124	1980	108352	178594	2001	533838	828184
1970	60827	94719	1991	356909	547169						

1. 用 OLS 法估计模型

使用 EViews 进行计算,结果如表 7.5.2 所示。

表 7.5.2 回归估计结果

Variable	Coefficient	Std. Error	t-Statistic	Prob.
XS	1.554366	0.006983	222.5870	0.0000
C	1655.334	1806.265	0.916440	0.3649
R-squared	0.999193	Mean dependent var		311725.4
Adjusted R-squared	0.999173	S. D. dependent var		259139.8
S. E. of regression	7451.624	Akaike info criterion		20.71670
Sum squared resid	2.22E+09	Schwarz criterion		20.79945
Log likelihood	−433.0507	Hannan-Quinn criter		20.74703
F-statistic	49544.97	Durbin-Watson stat		1.374089
Prob(F-statistic)		0.000000		

估计方程为:

$$\hat{kc}_t = 1655.344 + 1.5544XS_t$$

t　　(0.9164)　(222.587)

$R^2 = 0.9992$　F-statistic $= 49544.97$　Prob(F-statistic) $= 0.0000$　DW $= 1.3741$

2. 序列相关性检验

此处分别采用三种方法进行检验,实际应用中只需采用其中一个即可。

（1）残差图法

做残差 ε_t 与 ε_{t-1} 散点图(或 $\varepsilon - t$ 时间顺序图)。利用 EViews 软件作图,结果如图 7.5.1 所示,图(a)与图(b)均显示原模型存在正序列相关性。

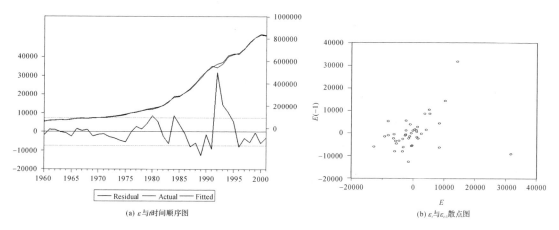

图 7.5.1　EViews 输出结果

（2）DW 检验

根据表 7.5.2,DW $= 1.3741$,取显著性水平 $\alpha = 0.05$,$n = 42$,$k = 2$,查表得:$d_L = 1.46$,$d_U = 1.55$。因为 DW $= 1.3741 < d_L = 1.46$,根据判定规则,存在一阶正序列相关。

（3）LM 检验

取 $\alpha = 0.05$,求出 LM 值进行判断。利用 EViews 进行计算,结果如表 7.5.3 所示。

表 7.5.3　**Breusch-Godfrey Serial Correlation LM Test**

F-statistic	4.166314	Prob. F(1,39)	0.0480
Obs * R-squared	4.053744	Prob. Chi-Square(1)	0.0441

由表 7.5.3 知,LM $= 4.0537$,对应的 χ^2 分布概率 p 值为 $0.0441 < \alpha = 0.05$,因此拒绝序列不相关假设,认为原模型存在一阶序列相关性。

3. 序列相关的消除

（1）采用广义差分法进行消除

由于 ρ 未知,所以需估计 ρ。此处分别采用三种不同的方法估计 ρ,实际应用中根据需要只需采用其中一个即可。

①使用 DW 值估计,然后使用广义差分法修正模型。

已知 $DW=1.374, n=42$,则 $\hat{\rho} \approx 1-\dfrac{DW}{2}=0.313$

令 $\begin{cases} KKC_i = KC - 0.313KC_{t-1} \\ XXS_t = XS - 0.313XS_{t-1} \end{cases}$,原模型转化为:$KKC_t = \beta_0^* + \beta_1 XXS_t + \mu_t^*$ （ ＊ ）

使用 OLS 法估计(＊)。采用 EViews 计算,结果如表 7.5.4 所示。

表 7.5.4　模型估计结果

Variable	Coefficient	Std. Error	t-Statistic	Prob.
XXS	1.552870	0.009698	160.1262	0.0000
C	1371.606	1785.898	0.768020	0.4471
R-squared	0.998481	Mean dependent var		224242.0
Adjusted R-squared	0.998442	S. D. dependent var		181548.5
S. E. of regression	7165.229	Akaike info criterion		20.63942
Sum squared resid	2.00E+09	Schwarz criterion		20.72301
Log likelihood	−421.1081	Hannan-Quinn criter.		20.66986
F-statistic	25640.41	Durbin-Watson stat		2.047857
Prob(F-statistic)		0.000000		

(＊)式估计为:$\hat{KKC}_t = 1371.606 + 1.5529XXS_t$

此时,$DW=2.0478$,取 $\alpha=0.05, n=41$,查表得:$d_L=1.44, d_U=1.54$,因为 $d_U=1.54 <$ $DW=2.0478 < 4-d_U=2.45$,根据判定规则,(＊)不存在序列相关性。

于是,消除序列相关性后的原模型的估计为:

$$\hat{KC} = \frac{1371.606}{1-0.313} + 1.5529XS = 1996.51 + 1.5529XS$$

②Cochrane-Orcutt 迭代法估计 ρ,然后用广义差分法修正模型。

采用 EViews 进行计算,结果如表 7.5.5 所示。

表 7.5.5　模型估计结果

Variable	Coefficient	Std. Error	t-Statistic	Prob.
C	1996.397	2635.495	0.757504	0.4534
XS	1.552871	0.009839	157.8294	0.0000
AR(1)	0.312910	0.154450	2.025968	0.0498
R-squared	0.999255	Mean dependent var		317869.4

续表

Variable	Coefficient	Std. Error	t-Statistic	Prob.
Adjusted R-squared	0.999216	S. D. dependent var		259243.5
S. E. of regression	7258.896	Akaike info criterion		20.68820
Sum squared resid	2.00E+09	Schwarz criterion		20.81358
Log likelihood	−421.1081	Hannan-Quinn criter.		20.73386
F-statistic	25490.65	Durbin-Watson stat		2.047663
Prob(F-statistic)	0.000000			
Inverted AR Roots	.31			

由表 7.5.5 知，DW＝2.0477，落在了不相关区域（检验略）。因此，消除了序列相关性的模型为：

$$\hat{KC}=1996.39+1.5529XS+[AR(1)=0.31]$$

③杜宾两步法估计 ρ，然后用广义差分法修正模型。

第一步：设辅助方程为：$KC_t=\beta_0+\rho KC_{t-1}+\beta_1 XS_t+\beta_2 XS_{t-1}+\mu_t$

使用 EViews 进行计算，结果如表 7.5.6 所示。

表 7.5.6 模型估计结果

Variable	Coefficient	Std. Error	t-Statistic	Prob.
C	2091.837	1750.827	1.194771	0.2398
KC(−1)	0.314521	0.145965	2.154761	0.0378
XS	1.326113	0.096729	13.70959	0.0000
XS(−1)	−0.251117	0.247485	−1.014675	0.3169
R-squared	0.999352	Mean dependent var		317869.4
Adjusted R-squared	0.999300	S. D. dependent var		259243.5
S. E. of regression	6860.075	Akaike info criterion		20.59729
Sum squared resid	1.74E+09	Schwarz criterion		20.76447
Log likelihood	−418.2445	Hannan-Quinn criter.		20.65817
F-statistic	19028.97	Durbin-Watson stat		1.888013
Prob(F-statistic)	0.000000			

表 7.5.6 中 KC(−1) 的系数即为自相关系数 ρ 的估计值。

第二步：令 $\begin{cases} \text{KKC}_t = \text{KC} - 0.3145\text{KC}_{t-1} \\ \text{XXS}_t = \text{XS} - 0.3145\text{XS}_{t-1} \end{cases}$，原模型转化为 $\text{KKC}_t = \beta_0^* + \beta_1 \text{XXS}_t + \mu_t^*$。

用 OLS 法估计 β_0^*、β_1，使用 EViews 进行计算，结果如表 7.5.7 所示。

表 7.5.7 模型估计结果

Variable	Coefficient	Std. Error	t-Statistic	Prob.
XXS	1.552861	0.009718	159.7976	0.0000
C	1369.966	1785.950	0.767080	0.4477
R-squared	0.998475	Mean dependent var		223793.3
Adjusted R-squared	0.998436	S. D. dependent var		181176.6
S. E. of regression	7165.239	Akaike info criterion		20.63942
Sum squared resid	2.00E+09	Schwarz criterion		20.72301
Log likelihood	−421.1081	Hannan-Quinn criter.		20.66986
F-statistic	25535.26	Durbin-Watson stat		2.051092
Prob(F-statistic)	0.000000			

DW＝2.051，落在不相关区域（检验略）。因此，消除了序列相关性的估计方程为：

$$\hat{\text{KC}} = \frac{1369.966}{1-0.3145} + 1.5529\text{XS} = 1998.49 + 1.5529\text{XS}$$

【例 7.5.3】 中国税收增长的分析。

根据各种理论与文献，可认为一国的经济整体增长、公共财政的需求、物价水平等是一国"税收收入"最主要的影响因素。为了全面反映中国税收增长的全貌，选择包括中央和地方税收的"国家财政收入"中的"各项税收"（简称"税收收入"）作为因变量 y；"国内生产总值（GDP）"作为经济整体增长水平的代表；中央和地方"财政支出"作为公共财政需求的代表；以"商品零售物价指数"作为物价水平的代表。所以自变量设定为可观测的"国内生产总值 x_1""财政支出 x_2""商品零售物价指数 x_3"。从《中国统计年鉴》收集数据，具体如表 7.5.8 所示。

设定线性回归模型为：$y = \beta_0 + \beta_1 x_1 + \beta_2 x_2 + \beta_3 x_3 + \mu$，要求估计模型，并检验是否存在自相关，若存在，则消除。

1. 用 OLS 法估计模型

利用 EViews 软件计算，结果如图 7.5.2 所示。

表 7.5.8 中国税收各变量数据

年份	Y	X_1	X_2	X_3	年份	Y	X_1	X_2	X_3
1978	519.28	3624.1	1122.09	100.7	1991	2990.17	21617.8	3386.62	102.9
1979	537.82	4038.2	1281.79	102	1992	3296.91	26638.1	3742.2	105.4
1980	571.7	4517.8	1228.83	106	1993	4255.3	34634.4	4642.3	113.2
1981	629.89	4862.4	1138.41	102.4	1994	5126.88	46759.4	5792.62	121.7
1982	700.02	5294.7	1229.98	101.9	1995	6038.04	58478.1	6823.72	114.8
1983	775.59	5934.5	1409.52	101.5	1996	6909.82	67884.6	7937.55	106.1
1984	947.35	7171	1701.02	102.8	1997	8234.04	74462.6	9233.56	100.8
1985	2040.79	8964.4	2004.25	108.8	1998	9262.8	78345.2	10798.2	97.4
1986	2090.73	10202.2	2204.91	106	1999	10682.6	82067.5	13187.7	97
1987	2140.36	11962.5	2262.18	107.3	2000	12581.5	89468.1	15886.5	98.5
1988	2390.47	14928.3	2491.21	118.5	2001	15301.4	97314.8	18902.6	99.2
1989	2727.4	16909.2	2823.78	117.8	2002	17636.5	104791	22053.2	98.7
1990	2821.86	18547.9	3083.59	102.1					

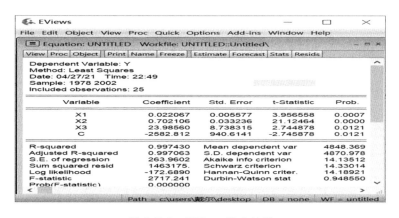

图 7.5.2 EViews 输出结果

原模型估计方程为：

$$\hat{y} = -2582.791 + 0.0221x_1 + 0.7021x_2 + 23.9854x_3$$

$$t \quad (-2.7459) \quad (3.9566) \quad (21.1246) \quad (2.7449)$$

$$R^2 = 0.9974 \quad \overline{R}^2 = 0.9971 \quad \text{F-statistic} = 2717.241 \quad \text{Prob(F)} = 0.0000$$

2. 序列相关性检验

采用 DW 法进行检验。由图 7.5.2 可知，DW = 0.9486，取显著性水平 $\alpha = 0.05$，$n = 25$，$k = 4$ 时，查表得：$d_L = 1.12$，$d_U = 1.66$。因为 DW = 0.9486 < $d_L = 1.12$，所以存在一阶正的

序列相关性。

3. 序列相关性消除

采用杜宾两步法进行消除。首先，设辅助方程为：

$$y_t=\beta_0+\rho y_{t-1}+\beta_1 x_t+\beta_2 x_{t-1}+\beta_3 x_{2t}+\beta_4 x_{2(t-1)}+\beta_3 x_{3t}+\beta_3 x_{3(t-1)}+\mu_t$$

采用 OLS 法估计。使用 EViews 进行计算，结果如图 7.5.3 所示。

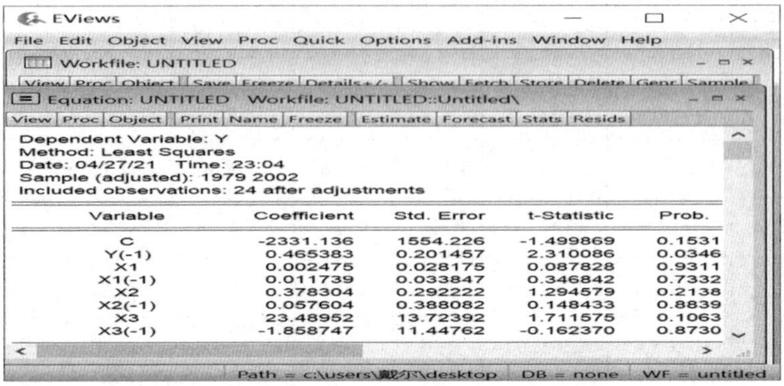

Variable	Coefficient	Std. Error	t-Statistic	Prob.
C	-2331.136	1554.226	-1.499869	0.1531
Y(-1)	0.465383	0.201457	2.310086	0.0346
X1	0.002475	0.028175	0.087828	0.9311
X1(-1)	0.011739	0.033847	0.346842	0.7332
X2	0.378304	0.292222	1.294579	0.2138
X2(-1)	0.057604	0.388082	0.148433	0.8839
X3	23.48952	13.72392	1.711575	0.1063
X3(-1)	-1.858747	11.44762	-0.162370	0.8730

图 7.5.3 EViews 输出结果

图 7.5.3 中 $y(-1)$ 的系数即为自相关系数 ρ 的估计值：

令：$\begin{cases} yy_t=y_t-0.4654y_{t-1} \\ xx_{1t}=x_t-0.4654x_{1(t-1)} \\ xx_{2t}=x_{2t}-0.4654x_{2(t-1)} \\ xx_{3t}=x_{3t}-0.4654x_{3(t-1)} \end{cases}$，原模型转化为广义差分模型：

$$yy=\beta_0^*+\beta_1 xx_1+\beta_2 xx_2+\beta_3 xx_3+\mu^* \tag{7.5.1}$$

采用 OLS 估计式(7.5.1)。使用 EViews 进行计算，结果如图 7.5.4 所示。

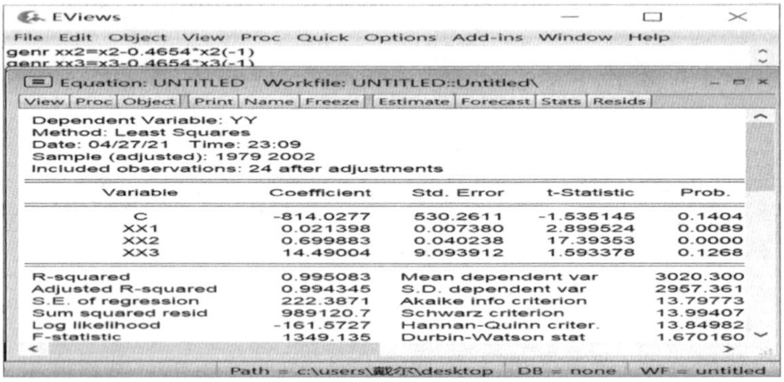

Variable	Coefficient	Std. Error	t-Statistic	Prob.
C	-814.0277	530.2611	-1.535145	0.1404
XX1	0.021398	0.007380	2.899524	0.0089
XX2	0.699883	0.040238	17.39353	0.0000
XX3	14.49004	9.093912	1.593378	0.1268

R-squared	0.995083	Mean dependent var	3020.300
Adjusted R-squared	0.994345	S.D. dependent var	2957.361
S.E. of regression	222.3871	Akaike info criterion	13.79773
Sum squared resid	989120.7	Schwarz criterion	13.99407
Log likelihood	-161.5727	Hannan-Quinn criter.	13.84982
F-statistic	1349.135	Durbin-Watson stat	1.670160

图 7.5.4

广义差分模型(7.5.1)的估计为：

$$\hat{y}y=-814.0277+0.0214xx_1+0.6999xx_2+14.4900xx_3$$

于是，消除了序列相关性的原模型估计为：

$$\hat{y} = \frac{-814.0277}{1-0.4654} + 0.0214x_1 + 0.6999x_2 + 14.4899x_3$$
$$= 1522.688 + 0.0214x_1 + 0.6999x_2 + 14.4899x_3$$

7.6 序列相关性实验

7.6.1 实验数据

表 7.6.1 中给出了美国 1960—1995 年 36 年间个人实际可支配收入 X 和个人实际消费支出 Y 的数据。请：

（1）用普通最小二乘法估计收入—消费模型：$Y_t = \beta_1 + \beta_2 X_t + u_t$；

（2）检验收入—消费模型的序列相关状况（5%显著水平）；

（3）用适当的方法消除模型中存在的问题。

表 7.6.1 美国个人实际可支配收入和实际消费支出   单位：百亿美元

年份	X	Y	年份	X	Y	年份	X	Y
1960	157	143	1972	268	242	1984	384	341
1961	162	146	1973	287	253	1985	396	357
1962	169	153	1974	285	251	1986	409	371
1963	176	160	1975	290	257	1987	415	382
1964	188	169	1976	301	271	1988	432	397
1965	200	180	1977	311	283	1989	440	406
1966	211	190	1978	326	295	1990	448	413
1967	220	196	1979	335	302	1991	449	411
1968	230	207	1980	337	301	1992	461	422
1969	237	215	1981	345	305	1993	467	434
1970	247	220	1982	348	308	1994	478	447
1971	256	228	1983	358	324	1995	493	458

资料来源：Economic Report of the President，数据以 1992 年为基准价格。

7.6.2 实验步骤

1. 模型估计

首先建立文件，输入数据 Y、X。在数据窗口点击"Proc"→"Make Equation"→"确定"，结果如图 7.6.1 所示。

估计方程为：$\hat{y}=-9.4288+0.9359x$

$\qquad t \qquad (-3.7649)(125.34)$

$R^2=0.9978 \quad$ F-statistic$=15710.39 \quad$ Prob(F)$=0.0000 \quad$ DW$=0.5234$

图 7.6.1　建立文件

2.序列相关性检验

(1)残差图法

做 ε-t 顺序分布图。在上一步操作后的方程估计窗口，单击"Resids"按钮，或单击"View"→"Actual, Fitted, Residual"→"Actual, Fitted, Residual Table"，结果如图 7.6.2 所示。

或做 ε_t^2 与 x_t 的散点图。在方程估计后，得到残差 resid，在命令窗口用 GENR 生成序列 R，R = resid；然后点击"Quick"→"Graph"，键入 R R（－1），选择"Basic Type"→"Scatter"，点击"OK"，结果如图 7.6.3 所示。根据残差图初步判断存在序列相关性。

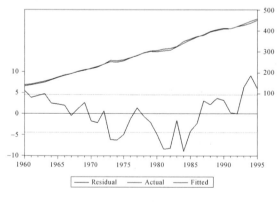

图 7.6.2　结果显示

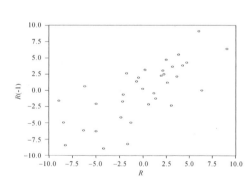

图 7.6.3　ε_t^2 与 x_t 的散点图

(2)LM 检验

在上一步的估计方程窗口(见图 7.6.1)，点击"View"→"Residual Diagnostics"→"Serial Correlation LM Tests"，选择滞后项"1"，得到图 7.6.4。

198

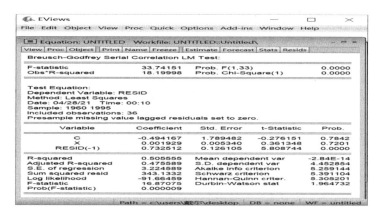

图 7.6.4　结果显示

由图 7.6.4 知，LM＝18.19998，取 α＝0.05，p 值为 0.0000＜α＝0.05，因此认为原模型存在一阶序列相关性。

在拉格朗日乘数检验中，需要人为确定滞后期的长度。实际应用中，一般是从低阶的 p＝1 开始，直到 p＝10 左右。若未能找到显著的检验结果，可认为不存在自相关性。

3. 序列相关性的消除

(1) 采用广义差分法进行消除

① 使用 DW 值估计 ρ，然后使用广义差分法修正模型。

根据图 7.6.1，DW＝0.5234，则 $\hat{\rho} \approx 1 - \dfrac{\text{DW}}{2} = 0.7383$。

分别对 y 与 x 做广义差分。在命令窗口输入"GENR　YY＝y－0.7383＊y(－1)，GENR　XX＝x－0.7383＊x(－1)"，或利用菜单"Quick"→"generate series"在对话框中输入"YY＝y－0.7383＊y(－1) 以及 XX＝x－0.7383＊x(－1)"；然后在命令窗口输入"LS YY C XX"，结果如图 7.6.5 所示。

图 7.6.5　结果显示

原模型估计方程为：$\hat{y} = \dfrac{-3.6753}{1 - 0.7383} + 0.9487x$

此时，由于 DW＝2.1176，取 α＝0.05，n＝35，查表得：d_L＝1.4，d_U＝1.52，因为 d_U＝1.52＜DW＝2.1176＜4－d_U＝2.45，根据判定规则，模型不存在序列相关性。

②Cochrane-Orcutt 迭代法估计 ρ,然后用广义差分法修正模型。

点击“Quick”→“Estimate Equation”在对话框中输入“y C x AR(1)”或直接在命令窗口键入命令“LS y C x AR(1)”,结果如图 7.6.6 所示。

EViews
File Edit Object View Proc Quick Options Add-ins Window Help
Equation: UNTITLED Workfile: UNTITLED::Untitled\
View Proc Object Print Name Freeze Estimate Forecast Stats Resids
Dependent Variable: Y
Method: Least Squares
Date: 04/28/21 Time: 00:51
Sample (adjusted): 1961 1995
Included observations: 35 after adjustments
Convergence achieved after 7 iterations
Variable Coefficient Std. Error t-Statistic Prob.
C -13.84951 7.128343 -1.942880 0.0609
X 0.948188 0.019543 48.51835 0.0000
AR(1) 0.720606 0.120343 5.987912 0.0000
R-squared 0.998962 Mean dependent var 294.1429
Adjusted R-squared 0.998897 S.D. dependent var 93.80052
S.E. of regression 3.115409 Akaike info criterion 5.192414
Sum squared resid 310.5847 Schwarz criterion 5.325730
Log likelihood -87.86725 Hannan-Quinn criter. 5.238435
F-statistic 15394.95 Durbin-Watson stat 2.080020
Prob(F-statistic) 0.000000
Inverted AR Roots .72
Path = c:\users\戴尔\desktop DB = none WF = untitled

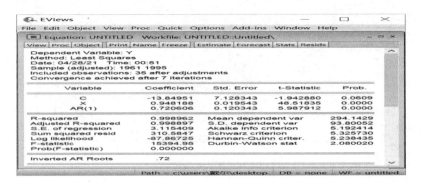

图 7.6.6 结果显示

由图 7.6.6 知,DW=2.08,落在了不相关区域(检验略)。因此,消除了序列相关性的模型为:

$$\hat{y}=-13.8495+0.9482x+[AR(1)=0.72]$$

③杜宾两步法估计 ρ,然后用广义差分法修正模型。

第一步:估计辅助方程:$y=\beta_0+\rho y(-1)+\beta_1 x+\beta_2 x(-1)+\mu$

在命令窗口键入“Ls y c y(−1) x x(−1)”,按回车键或点击“Quick”→“Estimate Equation”在对话框中输入“y c y(−1) x x(−1)”,结果如图 7.6.7 所示。

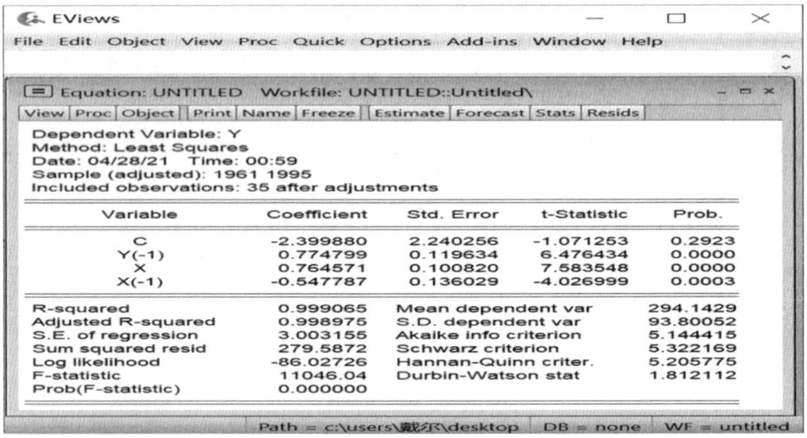

EViews
File Edit Object View Proc Quick Options Add-ins Window Help
Equation: UNTITLED Workfile: UNTITLED::Untitled\
View Proc Object Print Name Freeze Estimate Forecast Stats Resids
Dependent Variable: Y
Method: Least Squares
Date: 04/28/21 Time: 00:59
Sample (adjusted): 1961 1995
Included observations: 35 after adjustments
Variable Coefficient Std. Error t-Statistic Prob.
C -2.399880 2.240256 -1.071253 0.2923
Y(-1) 0.774799 0.119634 6.476434 0.0000
X 0.764571 0.100820 7.583548 0.0000
X(-1) -0.547787 0.136029 -4.026999 0.0003
R-squared 0.999065 Mean dependent var 294.1429
Adjusted R-squared 0.998975 S.D. dependent var 93.80052
S.E. of regression 3.003155 Akaike info criterion 5.144415
Sum squared resid 279.5872 Schwarz criterion 5.322169
Log likelihood -86.02726 Hannan-Quinn criter. 5.205775
F-statistic 11046.04 Durbin-Watson stat 1.812112
Prob(F-statistic) 0.000000
Path = c:\users\戴尔\desktop DB = none WF = untitled

图 7.6.7 结果显示

图 7.6.7 中 $y(-1)$的系数即为自相关系数 ρ 的估计值,$\hat{\rho}=0.3145$。

第二步:分别对 y 与 x 做广义差分。命令窗口输入“Genr yy=y−0.3145 * y(−1),Genr xx=x−0.3145 * x(−1)”,或利用菜单“Quick”→“generate series”,在对话框中输入“yy=y−0.3145 * y(−1)以及 xx=x−0.3145 * x(−1)”;然后在命令窗口输入“LS YY C XX”,结果如图 7.6.8 所示。

图 7.6.8 结果显示

DW$=1.0331$,取 $\alpha=0.05,n=35$,查表得:$d_L=1.4,d_U=1.52$,因为 DW$<d_L=1.4$,根据判定规则,可知此时模型还存在序列相关性,因而还需对其进行修正。

2. 采用序列相关稳健标准误法消除

点击"Proc"→"Estimate Equation"键入 "y c x",选择"Options"→"White"→"确定",结果如图 7.6.9 和图 7.6.10 所示。

图 7.6.9 操作过程

图 7.6.10 结果显示

修正后的模型估计为:$\hat{y}=-9.4288+0.9359x$

$$t \quad (-3.9777)(120.81)$$

$$R^2=0.9978 \quad \text{F-statistic}=15710.39 \quad \text{Prob(F)}=0.0000 \quad \text{DW}=0.5234$$

可以看出,该方法估计的模型参数值与以前相同,但由于参数估计量的标准差得到了修正,从而使得变量显著性的 t 统计量与普通最小二乘法的结果有所不同。这时所进行的变量显著性检验及区间估计等都是有效的,序列相关性的后果得到了校正。

【练一练】 实验作业。

表 7.6.2 为中国 1980—2007 年全社会固定资产投资总额与工业总产值统计资料,请:

(1)当设定模型为:$\ln y=\beta_0+\beta_1\ln x+\mu$,用普通最小二乘法估计模型;

(2)检验模型序列相关状况($\alpha=5\%$);

(3)若存在,用适当方法消除。

表 7.6.2　中国 1980—2007 年全社会固定资产投资总额与工业总产值　　　单位:亿元

年份	全社会固定资产投资 X	工业增加值 Y	年份	全社会固定资产投资 X	工业增加值 Y
1980	910.9	1996.5	1997	24941.1	32921.4
1981	961.0	2048.4	1998	28406.2	34018.4
1982	1230.4	2162.3	1999	29854.7	35861.5
1983	1430.1	2375.6	2000	32917.7	40033.6
1984	1832.9	2789.0	2001	37213.5	43580.6
1985	2543.2	3448.7	2002	43499.9	47431.3
1986	3120.6	3967.0	2003	55566.6	54945.5
1987	3791.7	4585.8	2004	70477.4	65210.0
1988	4753.8	5777.2	2005	88773.6	77230.8
1989	4410.4	6484.0	2006	109998.2	91310.9
1990	4517.0	6858.0	2007	137323.9	110534.9
1991	5594.5	8087.1	2008	172828.4	130260.2
1992	8080.1	10284.5	2009	224598.8	135239.9
1993	13072.3	14188.0	2010	251683.8	160722.2
1994	17042.1	19480.7	2011	311485.1	188470.2
1995	20019.3	24950.6	2012	374694.7	199670.7
1996	22913.5	29447.6	2013	446294.1	210689.4

【本章小结】

本章首先讨论了序列相关性及其带来的影响,介绍了残差图法、杜宾—沃森检验法等,以及广义差分法、杜宾两步法等消除序列相关性的措施。最后结合案例和 EViews 软件对自相关系数估计和各种处理方法进行了比较分析。

【关键术语】

序列相关性、杜宾—沃森检验、拉格朗日乘数检验、广义差分变换、广义差分模型、杜宾两步法、柯克兰—奥克特迭代法、序列相关稳健标准误法。

【课后讨论】

请同学们进入国家统计局官网,搜集我国近二十年的能源消费总量(万吨标准煤)、GDP 等数据,建立反映能源投入与经济产出的关系模型。并就序列相关性问题开展研究。

以此探讨绿色低碳生产方式在中国的建设情况。

【思考与练习】

1.什么是序列相关性？举例说明经济生活中存在序列相关性的例子。

2.在存在一阶序列相关性前提下，什么估计方法能产生最优线性无偏(BLUE)估计量？简述该方法的具体步骤。

3.判断正误，并说明理由。

(1)当存在序列相关性时，OLS 估计量是有偏且无效的。

(2)对于自回归模型，即模型中的一个解释变量是被解释变量的一期滞后值时，DW 检验是无效的。

(3)DW 检验假设误差项是同方差的。

(4)广义差分变换假定自相关系数 ρ 必须等于 1。

4.已知如下回归模型($n=25$)：
$$\hat{Y}_t = -9.764 + 12.8854X_{1t} + 0.0953X_{2t}; R^2 = 0.9979; DW = 0.8755$$
$$t \quad (-2.92)(71.36) \quad (2.69)$$

(1)在上述回归中是否存在一阶序列相关性？

(2)利用杜宾两步法，得到回归结果如下：
$$\hat{Y}_t = -12.63 + 11.89X_{1t} + 0.0903X_{2t}; R^2 = 0.9832; DW = 2.28$$
$$t \quad (-3.09)(27.36) \quad (2.86)$$

序列相关性的问题解决了吗？

(3)比较初始回归和变换后的回归，X_{1t} 的 t 值急剧下降，这一变化表明什么？

5.在研究生产中劳动所占份额的问题时，古扎拉蒂采用如下模型：

模型 1：$y_t = \alpha_0 + \alpha_1 t + \mu_t$

模型 2：$y_t = \alpha_0 + \alpha_1 t + \alpha_2 t^2 + \mu_t$

其中，y 为劳动投入，t 为时间。据 1949—1964 年数据，对初级金属工业得到如下结果：

模型 1：$\hat{y}_t = 0.4529 - 0.0041t$
$$t \quad (-3.9608), R^2 = 0.5284, DW = 0.8252$$

模型 2：$\hat{y}_t = 0.4786 - 0.01267t + 0.0005t^2$
$$t \quad (-3.2724)(2.7777), R^2 = 0.6629, DW = 1.82$$

其中，括号内的数字为对应参数下的 t 统计量。

问：(1)模型 1 和模型 2 中是否具有序列相关性？(2)如何判定序列相关性的存在？

6.美国股票价格和 GNP 数据如表 1 所示。

表 1　美国股票价格和 GNP 数据

年份	Y(股价指数)	X(GNP)	年份	Y(股价指数)	X(GNP)
1970	45.72	1015.5	1979	58.32	2508.2
1971	54.22	1102.7	1980	68.1	2732
1972	60.29	1212.8	1981	74.02	3052.6

续表

年份	Y（股价指数）	X（GNP）	年份	Y（股价指数）	X（GNP）
1973	57.42	1359.3	1982	68.93	3166
1974	43.84	1472.8	1983	92.63	3405.7
1975	45.73	1595.4	1984	92.46	3772.2
1976	54.46	1782.8	1985	108.09	4019.2
1977	53.69	1990.5	1986	136.0	4240.3
1978	53.7	2249.7	1987	161.7	4526.7

要求：估计一元线性回归模型。（1）该模型是否存在一阶自相关？（2）若存在自相关，用不同的方法求 ρ；（2）用广义差分法修正模型，并比较不同的 ρ 所得的结果。

7. 为了解在校大学生购买书籍及课外读物的主要因素有哪些，为此某大学社团对本校 18 名学生采取了抽样问卷调查，其相关资料见表 2。现构建如下模型进行研究：$y = \alpha_0 + \alpha_1 x_1 + \alpha_2 x_2 + \mu$。要求：（1）使用 OLS 估计模型；（2）检验模型是否存在序列相关性问题；（3）若存在，使用适当的方法修正。

表 2　某大学 18 名大学生相关指标数据

学生序号	购买书籍及课外读物支出 y/(元/年)	受教育年限 X_1/年	家庭月可支配收入 x_2/(元/月)	学生序号	购买书籍及课外读物支出 y/(元/年)	受教育年限 X_1/年	家庭月可支配收入 x_2/(元/月)
1	450.5	4	171.2	10	793.2	7	333.1
2	507.7	4	174.2	11	660.8	5	366.0
3	613.9	5	204.3	12	792.7	6	350.9
4	563.4	4	218.7	13	580.8	4	357.9
5	501.5	4	219.4	14	612.7	5	359.0
6	781.5	7	240.4	15	890.8	7	371.9
7	541.8	4	273.5	16	1121.0	9	435.3
8	611.1	5	294.8	17	1094.2	8	523.9
9	1222.1	10	330.2	18	1253.0	10	604.1

即测即评

综合测试

第 8 章

时间序列计量经济学模型

▷ **知识与技能**：重点掌握时间序列数据平稳性的定义与检验，AR(p)，MA(q)，ARMA (p,q)模型的构造与识别，一阶单整序列之间的协整关系的定义与识别，误差修正模型的识别与意义；能熟练应用相关原理、方法、EViews软件，对时间序列实施单位根检验、协整检验，建立误差修正方程。

在经济数据分析中，我们经常面对时间序列数据。党的十八大至二十大召开已历经十年，这十年历经了完成脱贫攻坚、全面建成小康社会的历史任务，对人民事业具有重大现实意义和深远历史意义。那么，这段时间的国民收入、人均寿命等指标数据，值得我们深入研究。

对时间序列数据的分析是计量经济分析的重要内容。迄今为止，我们对时间序列的分析是通过建立以因果关系为基础的结构模型进行的。线性回归方程分析背后有一个隐含的假设，即这些数据是平稳的(stationary)。否则的话，通常的 t、F 等假设检验程序则不可信，这将导致时间序列数据的虚假回归(spurious regression)或伪回归问题，即如果有两列时间序列数据表现出一致的变化趋势（非平稳的），即使它们没有任何有意义的关系，但进行回归也可表现出较高的可决系数。

在现实经济生活中，情况往往是实际的时间序列数据多非平稳，而且主要的经济变量如消费、收入、价格往往表现为一致地上升或下降。这样，仍然使用线性回归模型对它们之间的因果关系进行分析，一般不会得到正确的结果。时间序列分析模型方法就是在这样的情况下，以通过揭示时间序列自身的变化规律为主线而发展起来的全新的计量经济学方法论，现已成为现代计量经济学的重要内容。

8.1　数据的平稳性及其检验

8.1.1　时间序列数据的平稳性

采用时间序列数据建立计量经济模型，首先必须对数据平稳性进行检验。假定某个随机时间序列是由某一随机过程生成的，即假定时间序列的每一个数值都是从一个概率分布

中随机得到,如果 X_t 满足下列条件:

(1)均值 $E(X_t)=\mu$,与时间 t 无关的常数;

(2)方差 $D(X_t)=\sigma^2$,与时间 t 无关的常数;

(3)协方差 $Cov(X_t,X_{t-k})=\gamma_k$,与时期间隔 k 有关,与时间 t 无关的常数,则称该随机时间序列是平稳的,记为 $I(0)$。

【例 8.1.1】 最简单的时间序列 $\{X_t\}$($t=1,2,\cdots$)是一个拥有零均值同方差的独立分布序列:

$$X_t=\mu_t,\mu_t\sim N(0,\sigma^2)$$

该序列被称为白噪声(white noise)。由于 X_t 具有相同的均值与方差,且协方差为零,由定义可知,一个白噪声序列是平稳的。

【例 8.1.2】 随机游走(random walk),该序列 $\{X_t\}$ 的构成如下:

$$X_t=X_{t-1}+u_t$$

其中,$\{u_t\}$ 为白噪声

容易知道该序列有相同的均值 $E(X_t)=E(X_{t-1})$。为了检验该序列是否具有相同的方差,可假设 X_t 的初值为常数 X_0,则易知:

$$X_t=X_0+u_1+u_2+\cdots+u_t$$

由于 u_t 为白噪声,因此 $D(X_t)=t\cdot\sigma^2$,即 X_t 的方差与时间 t 有关而非常数,所以随机游走序列是非平稳的。

然而,对随机游走序列 $\{X_t\}$ 取一阶差分:

$$\Delta X_t=X_t-X_{t-1}=u_t$$

由于 $\{u_t\}$ 为白噪声,因此差分序列 $\{\Delta X_t\}$ 是平稳的。这时我们称 $\{X_t\}$ 为一阶单整序列,记为 $I(1)$。后面我们将会看到,如果一个时间序列是非平稳的,常常可通过取差分的方法来尝试形成平稳序列。

8.1.2 平稳性的检验

1.图示检验

给出一个时间序列数据,首先可通过该序列的时间路径图来粗略地判断它是否是平稳的。一个平稳的时间序列在图形上往往表现出一种环绕其均值不断波动的过程,如图 8.1.1(a)所示;而非平稳序列往往表现出不同的时间段有着不同的均值(如持续上升或持续下降),如图 8.1.1(b)所示。

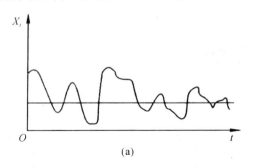
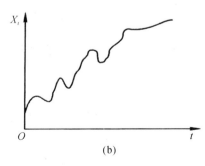

图 8.1.1 平稳序列与非平稳序列时序图

通过样本数据的时序图初步可以判别平稳时间序列与非平稳时间序列,然而这种直观的图示判别也常出现误导。

【例 8.1.4】　1973 年 10 月至 1996 年 4 月黑胡椒(B)与白胡椒(W)的欧洲现货价格月度数据如图 8.1.2 所示。使用 EViews 进行计算,做出各自时序图。

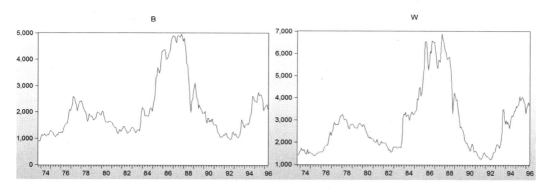

图 8.1.3　黑胡椒与白胡椒欧洲现货价格序列图

观察黑胡椒与白胡椒欧洲现货价格的时序图形,并不能看出明显的上升或下降趋势。但事实上,通过后面的单位根检验,我们知道它们都是非平稳的。因此,为了准确判断时间序列数据的平稳性,还需进一步给出某一定量指标,予以精确判别序列数据的平稳性。

2. 单位根检验

运用统计量进行平稳性的统计检验更为准确与重要。其中,单位根检验是普遍应用的一种方法,通常包括 DF(Dickey-Fuller)与 ADF(Augment Dickey-Fuller)检验。

(1)DF 检验

由前可知,随机游走序列:

$$X_t = X_{t-1} + u_t$$

是非平稳的,其中 $\{u_t\}$ 是白噪声。该序列可看成时间序列模型 AR(1)模型:

$$X_t = \rho X_{t-1} + u_t \tag{8.1.1}$$

中参数 $\rho = 1$ 时的情形。也就是说,如果对式(8.1.1)做回归,发现 $\rho = 1$,则称随机变量 X_t 有一个单位根。显然,一个有单位根的时间序列是随机游走序列,而随机游走序列是非平稳的。因此,要判断一个时间序列是否平稳,可通过式(8.1.1)判断其是否存在单位根,也即 $\rho = 1$ 是否成立,这就是所谓的时间序列平稳性的单位根检验。

通常,我们把对 $\rho = 1$ 是否成立的假设检验称为单位根检验,把对式(8.1.1)的单位根检验称为 DF 检验。具体思路是:

把式(8.1.1)改写成如下差分形式:

$$\Delta X_t = (\rho - 1)X_{t-1} + u_t = \delta X_{t-1} + u_t \tag{8.1.2}$$

这里记 $\delta = \rho - 1$,这样检验式(8.1.1)是否存在单位根 $\rho = 1$,也可通过检验式(8.1.2)是否有 $\delta = 0$ 成立。对假设 $H_0: \delta = 0$ 进行检验,即为 DF 检验。

一般地,检验一个时间序列 X_t 的平稳性,可通过检验带有截距项的一阶自回归模型:

$$X_t = \alpha + \rho X_{t-1} + u_t \tag{8.1.3}$$

中的参数 $\rho = 1$ 来完成。同样变形为差分形式:

$$\Delta X_t = \alpha + \delta X_{t-1} + u_t \tag{8.1.4}$$

然后对式(8.1.4)采用 OLS 法估计,利用 t 统计量对假设 $H_0: \delta = 0$ 进行检验[①],如果拒绝假设 $H_0: \delta = 0$,则认为时间序列不存在单位根,是平稳的。

2. ADF 检验

上一节的 DF 检验,仅针对 AR(1)型时间序列检验其平稳性。但在实际检验中,时间序列可能是由更高阶的自回归过程 AR(p)生成的,ADF 检验对 DF 检验进行了扩充,针对一般性的 AR(p)型时间序列:

$$X_t = \alpha + \beta_1 X_{t-1} + \beta_2 X_{t-2} + \cdots + \beta_p X_{t-p} + u_t \tag{8.1.5}$$

通过变形,可以有下面差分形式:

$$\Delta X_t = \alpha + \delta X_{t-1} + \phi_2 \Delta X_{t-1} + \cdots + \phi_p \Delta X_{t-p+1} + u_t \tag{8.1.6}$$

其中,$\delta = \beta_1 + \beta_2 + \cdots + \beta_p - 1$,$\phi_i = -(\beta_i + \cdots + \beta_p)$。

然后对式(8.1.6)采用 OLS 法估计,利用 t 统计量对假设 $H_0: \delta = 0$ 检验,即为 ADF 检验。如果拒绝假设 $H_0: \delta = 0$,则认为时间序列不存在单位根,是平稳的。

8.1.3　单整时间序列

如果一个时间序列经过一次差分就变成平稳,则称原时间序列为一阶单整序列,简记为 $I(1)$。一般,如果一个时间序列需要经过 d 次差分后才能变成平稳序列,则称原序列是 d 阶单整序列,简记为 $I(d)$,显然,$I(0)$ 代表一个平稳时间序列。

一般现实经济生活中的大多数指标时间序列都是非平稳的,只有少数经济指标的时间序列表现为平稳的,如利率等。但是,大多数非平稳的时间序列一般可通过一次或多次差分的形式变为平稳的,但也有一些时间序列,无论经过多少次差分,都不能转化为平稳序列,这种序列被称为非单整的序列。

8.2　协整检验

8.1 节讨论了平稳时间序列的识别与估计,但是现实中我们经常面对一些非平稳时间序列,比如 GDP、居民消费等。一些非平稳的经济时间序列往往表现出共同的变化趋势,而这些序列间本身不一定有直接的关联关系。这时对这些序列进行回归,尽管有较高的 R^2,但其结果是没有任何实际意义的。这种现象称之为虚假回归(Spurious Regression)。

对于非平稳序列,为了避免这种虚假回归的产生,一种做法是引入作为趋势变量的时间,包含有时间趋势变量的回归,可以消除这种趋势性的影响,但这种做法只有当趋势性变量是确定性的而非随机性时才会有效。假设这种内生的确定性趋势项存在通常需要较强的理论基础,很多时间序列并不满足。另一种做法是如果我们对序列之间的关系进行长期观察,会发现它们之间有时存在着某种内在的联系,从长期看存在着某种稳定的均衡关系

---

① Dicky 和 Fuller 于 1976 年提出了这一情形下 t 统计量服从的分布(这时的 t 统计量称为 τ 统计量),即 DF 分布。详见李子奈和潘文卿的《计量经济学》第三版第八章。

（即协整关系）。这时可以采用本节介绍的协整模型来处理。

存在协整关系的前提是各序列均为非平稳，且为一阶单整序列 $I(1)$，即经过一阶差分变为平稳序列的非平稳序列。

8.2.1　协整的定义

设有 k 个序列 $\{y_{1t}\},\{y_{2t}\},\cdots,\{y_{kt}\}$，用 $Y_t=(y_{1t},y_{2t},\cdots,y_{kt})'$ 表示由此 k 个序列构成的 k 维向量序列，如果：

（1）每一个序列 $\{y_{1t}\},\{y_{2t}\},\cdots,\{y_{kt}\}$ 都是 d 阶单整的；

（2）存在非零向量 $\alpha=(a_1,a_2,\cdots,a_k)$，使得线性组合：

$$\alpha Y_t=a_1y_{1t}+a_2y_{2t}+\cdots+a_ky_{kt} \tag{8.2.1}$$

为 $d-b$ 阶单整，其中 $b>0$，则称向量 Y_t 是 d、b 阶协整，记为 $Y_t\sim CI(d,b)$。

称 $Y_t=(y_{1t},y_{2t},\cdots,y_{kt})'$ 中的分量 y_{it} 之间有协整关系，向量 $\alpha=(a_1,a_2,\cdots,a_k)'$ 为协整向量。例如，总消费 (C_t) 和总收入 (Y_t) 都是非平稳的，是 $I(1)$ 变量，并且线性组合：$C_t-\beta Y_t=\varepsilon_t$ 是平稳的，则变量间是 $CI(1,1)$ 阶协整。

由上面定义可知，如果两个变量都是单整变量，只有当它们的单整阶相同时，才可能协整；如果它们的单整阶不相同，就不可能协整；对三个以上的变量，如果具有不同的单整阶，有可能经过新组合构成的低阶单整变量。

从协整定义可知，(d,d) 阶协整是一类非常重要的协整关系。其经济意义在于：两个变量，虽然它们各自具有各自的长期波动规律。但如果它们是 (d,d) 协整的，则它们之间存在着一个长期稳定的比例关系，因此，构建它们之间的计量经济学模型进行因果关系的研究才有意义。

8.2.2　协整检验

设有 k 个变量 y_{it}，$i=1,2,\cdots,k$，任意选取其中的一个变量，不妨设为 y_{1t} 作为被解释变量，把剩余的变量作为解释变量，建立线性回归方程：

$$y_{1t}=\alpha+\beta_2y_{2t}+\cdots+\beta_ky_{kt}+\mu_t \tag{8.2.2}$$

若采用 DF 检验或 ADF 检验得 $\mu_t\sim I(0)$，即残差序列 μ_t 是平稳的，则称变量 y_{it} 之间具有协整关系，$(1,-\beta_2,\cdots,-\beta_k)$ 为协整向量，式(8.2.2)为协整回归方程。

1. 两变量的协整检验（$E-G$）

在时间序列分析中，最令人关注的一种协整关系是 $(1,1)$ 阶协整。为检验两变量 x_t 与 y_t 之间是否具有协整关系，Engle 和 Grange 提出了两步检验法，简称 E-G 检验。具体过程为：

第一步，使用 OLS 法估计方程估计：

$$y_t=\alpha_0+\alpha_1x_t+\mu_t \tag{8.2.3}$$

得到估计方程：

$$\hat{y}_t=\hat{\alpha}_0+\hat{\alpha}_1x_t \tag{8.2.4}$$
$$\hat{\varepsilon}_t=y_t-\hat{y}_t$$

以上过程称为协整回归。

第二步，采用 ADF 方法检验 $\hat{\varepsilon}_t$ 的单整性。如果 $\hat{\varepsilon}_t$ 是平稳序列 $I(0)$，则认为变量 y_t 与 x_t 为 $(1,1)$ 阶协整；否则认为变量 y_t 与 x_t 不存在协整关系。

8.3 误差修正模型

虽然对于非平稳的时间序列可以通过差分方法变换为平稳序列后再进行 OLS 回归,但差分变量回归模型的随机误差项往往存在序列相关性,而且只包含了变量间的短期关系,无法将变量间可能存在的长期稳定关系刻画出来。为了克服上述缺陷,误差修正模型(Error Correction Model,ECM)应运而生。该模型将被解释变量的变化决定于解释变量的变化与它们间前一期的非平衡的程度。因而这种模型更具有经济学的意义。

具有协整关系的非平稳变量可以用来建立误差修正模型。由于误差修正模型把长期关系和短期动态特征结合在一个模型中,既可以克服传统计量经济模型忽视伪回归的问题,又可以克服建立差分模型忽视水平变量信息的弱点。

8.3.1 误差修正模型的定义

误差修正模型是一种具有特定形式的计量经济模型。为便于理解,通过一个具体的模型来介绍。

假设两个变量序列 $\{X_t\}$ 与 $\{Y_t\}$ 之间有协整关系,其协整方程为:

$$Y_t = \alpha_1 + \alpha_2 X_t + u_t \tag{8.3.2}$$

由于现实经济中 $\{X_t\}$ 与 $\{Y_t\}$ 很少处在均衡点上,实际观测到的只是 $\{X_t\}$ 与 $\{Y_t\}$ 间短期的或非均衡的关系,因此假设两者之间具有如下分布滞后形式更为合理:

$$Y_t = \beta_1 + \beta_2 X_t + \beta_3 X_{t-1} + \gamma Y_{t-1} + v_t \tag{8.3.3}$$

该模型显示第 t 期的 Y 值,不仅与当期的 X 变化有关,而且与 $t-1$ 期的 X 及 Y 的状态值有关。

由于变量是非平稳的,因此对式(8.3.3)不能直接运用 OLS 法估计。对方程(8.3.3)适当变形:两边同时减去 Y_{t-1},并在方程右边加一项 $\beta_2 X_{t-1}$,然后再减去该项 $\beta_2 X_{t-1}$,得到:

$$\Delta Y_t = \beta_1 + \beta_2 \Delta X_t + (\beta_2 + \beta_3) X_{t-1} - (1-\gamma) Y_{t-1} + v_t$$
$$= \beta_2 \Delta X_t - (1-\gamma) \left(Y_{t-1} - \frac{\beta_1}{1-\gamma} - \frac{\beta_2 + \beta_3}{1-\gamma} X_{t-1} \right) + v_t$$

或 $\quad \Delta Y_t = \beta_2 \Delta X_t - \lambda (Y_{t-1} - \alpha_1^* - \alpha_2^* X_{t-1}) + v_t \tag{8.3.4}$

式中: $\lambda = 1 - \gamma$, $\alpha_1^* = \beta_1/(1-\gamma)$, $\alpha_2^* = (\beta_2 + \beta_3)/(1-\gamma)$。

如果将式(8.3.4)中的参数 α_1^*, α_2^* 与式(8.3.2)中的 α_1, α_2 相应参数视为相等,则式(8.3.4)中括号内的项就是 $t-1$ 期的非均衡误差项。

式(8.3.4)称为误差修正模型,它表明 $\{Y_t\}$ 的变化决定于 $\{X_t\}$ 的变化和前一时期的非均衡程度。因此, $\{Y_t\}$ 的值已对前期的非均衡程度做出了修正。

一般,误差修正模型 (8.3.4) 常写成:

$$\Delta Y_t = \beta_2 \Delta X_t - \lambda \ \text{ecm}_{t-1} + v_t \tag{8.3.5}$$

其中,ecm 表示误差修正项。一般情况下 $0 < \lambda < 1$。我们可以据此分析 ecm 的修正作用:

若 $(t-1)$ 时刻 Y_{t-1} 大于其长期均衡解 $\alpha_1 + \alpha_2 X_{t-1}$,$\text{ecm}_{t-1}$ 为正,则 $(-\lambda \times \text{ecm}_{t-1})$ 为负。根据式(8.3.5),在 t 期 $(-\lambda \times \text{ecm}_{t-1})$ 使得 ΔY_t 减少;反之依然。

所以,误差修正模型体现了长期非均衡误差对 Y_t 的控制。需要注意的是,在实际分析中,变量常以对数的形式出现。其主要原因在于变量对数的差分近似地等于该变量的变化率,而经济变量的变化率常常是稳定序列,因此适合于包含在经典回归方程中。于是协整方程(8.3.2)中的 α_2 可视为 Y 关于 X 的长期弹性,而误差修正模型(8.3.5)中的 β_2 可视为 Y 关于 X 的短期弹性。

8.3.2　误差修正模型构建步骤

一般分为两步,分别建立区分数据长期特征和短期特征的计量经济学模型。

第一步,建立长期关系模型,即协整方程。通过水平变量和 OLS 法估计出时间序列变量间的关系。若估计结果形成平稳的残差序列,那么这些变量间就存在相互协整的关系。

第二步,建立短期动态关系,即误差修正方程。将长期关系模型中各变量以一阶差分形式重新加以构造,并将长期关系模型所产生的残差序列作为解释变量引入,代表着在取得长期均衡的过程中各时点上出现“偏误”的程度,使得第二步可以对这种偏误的短期调整或误差修正机制加以估计。

8.4　格兰杰因果检验

格兰杰因果检验是由诺贝尔经济学奖得主可莱夫·格兰杰于 1969 年提出的。该检验方法主要用于分析经济变量间的因果关系。

8.4.1　格兰杰因果关系检验的表述

在时间序列情形下,两个经济变量 x、y 之间的格兰杰因果关系定义为:若在包含了变量 x,y 的过去信息的条件下,对变量 y 的预测效果要优于只单独由 y 的过去信息对 y 进行的预测效果,即如果变量 x 有助于解释变量 y 的将来变化,则认为变量 x 是引致变量 y 的格兰杰原因。

进行格兰杰因果关系检验的一个前提条件是时间序列必须具有平稳性,否则可能会出现虚假回归问题,因此在进行格兰杰因果关系检验之前,首先应对各指标时间序列的平稳性进行单位根检验。

格兰杰因果关系检验假设了有关 y、x 每一变量的预测的信息全部包含在这些变量的时间序列之中。因此,对两个变量 y、x,格兰杰因果关系检验要求估计以下回归模型:

$$y_t = \beta_0 + \sum_{i=1}^m \beta_i y_{t-i} + \sum_{i=1}^m \alpha_i x_{t-i} + \mu_i \tag{8.4.1}$$

$$x_t = \delta_0 + \sum_{i=1}^m \delta_i x_{t-i} + \sum_{i=1}^m \lambda_i y_{t-i} + \nu_i \tag{8.4.2}$$

假定白噪声 μ_i、ν_i 不相关,可能有四种检验结果:

(1)x 是引起 y 变化的原因,即 x 对 y 有单向因果关系,表现为式(8.4.1)中 x 的各滞后项前的参数估计值在统计上整体的显著不为零,而式(8.4.2)中 y 的各滞后项前的参数估计值在统计上整体显著为零。

(2)y是引起x变化的原因,即有y对x的单向因果关系,表现为式(8.4.2)中y的各滞后项前的参数估计值在统计上整体显著不为零,而(8.4.1)中x的各滞后项前的参数估计值在统计上整体显著为零。

(3)x和y互为因果关系,即有x对y的单向有关系,同时也存在y对x的单向因果关系,表现为式(8.4.1)中x的各滞后项前的参数估计值在统计上整体的显著不为零,同时式(8.4.2)中y的各滞后项前的参数估计值在统计上整体也显著不为零。

(4)x与y是独立的,即x与y之间不存在因果关系,表现为式(8.4.1)中x的各滞后项前的参数估计值在统计上整体显著为零,同时式(8.4.2)中y的各滞后项前的参数估计值在统计上整体也显著为零。

8.4.2 格兰杰因果关系检验的步骤。

以检验(1)即x对y是否有单项影响为例,写出检验的具体过程。

第一步,做y_t对y的滞后项y_{t-1},y_{t-1},$\cdots$,y_{t-p}以及其他变量(如果有的话,此处为方便,假设不含其他变量)的回归,但这一回归中不包含x的滞后项,即:

$$y_t = \beta_0 + \sum_{i=1}^{p} \beta_i y_{t-i} + \delta_1 z_{1t} + \cdots + \delta_m z_{mt} + \mu_t \tag{8.4.3}$$

该模型为一个受约束的回归,估计该回归模型得到的残差平方和记为SSE_r。

第二步,做一个既包含y的滞后项,也含有x滞后项的回归,即在前面回归模型中再加入x的所有滞后项:

$$y_t = \beta_0 + \sum_{i=1}^{p} \beta_i y_{t-i} + \sum_{i=1}^{q} \alpha_i x_{t-i} + \delta_1 z_{1i} + \cdots + \delta_m z_{mt} + \nu_t \tag{8.4.4}$$

该模型为一个无约束的回归,模型估计此回归方程得到的残差平方和记为SSE_μ。

第三步,提出假设,即x不是y的原因,也即x滞后项不属于模型(8.4.4)。

$\text{H}_0 : \alpha_1 = \alpha_2 = \cdots = \alpha_q = 0$ $\text{H}_1 : \alpha_i$中至少有 一个不为0,$i=1,2,\cdots,q$

第四步,提出检验统计量。可以证明:

$$F = \frac{\text{SSE}_r - \text{SSE}_\mu}{q} / \frac{\text{SSE}_\mu}{n-k} \sim F(q, k-1)$$

其中,q为x的滞后项的个数;n样本容量;k为包含可能存在的常数项及其他变量在内的无约束回归模型(8.4.4)的待估参数的个数,选择F做检验统计量。

第五步,选定显著性水平α,进行F检验。

如果样本F值大于临界值F_α则拒绝零假设,这样滞后的x项就属于此回归,表明x是y的原因;否则,x不是y的原因。

同样,为了检验y是否是x的原因,将变量y与x相互替换,重复步骤一到五即可。

8.5 应用举例(含 EViews 软件操作过程)

【例8.5.1】 我国2013—2020年居民人均可支配收入(X)与居民人均消费支出(Y)数据如表8.5.1所示,分别使用图示法、ADF 法检验变量序列$\ln Y$与$\ln X$的平稳性。

表 8.5.1　中国居民人均可支配收入与人均消费支出　　　　　　单位:元

时间	居民人均可支配收入 X	居民人均消费支出 Y
2013 年	18311	13220
2014 年	20167	14491
2015 年	21966	15712
2016 年	23821	17111
2017 年	25974	18322
2018 年	28228	19853
2019 年	30733	21559
2020 年	32189	21210

1. 图示法

在 EViews 中输入 X 与 Y 数据,命令窗口用 genr lnX＝log(X),genr lnY＝log(y),分别生成 lnX 与 lnY 的数据。分别打开数据文件,点击"View"→"Graph",即得到如图 8.5.1 所示结果。

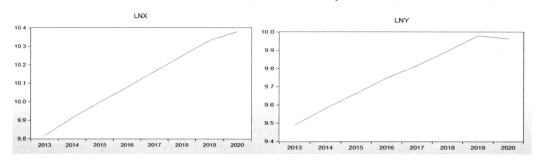

图 8.5.1　可支配收入与消费支出时序图

可以明显看出,lnX 与 lnY 的数据序列图都有明显的上升趋势,从图形上就可以基本判定为非平稳序列。

我们可以通过样本数据的时序图初步判别平稳时间序列与非平稳时间序列,然而这种直观的图示判别也常出现误导。

2. ADF 法检验

打开 lnX 的数据文件,点击"View"→"Unit Root Test",在弹出窗口选择"Level",点击"OK"得到如图 8.5.2 所示结果。

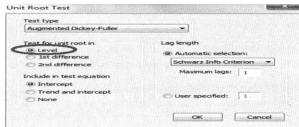

图 8.5.2　结果显示

选取"OK",得到如图 8.5.3 所示结果。

```
Null Hypothesis: LNX has a unit root
Exogenous: Constant
Lag Length: 0 (Automatic - based on SIC, maxlag=1)

                                                  t-Statistic    Prob.*

Augmented Dickey-Fuller test statistic            -2.365049      0.1796
Test critical values:    1% level                 -4.803492
                         5% level                 -3.403313
                         10% level                -2.841819


Null Hypothesis: LNY has a unit root
Exogenous: Constant
Lag Length: 1 (Automatic - based on SIC, maxlag=1)

                                                  t-Statistic    Prob.*

Augmented Dickey-Fuller test statistic            -2.192915      0.2241
Test critical values:    1% level                 -5.119808
                         5% level                 -3.519595
                         10% level                -2.898418
```

图 8.5.3 序列 LNX 与 LNY 单位根检验结果图

对于序列 $\ln X$,原假设 H_0 为存在单位根、序列非平稳,这里 ADF 检验统计量取值 -2.365049,没有小于置信度 5% 的临界值(-3.403313),无法推翻原假设。故判定序列 $\ln X$ 非平稳。同样,ADF 检验也可得出序列 $\ln Y$ 非平稳。

【例 8.5.2】 1973 年 10 月至 1996 年 4 月黑胡椒(B)与白胡椒(W)的欧洲现货价格月度数据。(1)使用图示法及 ADF 检验平稳性。(2)检验 B 与 W 是否为一阶单整序列 $I(1)$。

1. 平稳性检验

(1)图示法

输入数据,打开数据文件,点击"view"→"Grap",画出各自时序图。

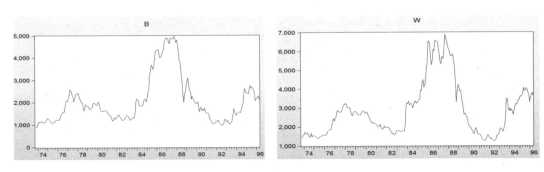

图 8.5.4 黑胡椒与白胡椒欧洲现货价格序列图

观察黑胡椒与白胡椒欧洲现货价格的时序图,我们并不能看出明显的上升或下降趋势。

(2)ADF 检验

分别打开 B 数据和 W 数据,点击"View"→"Unit Root Test",在弹出窗口选择"Level",选取"OK"后得到如图 8.5.5 所示结果:

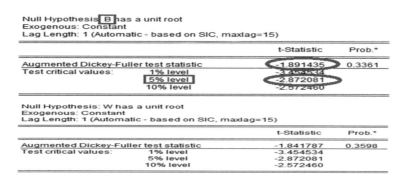

图 8.5.5 序列 B 与 W 单位根检验结果

对于序列 B，原假设 H_0 为存在单位根、序列非平稳，这里 ADF 检验统计量取值 -1.891435，大于置信度 5% 的临界值 -2.872081，无法推翻原假设。故判定序列 B 非平稳。同样，ADF 检验得出序列 W 非平稳。

2. 一阶单整序列 I(1) 检验

根据定义，需要对原时间序列进行一次差分，然后对差分后的数据列检验其平稳性。在 EViews 软件中，无须专门对序列数据进行差分处理。我们只需要对原始数据选择 ADF 单位根检验，只是在检验时选择"1st difference"选项即可。

图 8.5.6 一阶差分后的序列单位根检验图

这时检验就是一阶差分后的序列 D(B) 和 D(W) 的平稳性。如此，我们对上面的序列 B 与 W 进行一阶差分后序列的平稳性单位根检验，如图 8.5.7 所示。

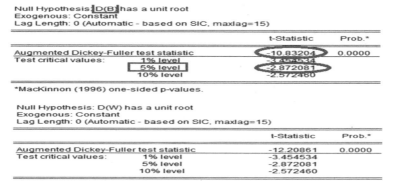

图 8.5.7 一阶差分后单位根检验结果图

对于序列 B 的一阶差分序列 D(B)，原假设 H。为存在单位根、序列非平稳，这里 ADF 检验统计量取值－10.83204，小于置信度 5％的临界值－2.872081，拒绝原假设。故认为序列 D(B)平稳。同样，ADF 检验得出序列 D(W)平稳。

由于通过一阶差分后均为平稳序列，所以序列 B 与序列 W 均为一阶单整序列 $I(1)$。

【例 8.5.3】 上面知道前例 8.5.2 中的序列 B 与序列 W，本身都非平稳，但是通过一阶差分后均为平稳序列，即它们都是 1 阶单整序列 $I(1)$。请用 EG 两步法进行两者协整关系的检验。

(1)协整方程回归：$B_t = \alpha_0 + \alpha_1 W_t + \mu_t$。点击"quick"→"estimate equatin"，输入："B c W"，结果如图 8.5.8 所示。

Variable	Coefficient	Std. Error	t-Statistic	Prob.
C	63.54327	43.91028	1.447116	0.1490
W	0.700330	0.013678	51.20261	0.0000
R-squared	0.906943	Mean dependent var		2077.022
Adjusted R-squared	0.906597	S.D. dependent var		1052.440
S.E. of regression	321.6454	Akaike info criterion		14.39213
Sum squared resid	27829592	Schwarz criterion		14.41871
Log likelihood	-1948.133	Hannan-Quinn criter.		14.40280
F-statistic	2621.708	Durbin-Watson stat		0.233811
Prob(F-statistic)	0.000000			

图 8.5.8 序列 B 与 W 的协整方程回归结果

由图 8.5.8，协整回归方程为：$\hat{B}_t = 63.5433 + 0.7003 W_t$ （8.5.1）

(2)采用 ADF 方法检验对 $\hat{\varepsilon}_t$ 的单整性进行检验。

由于 EViews 软件设定无法直接对回归方程的残差序列(resid)进行单位根检验，所以首先必须对残差序列改名生成新序列 e，然后对新的残差序列 e 进行单位根检验。具体操作过程为：

命令窗口输入：genr e＝resid，打开 e 数据，点击"View"→"Unit Root Test"，在弹出窗口选择"Level"，选取"OK"，得到图 8.3.2 所示结果。

		t-Statistic	Prob.*
Augmented Dickey-Fuller test statistic		-3.943637	0.0020
Test critical values:	1% level	-3.454443	
	5% level	-2.872041	
	10% level	-2.572439	

图 8.3.2 协整方程残差单位根检验结果

对于序列 e，原假设 H。为存在单位根、序列非平稳，这里 ADF 检验统计量取值－3.943637，大于 5％的临界值－2.872041，拒绝原假设，故序列 e 平稳，因此序列 B 与序列 W 之间存在协整关系，协整方程为(8.5.1)，即：

$$\hat{B}_t = 63.5433 + 0.7003 W_t$$

协整向量为：$(1, -0.70033)$

【例 8.5.4】 上面知道例 8.5.2 中的序列 B 与序列 W 都是 1 阶单整序列 $I(1)$，而且通过 EG 检验，说明序列 B 与序列 W 之间存在协整关系。下面建立它们的误差修正(ecm)模型：$\Delta b_t = \beta_1 + \beta_2 \cdot \Delta w_t + \lambda \cdot e_{t-1} + u_t$。

　　解：点击"Quick"→"Estimate Equatin"，输入"D(B) c　D(W)e(−1)"，采用 EViews 进行计算，结果如图 8.3.3 所示。

Variable	Coefficient	Std. Error	t-Statistic	Prob.
C	1.886966	7.784388	0.242404	0.8087
D(W)	0.328437	0.035561	9.235742	0.0000
E(-1)	-0.044336	0.025236	-1.756860	0.0801

R-squared	0.243168	Mean dependent var	4.503519
Adjusted R-squared	0.237498	S.D. dependent var	146.3853
S.E. of regression	127.8256	Akaike info criterion	12.55026
Sum squared resid	4362618.	Schwarz criterion	12.59024
Log likelihood	-1691.285	Hannan-Quinn criter.	12.56632
F-statistic	42.89309	Durbin-Watson stat	1.575808
Prob(F-statistic)	0.000000		

图 8.3.3　误差修正模型计算结果

误差修正方程为：
$$\Delta \hat{b}_t = 1.8870 + 0.3384 \cdot \Delta w_t - 0.0443 \cdot \varepsilon_{t-1}$$

　　结果表明，Δb_t 取决于 Δw_t 和均衡误差项 ε_{t-1}，若均衡误差项非零，则模型就偏离了均衡。ε_{t-1} 前面的系数为 $-0.0443 < 0$，说明若上一期存在正向偏差，这一期就会通过方程中的 ε_{t-1} 项施加一个反向的影响，使得均衡关系得到一定的恢复。

　　【例 8.5.5】　继续例 8.5.1，检验变量 $\ln Y$ 与 $\ln X$ 之间是否具有 Granger 因果关系。

　　在工作文件下，选中变量 lny 与 lnx，点击"Open"→"As Group"→"View"→"Granger Causality"（见图 8.3.4），出现对话框（见图 8.3.5），选择滞后期 1，点击"OK"，如图 8.3.6 所示。

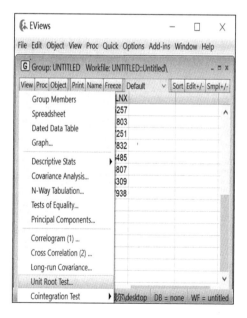

图 8.3.4　操作

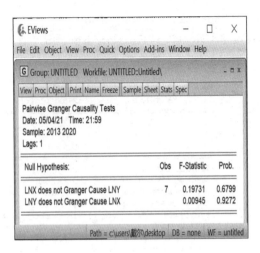

图 8.3.5　对话框　　　　　　　　　图 8.3.6　结果显示

根据图 8.3.5，$\ln X$ 不是 $\ln Y$ 的 Granger 原因的概率是 0.6799，在 0.05 的显著性水平下，不能拒绝 $\ln X$ 不是 $\ln Y$ 的 Granger 原因的原假设，表明 $\ln X$ 不是 $\ln Y$ 的 Granger 原因。同理，$\ln Y$ 也不是 $\ln X$ 的 Granger 原因。

【练一练】　表 8.5.2 给出了 1978—2006 年间中国居民总量消费支出(Y)与收入资料(X)的数据，使用 EViews 软件完成：(1)$\ln X$、$\ln Y$ 平稳性的检验；(2)$\ln X$、$\ln Y$ 单整性的检验；(3)$\ln Y$ 和 $\ln X$ 的协整检验；(4)构建误差修正模型；(5)$\ln Y$ 与 $\ln X$ 的 Granger 因果检验。

表 8.5.2　中国居民总量消费支出与收入资料　　　　　　　　　单位：亿元

年份	X	Y	年份	X	Y
1978	6678.8	3806.7	1993	25897.3	13004.7
1979	7551.6	4273.2	1994	28783.4	13944.2
1980	7944.2	4605.5	1995	31175.4	15467.9
1981	8438	5063.9	1996	33853.7	17092.5
1982	9235.2	5482.4	1997	35956.2	18080.6
1983	10074.6	5983.2	1998	38140.9	19364.1
1984	11565	6745.7	1999	40277	20989.3
1985	11601.7	7729.2	2000	42964.6	22863.9
1986	13036.5	8210.9	2001	46385.4	24370.1
1987	14627.7	8840	2002	51274	26243.2
1988	15794	9560.5	2003	57408.1	28035
1989	15035.5	9085.5	2004	64623.1	30306.2

年份	X	Y	年份	X	Y
1990	16525.9	9450.9	2005	74580.4	33214.4
1991	18939.6	10375.8	2006	85623.1	36811.2
1992	22056.5	11815.3			

资料来源:根据《中国统计年鉴》(2001,2007)整理。

【本章小结】

本章重点讨论了实践中几个非常重要的专题。一是时间序列的平稳性问题。当使用非平稳的变量进行回归时,就会产生伪回归问题。为此,本章重点介绍了时间序列平稳性的单位根检验。二是介绍了协整与误差修正模型。协整是对不同变量间长期均衡关系的一种测度。非平稳的时间序列间可能存在协整关系,因此可能建立长期均衡模型。本章重点介绍了两变量的协整关系检验方法。

虽然对非平稳的时间序列可以通过差分变换为平稳后再进行 OLS 回归,但差分变量回归模型的随机误差项往往存在序列相关性,而且只包含了变量间的短期关系,无法把变量间可能的长期稳定关系刻画出来。为了克服上述缺陷,本章引进了误差修正模型。同时,重点介绍了两变量误差模型的建立。此外,本章还对变量间是否具有 Granger 因果关系进行了介绍。

【关键术语】

时间序列的平稳性,白噪声,一阶单整,DF 检验,ADF 检验,单整时间序列,虚假回归,E－G 检验,协整回归,误差修正模型,格兰杰因果检验

【课后讨论】

我国国内生产总值从 2012 年的 54 万亿元增长到 2021 年的 114 万亿元,我国经济总量占世界经济的比重达 18.5%,提高 7.2%,稳居世界第二位;人均国内生产总值从 3.98 万增加到 8.1 万元。

要求以学习小组为单位,搜集我国 2012 年至 2021 年的国内生产总值与人均国内生产总值,检验这些时间序列数据的平稳性,如果不平稳,其外生的动力又来源何处?

【思考与练习】

1.假设两个时间序列 X_t,Y_t 都是 $I(1)$ 序列,且存在某个不为 0 的 β,使得 $Y_t-\beta X_t$ 是 $I(0)$。若 $\delta\neq\beta$,证明:组合 $Y_t-\delta X_t$ 一定是 $I(1)$ 的。

2.考虑从 1978 到 2002 年城镇居民的人均可支配收入与人均消费水平的关系(见表1),要求:(1)检验人均可支配收入与人均消费水平序列平稳性;(2)检验人均可支配收入与人均消费水平序列的单整性;(3)对人均可支配收入与人均消费水平序列进行协整关系检验;(4)如果人均可支配收入与人均消费水平序列是协整的,请估计人均消费水平关于人均可支配收入的误差修正模型;(4)人均消费水平与人均可支配收入的 Granger 因果检验。

表1　1978—2002 年城镇居民人均可支配收入与人均消费水平

年份	城镇人均可支配收入/元	城镇居民人均消费额/元	年份	城镇人均可支配收入/元	城镇居民人均消费额/元
1978	343.4	116.06	1991	1700.6	619.79
1979	405	134.51	1992	2026.6	659.21
1980	477.6	162.21	1993	2577.4	769.65
1981	500.4	190.81	1994	3496.2	1016.81
1982	535.3	220.23	1995	4283	1310.36
1983	564.6	248.29	1996	4838.9	1572.08
1984	652.1	273.8	1997	5160.3	1617.15
1985	739.1	317.42	1998	5425.1	1590.33
1986	900.9	356.95	1999	5854	1577.42
1987	1002.1	398.29	2000	6280	1670.13
1988	1180.2	476.66	2001	6859.6	1741.09
1989	1373.9	535.37	2002	7702.8	1834.31
1990	1510.2	584.63			

3. 观察中国货物进出口数据，发现在一个很长的时期内，两者间有很强的同步性。(1)对 LX 与 LM 序列进行单位根检验，检验它们的平稳性；(2)检验 LX 与 LM 的单整性；(3)对 LX 与 LM 序列进行协整关系检验；(4)如果 LX 与 LM 是协整的，请估计 LX 关于 LM 的误差修正模型。

表2　中国 1978—2007 货物进出口数据（取对数后的数据）

年份	LX	LM	年份	LX	LM
1978	4.5799	4.6904	1993	6.8215	6.9466
1979	4.9171	5.0543	1994	7.0985	7.0528
1980	5.1996	5.2993	1995	7.3051	7.186
1981	5.3941	5.3945	1996	7.3202	7.2358
1982	5.4081	5.2622	1997	7.5109	7.261
1983	5.404	5.3655	1998	7.5159	7.2459
1984	5.5661	5.6135	1999	7.5752	7.4128
1985	5.6113	6.0462	2000	7.8208	7.7191

续表

年份	LX	LM	年份	LX	LM
1986	5.7346	6.0617	2001	7.8865	7.7979
1987	5.9774	6.0687	2002	8.0883	7.9901
1988	6.1637	6.3148	2003	8.3853	8.3255
1989	6.2642	6.3825	2004	8.6883	8.6327
1990	6.4312	6.2795	2005	8.9385	8.7947
1991	6.578	6.4582	2006	9.1788	8.9765
1992	6.7445	6.692	2007	9.4074	9.1653

即测即评

第 9 章

联立方程模型识别

📖 **知识与技能**：重点掌握联立方程模型的含义、类型、变量划分以及统计形式的唯一性、识别的阶条件和秩条件三个识别准则；理解联立方程模型的参数体系和识别的含义，了解零约束条件；能熟练应用识别准则对联立方程模型进行正确的识别。

俗话说，"气力没有方法大"，发现问题和研究问题的方法是促成问题解决的重要技能。二十大报告提出要"把握好新时代中国特色社会主义思想的世界观和方法论，坚持好、运用好贯穿其中的立场观点方法。"在社会主义建设中，问题导向是创新发展的孵化器，系统观念是把控全局的融合剂。社会经济现象的复杂性、多样性和互动性，决定了应该采用由若干个方程组成的模型，以充分反映这种关系。

9.1 联立方程模型定义

9.1.1 问题提出

学过经济学的同学都知道，在经济学中，供求关系是市场经济的基本关系，涉及商品的价格 P、需求量 Q^D 和供给量 Q^S 三个主要因素，因此反映供求关系的供求模型应该由需求函数、供给函数和供求平衡条件三个方程组成。

以农产品均衡价格决定为例。某一时间（t）条件下的农产品需求量依赖于价格（P）和消费者收入（Y），供给量由农产品的价格（P）和天气条件（W）决定，农产品的价格既取决于供给者又取决于购买者，需求量和供给量共同决定着平衡价格，而且价格又影响需求与供给。这时供求模型便有如下形式：

$$\begin{cases} Q_t^D = \alpha_0 + \alpha_1 P_t + \alpha_2 Y_t + \mu_{1t} & \text{(9.1.1)} \\ Q_t^S = \beta_0 + \beta_1 P_t + \beta_2 W_t + \mu_{2t} & \text{(9.1.2)} \\ Q_t^D = Q_t^S = Q_t & \text{(9.1.3)} \end{cases}$$

基于经济系统产生的农产品供需平衡模型，可用来对相关经济系统的变量关系进行描述和分析，为农业生产经营决策服务。

再看一个宏观经济的例子，来说明均衡的国民收入是如何决定的。我们知道，在一个已知由国民收入(Y_t)、消费(C_t)、投资(I_t)和政府购买(G_t)等变量构成的宏观经济系统中，欲将这些变量之间的关系用经济数学模型加以描述。显然单一方程模型是无法进行的。因为消费和投资都是由收入决定的内生变量。根据宏观经济理论，需用以下三个方程共同来描述这些变量之间的关系：

$$\begin{cases} C_t = \beta_0 + \beta_1 Y_t + \mu_{1t} & (9.1.4) \\ I_t = \alpha_0 + \alpha_1 Y_t + \mu_{2t} & (9.1.5) \\ Y_t = C_t + I_t + G_t & (9.1.6) \end{cases}$$

其中，C_t、Y_t、I_t、G_t 分别表示第 t 期的国内生产总值、居民消费支出、民间投资及政府支出；μ_{it} 为随机误差项。式(9.1.4)为消费方程，式(9.1.5)为投资方程，式(9.1.6) 为收入方程。

9.1.2　联立方程模型的定义

很明显，上述两个例子所展示的模型与前面所学不同，具有以下显著特点：

(1)由若干个单方程模型有机组合而成。

(2)研究经济变量之间的复杂关系。

(3)可能同时包含随机方程和确定性方程。

(4)各个方程中间可能含有随机解释变量。

一般我们称上述由单方程计量经济学模型组成的方程组为联立方程模型，它是由若干个有机联系的方程构成的整体，以反映经济系统复杂的内部联系。联立方程模型所做的分析、评价和预测的理论与方法，与单方程经济经济学模型有着明显的区别。

9.1.3　联立方程模型中的变量

在联立方程模型中，对其中每个随机方程，其变量仍然有被解释变量与解释变量之分，但对整个联立方程模型而言，由于各个经济变量之间的关系已经不再是单方程所描述的那样是简单的单向对应关系，而是联立关系，同一个变量可能是一个方程中的解释变量，同时又是另一个方程中的被解释变量。因此，为了明确起见，需要对变量重新进行分类，以便于对联立方程模型进行讨论。

1. 内生变量

内生变量是指由模型本身决定的变量，也就是说它的取值是模型系统内部决定的具有一定概率分布的随机变量。

例如前述的农产品供求模型中，商品的需求量 Q^D、供给量 Q^S 和商品的价格 P 都是由模型系统内决定的，因此是模型的内生变量。

由定义可知，内生变量一般具有如下特点：

(1)由模型系统内部决定。

(2)具有某种概率分布的随机变量。

(3)既受模型中其他变量的影响，又影响模型中的其他内生变量。

(4)与模型中的随机误差项相关，也即若 P_t 是内生变量，则有 $E(P_t\mu_t) \neq 0$。

一般，内生变量在联立方程模型中既可以做被解释变量，也可以做解释变量。通常联立方程模型中，每个方程左边的变量都是内生变量。如前面的宏观经济模型中，方程(9.1.4)中居民消费支出、方程(9.1.5)中民间投资、方程(9.1.6)中国民收入 Y 都为内生变量。

2.外生变量

外生变量是指不是由模型系统内决定的变量,也就是说它的取值是由模型系统外部决定的。例如,供求模型中消费者的收入 Y_t 和天气条件 W_t 为外生变量。外生变量在模型中只能作解释变量,它会直接或间接影响模型中的其他所有内生变量,但不受系统中其他变量的影响。因此,当 Y_t 是外生变量时,有 $E(Y_t\mu_t)=0$。

3.前定变量(预定变量)

具有滞后期的内生变量叫做前定内生变量。外生变量和前定内生变量统称为前定变量。一般在联立模型中,前定内生变量是解释变量,它影响模型中其他(当期)内生变量,但不受它们影响,因此,只能在当期的方程中作为解释变量,且与其中的随机误差项独立。

【例 9.1.1】 指出凯恩斯收入决定模型中的内生变量、外生变量及前定内生变量。

消费函数: $C_t=\alpha_0+\alpha_1 Y_t+\mu_{1t}$,$(0<\alpha_1<1)$

投资函数: $I_t=\beta_0+\beta_1 Y_t+\beta_2 Y_{t-1}+\mu_{2t}$,$(\beta_1>0,\beta_2>0)$

收入恒等式: $Y_t=C_t+I_t+G_t$

解:内生变量为: C_t,I_t,Y_t;外生变量为: G_t;前定内生变量为: G_t,Y_{t-1}。

9.2 联立方程模型的类型

9.2.1 结构式模型

1.结构式模型的含义

依据经济理论和行为规律建立的描述经济变量直接影响关系结构的联立方程模型称为结构式模型。结构式模型是在对经济变量的影响关系进行理论分析基础上建立的,反映了内生变量直接受前定变量、其他内生变量和随机误差项影响的因果关系。结构式模型中的每一个方程都叫结构方程,结构方程中的参数称为结构参数。

例如,简单宏观经济模型(Keynesian 模型):

$$\begin{cases} C_t=\alpha_0+\alpha_1 Y_t+\mu_{1t} & (9.2.1) \\ I_t=\beta_0+\beta_1 Y_t+\beta_2 Y_{t-1}+\mu_{2t} & (9.2.2) \\ T_t=\gamma_0+\gamma_1 Y_t+\mu_{3t} & (9.2.3) \\ Y_t=C_t+I_t+G_t & (9.2.4) \end{cases}$$

是一个结构式模型,模型的各个方程都是根据经济理论和变量的行为规律直接建立的,每一个方程都代表该系统的一个方面。

方程(9.2.1)是消费函数,表明社会现期消费量 C_t 主要取决于国民收入水平,这是一个描述政府、企业、居民经济行为的函数关系的行为方程。

方程(9.2.2)是投资函数,表示社会投资额 I_t 不仅受本期国民收入的影响,还受上一期国民收入的影响。

方程(9.2.3)是税收方程,表示税收额 T_t 主要取决于国民收入水平 Y_t,是反映由法律、制度、政策等制度性规定的经济变量之间函数关系的制度方程;

方程(9.2.4)是一个恒等方程,表示系统内部的经济变量国民收入与居民消费、民间投资、政府购买之间的平衡关系。

从结构式模型的方程是否包含随机项和参数看,结构式模型可以分为:

(1)包含随机项和参数的随机方程,如方程(9.2.1)、方程(9.2.2)、方程(9.2.3);

(2)不含随机项和参数的恒等式,如方程(9.2.4)。

如果结构式模型中结构方程的个数恰好等于内生变量的个数,则称该结构式模型为完备的,或称其为完备模型。如例 9.1.1 的联立方程模型为结构式模型,由于其内生变量数(3个)等于方程个数,因此该模型是完备的。

一般若结构式模型完备,则模型的所有参数均能估计出来,但对于非完备结构式模型,我们不能估计或只能估计它的一部分参数。

2.结构式模型特点

(1)模型直观地描述了经济变量之间的关系结构,模型的经济意义明确。

(2)模型只反映了各变量之间的直接影响,却无法直观地反映各变量之间的间接影响和总影响。

(3)无法直接运用结构式模型进行预测。

3.结构式模型特例

递归模型(三角形模型)是一种比较特殊的结构式模型。如含有 g 个内生变量、k 个前定变量的递归模型的一般形式可表示为(为方便起见,这里的 X、Y 都省略了样本序号下标):

$$\begin{cases} Y_1 = \gamma_{11} X_1 + \gamma_{12} X_2 + \cdots + \gamma_{1k} X_k + \mu_1 \\ Y_2 = \gamma_{21} X_1 + \gamma_{22} X_2 + \cdots + \gamma_{2k} X_k + \beta_{21} Y_1 + \mu_2 \\ Y_3 = \gamma_{31} X_1 + \gamma_{32} X_2 + \cdots + \gamma_{3k} X_k + \beta_{31} Y_1 + \beta_{32} Y_2 + \mu_3 \\ \qquad\qquad\qquad \vdots \\ Y_g = \gamma_{g1} X_1 + \gamma_{g2} X_2 + \cdots + \gamma_{gk} X_k + \beta_{g1} Y_1 + \beta_{g2} Y_2 + \cdots + \beta_{g(g-1)} Y_{g-1} + \mu_g \end{cases} \quad (9.2.5)$$

第一个方程的右边仅包含前定变量 $X_i(i=1,2,\cdots,k)$;第二个方程右边只包含前定变量 X_i 和第一个方程的内生变量 Y_1(即第一个方程中的被解释变量);第三个方程的右边也只包含前定变量 X_i 和第一、二两个方程中的内生变量 Y_1、Y_2;依此类推,第 g 个方程的右边只包含前定变量和前面 $g-1$ 个方程的内生变量 Y_1 到 Y_{g-1},且随机项满足条件:

$$E(\mu_i \mu_j) = 0, i \neq j \quad (9.2.6)$$

即属于同一时期但属于不同方程的随机项彼此不相关。

由于第一个方程右边只包含前定变量,而前定变量与随机项不相关,所以可用普通最小二乘法进行参数估计。第二个方程右边只包含前定变量和一个内生变量 Y_1,它虽然与 μ_1 相关,但由于 μ_1 和 μ_2 不相关,所以 Y_1 与 μ_2 不相关,因此第二个方程也可以用 OLS 法进行参数估计。第三个方程右边只包含前定变量和内生变量 Y_1、Y_2,由于 μ_1、μ_2 皆与 μ_3 不相关,所以 Y_1、Y_2 均不与 μ_3 相关,这样第三个方程也可用 OLS 法进行参数估计。依此类推,由于 $E(\mu_i \mu_j) = 0$ ($i \neq j$),所以可对递归模型中的每一个方程应用 OLS 法进行参数估计。

实际上,简单递归模型并不存在内生变量之间的相互依赖关系,即 Y_1 影响 Y_2,但 Y_2 并不影响 Y_1;Y_1 和 Y_2 影响 Y_3,但 Y_3 并不影响 Y_1 和 Y_2。依此类推,递归模型中每一个方程的变量之间的关系都是单向因果关系,所以,对递归模型中的每个方程可逐个应用 OLS 法估计,所得估计量仍具有最小二乘估计量的统计性质。

如果递归模型(9.2.5)写成矩阵形式,则它的内生变量系数矩阵构成(9.2.7)一个主对角线为 1 的下三角形,故称递归模型为三角形模型:

$$\begin{pmatrix} 1 & 0 & 0 & \cdots & 0 \\ -\beta_{21} & 1 & 0 & \cdots & 0 \\ -\beta_{31} & -\beta_{32} & 1 & \cdots & 0 \\ \vdots & \vdots & \vdots & & \vdots \\ -\beta_y & -\beta_{y2} & \cdots & \cdots & 1 \end{pmatrix} \qquad (9.2.7)$$

9.2.2 简化式模型

1. 简化式模型定义

简化式模型(又称约简型、约化型)是指将结构模型中的全部内生变量表示成前定变量和随机项的函数,即用所有前定变量作为每个内生变量的解释变量。简化式模型的每一个方程都叫简化式方程,其中的参数称为简化式参数(约简参数或约化参数)。

例如,研究商品的价格 P、需求量 Q^D 和供给量 Q^S 以及消费者收入 Y 之间关系的供求模型:

$$\begin{cases} Q_t^S = \beta_0 + \beta_1 P_t + \upsilon_t & (9.2.8) \\ Q_t^D = \alpha_0 + \alpha_1 P_t + \alpha_2 Y_t + \mu_t & (9.2.9) \\ Q_t^S = Q_t^D = Q_t & (9.2.10) \end{cases}$$

根据定义,其是一个结构式模型,而不是简化式模型。如果将该模型中的内生变量 Q_t^S、Q_t^D、P_t 用前定变量 Y_t 和随机项表示出来,就可得到相应的简化式模型:

$$\begin{cases} P_t = \Pi_{11} + \Pi_{12} Y_t + w_{1t} \\ Q_t = \Pi_{21} + \Pi_{22} Y_t + w_{2t} \end{cases} \qquad (9.2.11)$$

其中,Π 为简化式参数,且

$$\begin{cases} \Pi_{11} = \dfrac{\beta_0 - \alpha_0}{\alpha_1 - \beta_1}, \Pi_{12} = -\dfrac{\alpha_2}{\alpha_1 - \beta_1}, w_{1t} = \dfrac{\mu_{2t} - \mu_{1t}}{\alpha_1 - \beta_1} \\[2mm] \Pi_{21} = \dfrac{\alpha_1 \beta_0 - \alpha_0 \beta_1}{\alpha_1 - \beta_1}, \Pi_{22} = -\dfrac{\alpha_2 \beta_1}{\alpha_1 - \beta_1}, w_{2t} = \dfrac{\alpha_1 \mu_{2t} - \beta_1 \mu_{1t}}{\alpha_1 - \beta_1} \end{cases} \qquad (9.2.12)$$

2. 简化式模型特点

(1)简化式方程的解释变量都是与随机误差项不相关的前定变量。

(2)简化式参数反映了前定变量对内生变量的总影响,包括直接影响和间接影响。

(3)利用简化式模型可以直接进行预测。

(4)简化式模型没有客观地描述经济系统内各个变量之间的内在联系,模型的经济含义不明确。

3. 结构式模型与简化式模型的参数关系

由式(9.2.12)可以看出,简化式参数 Π 是结构式参数的非线性组合。一般称上面结构型系数与简化型系数之间的关系式(9.2.12)为"参数关系体系"。其中简化式参数 Π_{ij} 也叫影响乘数或长期乘数。它度量了前定变量对内生变量的总影响,即包括直接影响与间接影响两者之和。例如(9.2.11)中外生变量 Y_t 的简化式参数 Π_{22} 可表示为如下的参数关系体系:

$$\Pi_{22} = -\frac{\alpha_2 \beta_1}{\alpha_1 - \beta_1} = \alpha_2 - \frac{\alpha_1 \alpha_2}{\alpha_1 - \beta_1} \qquad (9.2.13)$$

其中,α_2 是结构方程中外生变量 Y_t 的系数,表示外生变量 Y_t 对内生变量 Q_t 的直接影响,即在其他变量保持不变情况下,Y_t 变化一个单位引起 Q_t 的变动量;而 $-\frac{\alpha_1 \alpha_2}{\alpha_1 - \beta_1}$ 表示外生变量 Y_t 对内生变量 Q_t 的间接影响。因而可表示为:

$$\Pi_{22}(总影响) = \alpha_2(直接影响) + \left(-\frac{\alpha_1 \alpha_2}{\alpha_1 - \beta_1}\right)(间接影响) \qquad (9.2.14)$$

简化式参数对内生变量的总影响,从经济系统的角度可以理解为:外生变量的变动打破了原系统的原始平衡,然后系统内各种经济关系自动进行调整,最后达到新的平衡。简化式参数所反映的正是外生变量的单位变动在系统达到新的平衡后对内生变量的综合影响。

由于简化式方程是将内生变量表示为前定变量和随机项的函数,而前定变量又与随机项是不相关的,因而可以用 OLS 法来估计简化式方程组的系数。

试一试

9.3 联立方程模型的识别准则

9.3.1 识别的含义

联立方程模型在进行估计之前,要判断其能否得出有意义的结构参数值,称为联立方程模型的识别问题。识别问题不是统计问题,它是与模型设定有关的问题。如果联立方程模型能够从简化式模型参数估计值中,得出结构式参数的估计值,则称该模型可识别。如果一个结构式模型中的所有随机方程都是可以识别的,则认为该联立方程模型是可以识别的。如果联立方程模型中存在一个不可识别的随机方程,则认为该联立方程模型是不可识别的。恒等方程(定义方程或平衡条件)由于不存在参数估计问题,所以也不存在识别问题。但是必须注意,在判断随机方程的识别性问题时,应该将恒等方程考虑在内。

识别问题的实质在于能否唯一估计出某一方程的参数。对于可识别的随机方程,如果随机方程具有一组参数估计量,称其为恰好识别或正确识别;如果随机方程具有多组参数估计量,则称其为过度识别。

【**例 9.2**】 对农产品供求模型,判别其可识别性。

$$
\begin{cases}
Q_t^D = \alpha_0 + \alpha_1 P_t + \mu_{1t} & (9.3.1a) \\
Q_t^S = \beta_0 + \beta_1 P_t + \mu_{2t} & (9.3.1b) \\
Q_t^D = Q_t^S = Q_t & (9.3.1c)
\end{cases}
$$

这个模型中数量 Q 和价格 P 都是内生变量,没有外生变量。将结构式模型(9.3.1)化为简化式模型:

$$
\begin{cases}
P_t = \Pi_0 + \upsilon_{1t} & (9.3.2) \\
Q_t = \Pi_1 + \upsilon_{2t} & (9.3.3)
\end{cases}
$$

其中,

$$
\begin{cases}
\Pi_0 = \dfrac{\beta_0 - \alpha_0}{\alpha_1 - \beta_1}, \Pi_1 = \dfrac{\alpha_1 \beta_0 - \alpha_0 \beta_1}{\alpha_1 - \beta_1} \\
\upsilon_{1t} = \dfrac{\mu_{2t} - \mu_{1t}}{\alpha_1 - \beta_1}, \upsilon_{2t} = \dfrac{\alpha_1 \mu_{2t} - \beta_1 \mu_{1t}}{\alpha_1 - \beta_1}
\end{cases}
\quad (9.3.4)
$$

显然,联系结构式参数和简化式参数的方程(9.3.4)中只有两个方程,而需要确定的结构式参数有 4 个:α_0、α_1、β_0、β_1,方程的数目不够,不可能求 4 个结构式参数,因此方程(9.3.1a)和(9.3.1b)皆不可识别,当然模型也不可识别。

9.3.2 结构方程的识别规则

利用简化式模型处理联立方程模型中某个方程的识别问题在理论上是可行的,但是对于一个具体的结构式方程,为了确定它究竟属于哪种识别情形,从结构式转为简化式的参数关系推导不仅太繁琐,有时甚至无法求出。因此,需要找到更好的模型识别方法,即识别规则。

1. 识别的阶条件——必要条件

为了叙述方便,引进以下符号:

G——模型所含内生变量的总数;

G^*——包含在模型中,但该方程中不包含的内生变量数;

K——模型所含前定变量的总数;

K^*——包含在模型中,但该方程中不包含的前定变量数。

一般地,在讨论模型识别问题时,假定模型在学术上是完备的,即模型中的内生变量数和方程数相等。假设模型中共有 G 个同时方程或者 G 个内生变量,模型中任一方程可识别的必要条件是:

$$ K^* \geqslant G - G^* - 1 \quad (9.3.5) $$

式中:等号代表正确识别条件,不等号代表过度识别条件。

将式(9.3.5)两端各加 G^*,便有:

$$ G^* + K^* \geqslant G - 1 \quad (9.3.6) $$

式中:等号代表恰好识别条件,不等号代表过度识别条件。

式(9.3.6)表明,任一方程可识别的必要条件又可叙述为:该方程不包含的变量(包括模型中内生变量和前定变量)总数不小于模型中方程数(或内生变量数)减 1。

显然,式(9.3.5)与式(9.3.6)是等价的,实际应用时可取其中之一。

【例 9.3】　假设供给模型为：

$$Q_t^D = \alpha_0 + \alpha_1 P_t + \alpha_2 Y_t + \alpha_3 P_t^* + \mu_{1t}$$

$$Q_t^S = \beta_0 + \beta_1 P_t + \mu_{2t}$$

$$Q_t^D = Q_t^S = Q_t$$

其中，P、Q^D、Q^S、Y、P_t^* 分别为商品的价格、需求量 Q^D、供给量 Q^S、消费者收入、P_t^* 替代品的价格，判别模型的可识别性。

解： 出于方便，舍弃平衡条件有：

需求方程　$Q_t = \alpha_0 + \alpha_1 P_t + \alpha_2 Y_t + \alpha_3 P_t^* + \mu_{1t}$ 　　　　　　　　　(9.3.7)

供给方程　$Q_t = \beta_0 + \beta_1 P_t + \mu_{2t}$ 　　　　　　　　　　　　　　　(9.3.8)

其中，Q_t 和 P_t 为内生变量，Y_t 和 P_t^* 为外生变量，所以 $G=2$，$K=2$。

需求方程：$K^*=0$，$G^*=0$，$K^*+G^*=0$

$$G=2, G-1=1$$

条件 $G^*+K^* \geqslant G-1$ 不满足，所以需求方程(9.3.7)不可识别。

供给方程：$K^*=2$，$G^*=0$，$K^*+G^*=2+0=2$

$$G-1=2-1=1$$

满足条件 $G^*+K^*=2>1=G-1$。所以，供给方程(9.3.8)如果可识别，便是过度识别。

【例 9.4】　假设供给模型为：

$$Q_t^D = \alpha_0 + \alpha_1 P_t + \alpha_2 Y_t + \mu_{1t}$$

$$Q_t^S = \beta_0 + \beta_1 P_t + \beta_2 P_{t-1} + \mu_{2t}$$ 　　　　　　　　　(9.3.9)

$$Q_t^D = Q_t^S = Q_t$$

其中，P、Q^D、Q^S、Y 分别为商品的价格、需求量 Q^D、供给量 Q^S，判别模型的可识别性。

解： 出于方便，舍弃平衡条件有：

需求方程　$Q_t = \alpha_0 + \alpha_1 P_t + \alpha_2 Y_t + \mu_{1t}$ 　　　　　　　　　(9.3.10)

供给方程　$Q_t = \beta_0 + \beta_1 P_t + \beta_2 P_{t-1} + \mu_{2t}$ 　　　　　　　　　(9.3.11)

其中，Q_t 和 P_t 为内生变量，Y_t 和 P_{t-1} 为前定变量，所以 $G=2$，$K=2$。

需求方程：$K^*=1$，$G^*=0$，$G^*+K^*=1+0=1$

$$G=2, G-1=2-1=1$$

条件 $K^*+G^*=1=G-1$，所以需求方程(9.3.10)如果可识别，便是恰好识别。

供给方程：$K^*=1$，$G^*=0$，$G^*+K^*=1+0=1$

$$G-1=2-1=1$$

满足条件 $K^*+G^*=1=G-1$。所以，供给方程(9.3.11)如果可识别，便是恰好识别。

【例 9.5】　对国民收入决定模型，判别其可识别性。

$$\begin{cases} C_t = \alpha_0 + \alpha_1 Y_t + \mu_t \\ I_t = \beta_0 + \beta_1 Y_t + \beta_2 Y_{t-1} + \mu_{2t} \\ Y_t = C_t + I_t + G_t \end{cases}$$

解： 内生变量：C_t、I_t、Y_t；外生变量：G_t；前定变量：G_t 与 Y_{t-1}

$$G=3, K=2$$

第一个消费方程：$G^*=1$，$K^*=2$，$K^*+G^*=3$，$G-1=2$，满足：$G^*+K^*>G-1$，属于

过度识别情景。

第二个投资方程：$G^*=1,K^*=1,K^*+G^*=2,G-1=2$，满足：$G^*+K^*=G-1$，属于恰好识别情景。

第三个方程为平衡方程，恒等式，无须判别

需要强调的是，识别的阶条件只是模型方程能识别的必要条件而不是充分条件，满足必要条件的方程不一定能识别。对于恰好识别和过度识别的判断只有在可识别的情况下才有意义。

9.3.3 识别的秩条件——充要条件

识别的秩条件是识别的充分必要条件。秩条件是指在有 G 个方程和 G 个内生变量的结构模型中，某个方程可识别的充要条件是该方程不包含而为其他方程所包含的那些变量（包括内生变量和前定变量）的系数矩阵的秩等于 $G-1$，即

$$R(\Delta)=G-1 \tag{9.3.12}$$

其中，Δ 代表未出现在被考察方程内而出现在其他方程内的所有变量的系数矩阵，称为识别矩阵；R 为求秩符号。

具体步骤如下：

(1)写出结构模型对应的参数矩阵（如果每个随机方程中具有常数项，常数项可不列入）。

(2)删去第 i 个结构方程对应系数所在的一行。

(3)删去第 i 个结构方程对应系数所在的一行中非零系数所在的各列，余下的子矩阵为 Δ。

(4)如果 $R(\Delta)=G-1$，则第 i 个结构方程可识别；如果 $R(\Delta)\neq G-1$，则第 i 个结构方程不可识别。

【例 9.6】 仍以例 9.4 为例，判别可识别性。

改写原模型为如下形式：

$$-Q_t^D+\alpha_0+\alpha_1 P_t+\alpha_2 Y_t+\mu_{1t}=0 \tag{9.3.13}$$
$$-Q_t^S+\beta_0+\beta_1 P_t+\beta_2 P_{t-1}+\mu_{2t}=0 \tag{9.3.14}$$
$$Q_t^D-Q_t^S=0 \tag{9.3.15}$$

方程的参数矩阵如下：

$$
\begin{array}{ccccc}
Q_t^D & Q_t^S & P_t & Y_t & P_{t-1}
\end{array}
$$
$$
\begin{bmatrix}
-1 & 0 & \alpha_1 & \alpha_2 & 0 \\
0 & -1 & \beta_1 & 0 & \beta_2 \\
1 & -1 & 0 & 0 & 0
\end{bmatrix}
$$

(1)对第一个方程(9.3.13)判别：

划去上述系数矩阵中第一个方程系数所在行，再划去第一个方程非零系数所在列，得到第一个方程的识别方程：

$$\Delta=\begin{pmatrix} -1 & \beta_2 \\ -1 & 0 \end{pmatrix}$$

因为 $|\Delta|=\begin{vmatrix} -1 & \beta_2 \\ -1 & 0 \end{vmatrix}=\beta_2\neq 0$，所以，$R(\Delta)=2$。

又因为 $G-1=3-1=2$，所以 $R(\Delta)=2=G-1$，方程(9.3.13)可识别。

由于 $K^*=1, G^*=1, K^*+G^*=2$,且 $G-1=3-1=2$。

条件 $K^*+G^*=2=G-1$ 满足,所以方程(9.3.13)恰好识别。

(2)对第二个方程(9.3.14)进行识别判断。

重复以上步骤,得到第二个方程的识别矩阵为:

$$\Delta=\begin{pmatrix} -1 & \alpha_2 \\ 1 & 0 \end{pmatrix}, \quad |\Delta|=\begin{vmatrix} -1 & \alpha_2 \\ 1 & 0 \end{vmatrix}=-\alpha_2\neq 0$$

所以,$R(\Delta)=2$,且 $G-1=3-1=2$。

条件 $R(\Delta)=2=G-1$ 满足,第二个方程(9.3.13)可识别。

又因为 $K^*=1, G^*=1, K^*+G^*=2$,所以条件 $K^*+G^*=2=G-1$ 满足,第二个方程(9.3.13)为恰好识别。

第三个方程(9.3.14)是恒等方程,不需要识别。

由于该模型需求方程和供给方程都是恰好识别,因此,模型恰好识别。

【例 9.7】　对模型:$\begin{cases} C_t=\alpha_0+\alpha_1 Y_t+\alpha_2 C_{t-1}+\alpha_3 P_{t-1}+\mu_{1t} \\ I_t=\beta_0+\beta_1 Y_t+\beta_2 Y_{t-1}+\mu_{2t} \\ Y_t=C_t+I_t \end{cases}$,判别可识别性。

解:内生变量:C_t, I_t, Y_t,前定变量:$C_{t-1}, P_{t-1}, Y_{t-1}$。

$G=3, K=3$

方程的参数矩阵为:

$$\begin{array}{cccccc} C_t & I_t & Y_t & Y_{t-1} & C_{t-1} & P_{t-1} \end{array}$$

$$\begin{bmatrix} 1 & 0 & -\alpha_1 & 0 & -\alpha_2 & -\alpha_3 \\ 0 & 1 & -\beta_1 & -\beta_2 & 0 & 0 \\ -1 & -1 & 1 & 0 & 0 & 0 \end{bmatrix}$$

第 1 个结构方程的识别状态:$\Delta=\begin{bmatrix} 1 & -\beta_2 \\ -1 & 0 \end{bmatrix}$,$R(\Delta)=2=G-1$,所以,该方程可以识别。

又因为:$K^*+G^*=1+1=G-1=2$,所以为恰好识别。

第 2 个结构方程的识别状态:$\Delta=\begin{bmatrix} 1 & -\alpha_2 & -\alpha_3 \\ -1 & 0 & 0 \end{bmatrix}$,$R(\Delta)=2=G-1$,所以,该方程可以识别。

又因为 $K^*+G^*=2+2=4>G-1=2$,所以为过度识别。

第 3 个方程是平衡方程,不存在识别问题。

综合以上结果,该联立方程模型是可以识别的。

[练一练]　设联立方程模型如下:

$$\begin{cases} C_t=\alpha_1 Y_t+\mu_{1t} \\ I_t=\beta_1 Y_t+\beta_2 Y_{t-1}+\mu_{2t}, \\ Y_t=C_t+I_t+G_t \end{cases}$$

答案

判断第二个方程的识别状态。

【本章小结】

本章介绍了联立方程模型的性质、类型和识别准则。对于结构方程的识别,可以采用的方法有统计形式的唯一性、识别的阶条件和识别的秩条件,但应注意识别的阶条件是必要条件,识别的秩条件是充要条件。判断结构式模型的识别,需要将秩条件和阶条件结合运用,以判断其是恰好识别或过度识别。

【关键术语】

联立方程模型,结构式模型,简化式模型,内生变量,外生变量,识别,统计形式,阶条件,秩条件,零约束条件

【课后讨论】

二十大报告中提出在实现"中国式现代化"的征途中,"高质量发展是全面建设社会主义现代化国家的首要任务",为此,要"坚持农业农村优先发展","加快建设农业强国",延续了 2012 年十八大以来的精神。据统计,2012 年以来我国农业相关资料如下:

年份	粮食产量(万吨)	种植业产品生产价格指数(%)	城镇居民人均可支配收入(元)
2012	61222.62	104.8	24127
2013	63048.2	104.3	26467
2014	63964.83	101.8	28844
2015	66060.27	99.2	31195
2016	66043.51	97	33616
2017	66160.73	99.5	36396
2018	65789.22	101.2	39251
2019	66384.34	100.8	42359
2020	66949.15	102.8	43834
2021	68284.75	110.6	47412

若设 Q_t^S 表示农业产品需求量,Q_t^D 表示农业产品供给量,Q_t 表示农业产品供求量,P_t 表示价格指数,Y_t 城镇居民的人均可支配收入。要求以学习小组为单位,讨论可以建立什么样的农产品供求联立方程模型,在该模型中,什么是内生变量、外生变量和前定变量,并对联立方城模型是否有解进行识别。

【思考与练习】

1.名词解释

联立方程模型,内生变量,外生变量,递归模型,统计形式唯一性,阶条件,秩条件。

2.简答题

(1)什么是联立方程模型的识别问题? 什么是恰好识别和过度识别?

(2)简化式参数是如何得到的? 结构式参数与简化式参数有何关系?

(3)阶条件与秩条件的区别和联系是什么?

3. G. 门杰斯(Menges)对联邦德国经济构造了如下的计量经济模型：

$$\begin{cases} Y_t = \beta_0 + \beta_1 Y_{t-1} + \beta_2 I_t + \mu_{1t} \\ I_t = \beta_3 + \beta_4 Y_t + \beta_5 Q_t + \mu_{2t} \\ C_t = \beta_6 + \beta_7 Y_t + \beta_8 C_{t-1} + \beta_9 P_t + \mu_{3t} \\ Q_t = \beta_{10} + \beta_{11} Q_{t-1} + \beta_{12} R_t + \mu_{4t} \end{cases}$$

其中，Y＝国民收入；I＝净资本形成；C＝个人消费；Q＝利润；P＝生活费用指数；R＝工业生产力；t＝时间；μ＝随机干扰项。

（1）请指出方程组中的内生变量和外生变量。

（2）方程组中是否有可以用单一方程最小二乘法去估计的方程？

（3）把变量 P 包含在消费函数中的依据是什么？

4. 考察下面的模型：

$$\begin{cases} C_t = b_0 + b_1 Y_t + b_2 C_{t-1} + \mu_t \\ I_t = a_0 + a_1 Y_t + a_2 Y_{t-1} + a_3 r_t + \nu_t \\ Y_t = C_t + I_t \end{cases}$$

式中：I 为投资；Y 为收入；C 为消费；r 为利率。要求：

（1）指出模型的内生变量和前定变量；

（2）分析各行为方程的识别状况。

5. 假设联立方程模型为：

$$C_t = \alpha_0 + \alpha_1 Y_t + \mu_{1t}$$
$$I_t = \beta_0 + \beta_1 Y_t + \beta_2 Y_{t-1} + \mu_{2t}$$
$$IM_t^D = \gamma_o + \gamma_1 Y_t + \mu_{3t}$$
$$Y_t = C_t + I_t + G_t + EX_t - IM_t$$

其中，Y_t、C_t、I_t、IM_t、G_t、EX_t 分别表示收入、消费、投资、进口、政府支出、出口，判别模型可识别性。

即测即评

第 10 章

联立方程模型估计

⬚➲知识与技能：重点掌握联立方程模型估计方法中的间接最小二乘法、二阶段最小二乘法以及工具变量的选择要求；理解间接最小二乘法、工具变量法、二阶段最小二乘法的思想和步骤，了解联立方程模型估计方法类型；能熟练应用 EViews 软件对联立方程模型进行参数估计。

二十大报告提出全面建成社会主义现代化强国，总的战略安排分为基本实现社会主义现代化、富强民主文明和谐美丽的社会主义现代化强国"两步走"。它表明我国社会主义建设宏伟目标的实现，不是一蹴而就的，分阶段实现既是慎重的体现，也是策略的需要。运用联立方程模型对经济系统研究时，参数估计往往不是通过直接估计完成的，而是通过间接、分阶段等方法获得的。

10.1 联立方程模型估计方法概述

10.1.1 联立方程模型性质对估计方法的要求

在联立方程模型参数估计中，普通最小二乘法（OLS）仍得到了广泛应用。例如第 9 章结构式递归模型（9.2.5），每个方程都符合经典假定，可以逐一直接采用普通最小二乘法（OLS）进行参数估计，且参数估计量具有无偏性和一致性。即使是非递归模型，也可以通过模型变换，采用普通最小二乘法（OLS）进行参数估计。

但需要注意的是，由于非递归模型中，通常至少有部分方程的内生变量之间存在交互决定的现象，作为解释变量的内生变量往往与误差项有较强的相关性，直接使用普通最小二乘法得到的参数估计量是有偏和非一致性的，价值很小。因此，直接运用最小二乘估计是不可行的，这就要求人们进一步研究适合联立方程模型参数估计的方法。

10.1.2 联立方程模型估计方法分类

一般地，联立方程模型的估计方法可分为单方程估计法和系统估计法两类。单方程估计法又称有限信息估计法，它是在估计模型时，对每一个方程单独进行估计而不考虑其余方程对该方程的约束。单方程估计法有普通最小二乘法（OLS 法）、间接最小二乘法（Indirect, Least Squares, ILS）、工具变量法（Instrumental Variables, IV）、二阶段最小二乘法（Two Stage Least Squares, 2SLS）、有限信息极大似然法（Limited Information, Maximum Likelihood, LI/ML）等。

　　系统估计法也称完全信息估计法，它是对联立方程模型中所有方程同时进行估计，从而同时决定所有参数的估计值，估计中考虑了整个模型结构以及每个方程的约束条件。系统估计法有三阶段最小二乘法（Three Stage Least Squares, 3SLS）、完全信息极大似然法（Full Information, Maximum Likelihood, FI/ML）等。虽然系统估计法是对联立方程模型理想的参数估计方法，但是由于单一方程估计法相对简便，因此应用比较广泛，本章所介绍的就是较基本的单一方程估计法。

10.2　间接最小二乘法（ILS）

10.2.1　间接最小二乘法的含义

　　对于恰好识别的联立方程模型，由于结构方程可以转化为简化式方程，而简化式方程中的解释变量全是前定变量，与方程中的随机项不相关，所以可以使用 OLS 法进行估计。当运用最小二乘法对简化式方程估计后，便可得到简化式参数，然后通过简化式参数与结构式参数的参数体系，由简化式参数的估计值求解到结构式参数的估计值。因为这种方法是通过简化式模型间接求得结构式参数的估计值，故这种参数估计方法称为间接最小二乘法（ILS）。

10.2.2　间接最小二乘法的假设条件

　　间接最小二乘法的实施，需要满足以下假设条件：

　　（1）被估计的结构方程必须是恰好识别，因为只有恰好识别才能由简化式参数推导出唯一的一组结构参数。

　　（2）每个简化式方程的随机扰动项都应满足最小二乘法经典假定。

　　（3）前定变量之间不存在高度多重共线性。

10.2.3　间接最小二乘法的基本步骤

　　第一步，模型识别。

　　如果恰好识别，则进行下一步。如果过度识别，则采用其他方法估计。

　　第二步，通过方程转换得到简化式方程。

　　将被估计的结构方程所包含的内生变量，表示为模型中全部前定变量和随机项的函数，即转换为简化式方程。

　　第三步，采用最小二乘法（OLS）估计简化式参数。

　　由于简化式方程满足 OLS 假定，可对简化式方程直接采用普通最小二乘法（OLS）进行估计，得到简化式参数的估计值。

　　第四步，根据参数关系体系，得到结构式参数。

间接最小二乘法的 EViews 软件实现较为容易,只需直接使用普通最小二乘法估计出每个简化的参数,然后通过参数关系式子体系计算出相应的结构式参数即可。

10.3 工具变量法

10.3.1 工具变量法的含义

工具变量法(Instrumengt Variables,IV)是指当某个解释变量与随机项相关时,选择一个与此解释变量相关而与相应的随机项不相关的前定变量作为替代工具,以消除该解释变量与随机项的依赖关系,从而求出结构参数的方法。

工具变量法中,用作解释变量替代工具的变量,称为工具变量。IV 估计量不具备无偏性,但具备一致性。

10.3.2 工具变量的选择标准

工具变量选择是工具变量法应用的关键,工具变量应满足以下条件:

(1)工具变量必须与将被替代的内生解释变量之间存在高度的相关性。

(2)选定的工具变量本身是前定变量,与结构方程中的随机项不相关。

(3)选定的工具变量与结构方程中的其他解释变量不相关,以避免多重共线性。

(4)若一个结构方程要选择多个工具变量,则这些工具变量之间也要满足不相关的条件。

按照上述标准,模型中的前定变量一般都可以作为内生解释变量的备选工具变量。需要注意的是,为了使每一个结构参数都能求得估计值,选择工具变量的个数必须与所估计的结构方程中充当解释变量的内生变量个数相等。如果结构方程中含有前定变量,则可选择这些前定变量本身做自己的工具变量。

10.3.3 工具变量法的步骤

第一步,选择合适的预定变量作为工具变量。

第二步,用选择的工具变量代替内生解释变量,作为该方程的前定变量。

第三步,对模型求解,得到模型的参数估计值。

具体的估计过程为:用待估计方程中的每一个预定变量,去乘该方程两边等式并求和,然后对这些求和得到的正规方程组进行求解,最后得到结构参数的估计值。

10.3.4 工具变量法的局限性

(1)工具变量法只适用于恰好识别。

(2)由于模型中内生变量间因果关系的交错,内生变量与许多前定变量都是相关的,因此选择合适的工具变量是相当困难的。

(3)前定变量多于一个时,要求它们之间又要满足不相关,有时是困难的。

(4)由于 μ 是不可观察的,很难确定它与工具变量无关

(5)此方法估计出的参数估计值是非无偏,却是一致估计量。

因此在实际中,人们很少直接用工具变量法对结构参数进行估计,工具变量法主要为二阶段最小二乘法提供准备。

10.4　二阶段最小二乘法

10.4.1　二阶段最小二乘法的含义

间接最小二乘法只适用于恰好识别的结构方程。工具变量法对于恰好识别的结构方程是有效的,但是若其中一个方程式是过度识别的,则代替内生解释变量的工具变量就不止一个,因此将导致正规方程的个数超过参数个数。为避免这种情况,可以采用对所有方程的前定变量进行线性组合,作为内生解释变量的工具变量。可以证明,在大样本下这种估计方法将产生一致和渐近有效的估计值。如果方程的参数是线性的,则工具变量法实际上等同于两阶段最小二乘法。

所谓二阶段最小二乘法(2SLS),就是在联立方程模型参数估计的过程中,连续两次使用 OLS 法。二阶段最小二乘法作为工具变量法的发展,不仅适用于恰好识别的结构方程,也特别适用于过度识别的结构方程。

10.4.2　二阶段最小二乘法的步骤

第一阶段:利用 OLS 法估计结构型方程中所有内生变量的简化式方程,求得内生变量的估计值。

第二阶段:用内生变量的估计值代替结构式方程中的内生变量,再次应用 OLS 法求得结构式参数估计值,即为原结构方程参数的二阶段最小二乘估计量。

假设有结构式模型:

$$\begin{cases} Y_{1t} = \beta_2 Y_{2t} + \gamma_1 X_{1t} + u_{1t} \\ Y_{2t} = \beta_2 Y_{1t} + \gamma_2 X_{2t} + u_{2t} \end{cases} \tag{10.4.1}$$

其中,Y_{1t}、Y_{2t} 是内生变量;X_{1t}、X_{2t} 是外生变量。

第一阶段:写出结构式模型(10.4.1)对应的约简型方程:

$$\begin{cases} Y_{1t} = \Pi_{11} X_{1t} + \Pi_{12} X_{2t} + \upsilon_{1t} \\ Y_{2t} = \Pi_{21} X_{1t} + \Pi_{22} X_{2t} + \upsilon_{2t} \end{cases} \tag{10.4.2}$$

对每个简化式方程应用 OLS 法进行估计,得

$$\begin{cases} \hat{Y}_{1t} = \hat{\Pi}_{11} X_{1t} + \hat{\Pi}_{12} X_{2t} \\ \hat{Y}_{2t} = \hat{\Pi}_{21} X_{1t} + \hat{\Pi}_{22} X_{2t} \end{cases} \tag{10.4.3}$$

于是有

$$\begin{cases} Y_{1t} = \hat{Y}_{1t} + \varepsilon_{1t} \\ Y_{2t} = \hat{Y}_{2t} + \varepsilon_{2t} \end{cases} \tag{10.4.4}$$

第二阶段:将式(10.4.4)代入模型(10.4.1)右边的内生变量,得

$$\begin{cases} Y_{1t} = \beta_2 \hat{Y}_{2t} + \gamma_1 X_{1t} + \varepsilon_{1t}^* \\ Y_{2t} = \beta_2 \hat{Y}_{1t} + \gamma_2 X_{2t} + \varepsilon_{2t}^* \end{cases} \tag{10.4.5}$$

对模型(10.4.5)中的每个方程分别应用 OLS 法,得出结构参数的估计值,即为二阶段最小二乘估计。

实际计算时,第一阶段对简化式方程只需求出所需的 $\hat{Y}_{it}$ 的最小二乘估计,不需要求出 ε_{it}。第二阶段只需用 $\hat{Y}_{it}$ 代替所估计方程右边的 Y_{it} 即可。

【例 10.1】 以供求模型为例:

供给方程:$Q_t^S = \alpha_1 P_t + \mu_{1t}$ (10.4.6)

需求方程:$Q_t^D = \beta_1 P_t + \beta_2 Y_t + \mu_{2t}$ (10.4.7)

其中,Q、P、Y、t 分别表示产品数量、价格、收入和时间。

根据识别条件,可以判断供给方程恰好识别。对供求模型进行约简型转化,可得:

$$Q_t = \frac{\alpha_1 \beta_2}{\alpha_1 - \beta_1} Y_t + \frac{\alpha_1 \mu_{2t} - \beta_1 \mu_{1t}}{\alpha_1 - \beta_1} = \Pi_{12} Y_t + \upsilon_{1t} \tag{10.4.8}$$

$$P_t = \frac{\beta_2}{\alpha_1 - \beta_1} Y_t + \frac{\mu_{2t} - \mu_{1t}}{\alpha_1 - \beta_1} = \pi_{22} Y_t + \upsilon_{2t} \tag{10.4.9}$$

(1)第一阶段 OLS 法:对 P_t 的简化式方程进行 OLS 法回归,得到拟合值:

$$\hat{P}_t = \hat{\Pi}_{22} Y_t = \frac{\sum P_t Y_t}{\sum Y_t^2} Y_t$$

(2)第二阶段 OLS 法:将拟合值代入结构式模型中,对每个方程进行 OLS 估计,即可得到相应的参数估计值。

【例 10.2】 设有联立方程模型如下:

$$\begin{cases} Y_1 = \alpha_0 + \varepsilon_1 Y_2 + \alpha_2 X_1 + u_1 & (10.4.10) \\ Y_2 = \beta_0 + \beta_1 Y_1 + \beta_2 X_2 + \beta_3 X_3 + u_2 & (10.4.11) \end{cases}$$

其中,Y_1、Y_2 是内生变量;X_1、X_2、X_3 是外生变量。

根据识别条件,第一个方程是过度识别的。对该方程采用二阶段最小二乘法进行参数估计的方法是:

第一步,解出 Y_2 关于所有前定变量 X_1、X_2、X_3 的约简型:

$$Y_2 = \lambda_0 + \lambda_1 X_1 + \lambda_2 X_2 + \lambda_3 X_3 + \upsilon \tag{10.4.12}$$

然后用普通最小二乘法(OLS)对式(10.4.12)进行回归估计,计算出内生变量 Y_2 的估计值 $\hat{Y}_2$。

第二步,将估计出来的内生变量 $\hat{Y}_2$ 作为工具变量,代入原联立方程(10.4.10)的右边,得到:

$$Y_1 = \alpha_0 + \varepsilon_1 \hat{Y}_2 + \alpha_2 X_1 + u_1 \tag{10.4.13}$$

然后再用普通最小二乘法(OLS)对方程(10.4.13)进行参数估计,得到参数估计值。

通过利用 2SLS 方法,可以得到结构式参数的有偏一致估计量。同时可以证明,对于恰好识别的方程,间接最小二乘法估计(ILS)、工具变量法(IV)和二阶段最小二乘法(2SLS)估计的参数估计量是等同的。

10.5 应用举例

【例 10.5.1】 中国宏观经济模型分析。

10.5.1 模型设定

在不考虑进出口的条件下,设简化的中国宏观经济调控模型为:

$$\begin{cases} C_t = \alpha_0 + \alpha_1 Y_t + \mu_{1t} \\ I_t = \beta_0 + \beta_1 Y_t + \mu_{2t} \\ Y_t = C_t + I_t + G_t \end{cases} \tag{10.5.1}$$

其中,C_t 表示消费;Y_t 表示国民收入;I_t 表示投资;G_t 表示政府支出;t 表示时间。C_t,Y_t,I_t 为内生变量;G_t 为前定变量。

10.5.2 数据选取

数据资料来自国家统计局网站,是我国按支出法计算的国内生产总值以及相关宏观数据。具体见附录。

10.5.3 模型识别

根据识别条件,可以判断第一个方程即消费方程是恰好识别;第二个方程即投资方程也是恰好识别;第三个方程是定义方程,无须识别。综合以上分析,该联立方程模型为恰好识别。因此,可以采用间接最小二乘法对该联立模型进行参数估计。

10.5.4 参数估计

1. 将结构型模型转变为简化型模型

宏观经济模型(10.5.1)的简化型为:

$$\begin{cases} C_t = \Pi_{10} + \Pi_{11} G_t + \upsilon_{1t} \\ I_t = \Pi_{20} + \Pi_{21} G_t + \upsilon_{2t} \\ Y_t = \Pi_{30} + \Pi_{31} G_t + \upsilon_{3t} \end{cases} \tag{10.5.2}$$

其中,结构式模型的系数与简化式模型系数的关系为:

$$\begin{cases} \Pi_{10} = a_0 + a_1 \dfrac{a_0 + \beta_0}{1 - \alpha_1 - \beta_1} ; \Pi_{11} = \dfrac{a_1}{1 - \alpha_1 - \beta_1} \\[2mm] \Pi_{20} = \beta_0 + \beta_1 \dfrac{a_0 + \beta_0}{1 - \alpha_1 - \beta_1} ; \Pi_{21} = \dfrac{\beta_1}{1 - \alpha_1 - \beta_1} \\[2mm] \Pi_{30} = \dfrac{a_0 + \beta_0}{1 - \alpha_1 - \beta_1} ; \Pi_{31} = \dfrac{1}{1 - \alpha_1 - \beta_1} \end{cases} \tag{10.5.3}$$

2. 用 OLS 法估计简化型模型的参数

使用 EViews 5.0 软件计算,三个简化型方程的估计式为:

$$\begin{cases} \hat{C}_t = 2769.026 + 2.635452G_t \\ \hat{I}_t = -6223.877 + 3.548650G_t \\ \hat{Y}_t = -3411.074 + 7.454398G_t \end{cases}$$

即简化型系数的估计值分别为：

$$\begin{cases} \hat{\Pi}_{10} = 2769.026; \hat{\Pi}_{11} = 2.635452 \\ \hat{\Pi}_{20} = -6223.877; \hat{\Pi}_{21} = 3.548650 \\ \hat{\Pi}_{30} = -3411.074; \hat{\Pi}_{31} = 7.454398 \end{cases}$$

（3）根据结构式参数与简化式参数的关系，求得结构式参数的唯一解

由于该宏观经济模型为恰好识别，因此解得的结构式模型的参数估计值为：

$$\begin{cases} a_0 = -456.444592; a_1 = 0.353543 \\ \beta_0 = -1.147537; \beta_1 = 0.476048 \end{cases}$$

从而结构式模型的估计式为：

$$\begin{cases} C_t = -456.444592 + 0.353543Y_t + \mu_{1t} \\ I_t = -1.147537 + 0.476048Y_t + \mu_{2t} \\ Y_t = C_t + I_t + G_t \end{cases}$$

10.5.5 模型修正

鉴于宏观经济活动中，当期消费行为还要受到上一期消费的影响，当期的投资行为也要受到上一期投资的影响，因此，在上述简单宏观经济模型中再引入 C_t 和 I_t 的滞后一期变量 C_{t-1} 和 I_{t-1}。这时修正的宏观经济模型可写为：

$$\begin{cases} C_t = \alpha_0 + \alpha_1 Y_t + \alpha_2 C_{t-1} + \mu_{1t} \\ I_t = \beta_0 + \beta_1 Y_t + \beta_2 I_{t-1} + \mu_{2t} \\ Y_t = C_t + I_t + G_t \end{cases} \tag{10.5.4}$$

用阶条件和秩条件对模型进行识别，结论是消费函数和投资函数均是过度识别，故该模型为过度识别。需要运用二段最小二乘法对方程组的参数进行估计。

10.6 联立方程模型实验

10.6.1 实验数据

以例 10.5.1 中国宏观经济模型分析为例进行说明。数据如表 10.6.1 所示，采用二阶段最小二乘法估计模型（10.5.4）。

表 10.6.1 我国 1978—2013 年的宏观数据　　　　　　　　　　　　单位：亿元

年份	国民收入（GDP）	消费（CONS）	投资（INV）	政府支出（GOV）	年份	国民收入（GDP）	消费（CONS）	投资（INV）	政府支出（GOV）
1978	3605.6	1759.1	1377.9	480	1996	74163.6	33955.9	28785	9963.6

续表

年份	国民收入 （GDP）	消费 （CONS）	投资 （INV）	政府支出 （GOV）	年份	国民收入 （GDP）	消费 （CONS）	投资 （INV）	政府支出 （GOV）
1979	4092.6	2011.5	1478.9	622.2	1997	81658.5	36921.5	29968	11219.1
1980	4592.9	2331.2	1599.7	676.7	1998	86531.6	39229.3	31314	12358.9
1981	5008.8	2627.9	1630.2	733.6	1999	91125	41920.4	32952	13716.5
1982	5590	2902.9	1784.2	811.9	2000	98749	45854.6	34843	15661.4
1983	6216.2	3231.1	2039	895.3	2001	109028	49435.9	39769	17498
1984	7362.7	3742	2515.1	1104.3	2002	120475.6	53056.6	45565	18759.9
1985	9076.7	4687.4	3457.5	1298.9	2003	136613.4	57649.8	55963	20035.7
1986	10508.5	5302.1	3941.9	1519.7	2004	160956.6	65218.5	69168	22334.1
1987	12277.4	6126.1	4462	1678.5	2005	187423.4	72958.7	77857	26398.8
1988	15388.6	7868.1	5700.2	1971.4	2006	222712.5	82575.5	92954	30528.4
1989	17311.3	8812.6	6332.7	2351.6	2007	266599.2	96332.5	110943	35900.4
1990	19347.8	9450.9	6747	2639.6	2008	315974.6	111670.4	138325	41752.1
1991	22577.4	10730.6	7868	3361.3	2009	348775.1	123584.6	164463	45690.2
1992	27565.2	13000.1	10086.3	4203.2	2010	402816.5	140758.6	193604	53356.3
1993	36938.1	16412.1	15717.7	5487.8	2011	472619.2	168956.6	228344	63154.9
1994	50217.4	21844.2	20341.1	7398	2012	529399.2	190584.6	252773	71409
1995	63216.9	28369.7	25470.1	8378.5	2013	586673	212187.5	280356	79978.1

10.6.2　实验步骤

打开一个新文件窗口，将数据导入 EViews，点击主功能菜单上的"Objectc"，选择"New Object"→"System"，在 Name of Object 处为联立方程模型取名（图中显示为 Untitled），如图 10.6.1 所示。

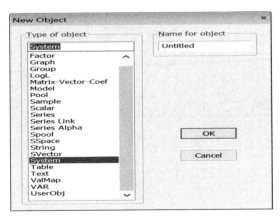

图 10.6.1　取名

点击"OK",显示 System 窗口。键入联立方程模型(10.5.4)与工具变量。如图 10-2 所示。

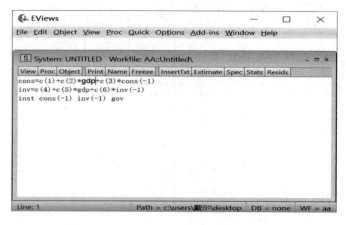

图 10.6.2　键入联立方程模型与工具变量

这里 cons 表示 C_t,gdp 表示 Y_t,inv 表示 I_t,gov 表示 G_t,取 C_{t-1}、I_{t-1}、G_t 为工具变量,窗口中第一行为联立方程模型(10.5.4)中消费方程表达式,第二行为联立方程模型(10.5.4)中投资方程的表达式,第三行为工具变量的定义。

点击 System 窗口上(见图 10.6.2)的 Estimation,弹出系统估计方法窗口(见图 10.6.3),有多种估计方法可供选择。选择"Two-Stage Least Squares"→"OK",估计结果如图 10.6.4 所示。

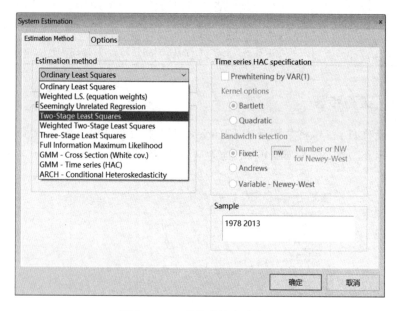

图 10.6.3　系统估计方法窗口

图 10.6.4　估计结果

根据以上估计结果,原联立方程(10.5.4)的估计为

消费方程:$\hat{C}_t = 1569.764 + 0.1352Y_t + 0.7006I_{t-1}$

投资方程:$\hat{I}_t = -1032.150 + 0.1497Y_t + 0.7859I_{t-1}$

收入方程:$Y_t = C_t + I_t + G_t$

通过以上分析方法,最终完成对该联立方程模型的估计。

【本章小结】

本章介绍了对于可识别的联立方程模型的参数估计方法——单方程估计方法。结构式递归模型可以直接采用普通最小二乘法,即便是非递归模型,普通最小二乘法仍然得到了大量运用。间接最小二乘法仅适用于结构式方程恰好识别的情形。工具变量法意在通过引入工具变量,降低或消除解释变量与随机项的依赖关系,通常适合于结构式方程恰好识别的情形,实际应用很少,但其为二阶段最小二乘法提供了准备。二阶段最小二乘法不仅适用于恰好识别的方程,而且也特别适用于过度识别的方程。对于恰好识别的方程,间接最小二乘法估计(ILS)、工具变量法(IV)和二阶段最小二乘法(2SLS)估计的参数估计量是等同的。

【关键术语】

普通最小二乘法,间接最小二乘法,工具变量法,二阶段最小二乘法,工具变量

【课后讨论】

二十大报告中,回顾了 2012 年十八大以来新时代十年的伟大变革,以及 2017 年十九大以来的五年工作,请尝试采用式 10.5.4 的联立方程模型,搜集我国 2012 至 2022 年、2017 年至 2022 年的对应变量经济数据,进行实验,并与 10.6.1 的数据实验结果进行对比分析,说明差异的状况及原因。

【思考与练习】

1. 名词解释

单方程估计方法,间接最小二乘法,工具变量,二阶段最小二乘法

2. 简答题

(1)联立方程模型参数估计的方法有哪些?

(2)在对联立方程模型参数估计时,普通最小二乘法、间接最小二乘法、二阶段最小二乘法的适用条件有何不同?

(3)工具变量法与二阶段最小二乘法有何联系?

3. 假若在分析中国经济时,所建立的宏观经济模型为:

$$\begin{cases} C_t = \alpha_0 + \alpha_1 Y_t + \alpha_2 C_{t-1} + \mu_{1t} \\ I_t = \beta_0 + \beta_1 Y_{t-1} + \mu_{2t} \\ Y_t = C_t + I_t + G_t \end{cases}$$

其中,C_t 表示消费;Y_t 表示国民收入;I_t 表示投资;G_t 表示政府支出;t 表示时间。C_t 和 Y_t 的滞后一期变量为 C_{t-1} 和 Y_{t-1}。

另知 1995—2013 年按支出法计算的国民收入(GDP)及相关消费、投资和政府支出如附录 E:

(1)试判断该联立方程模型的识别状况。

(2)若该模型中存在恰好识别的方程,试用间接最小二乘法对该方程进行参数估计。

(3)若该模型可识别,试估计该模型的参数。

即测即评

综合评估

附录

统计学用表

附表 1 t 分布的临界值

单测	0.1	0.05	0.025	0.01	0.005	0.0005
双测	0.2	0.1	0.05	0.02	0.01	0.001
1	3.07768	6.31375	12.70620	31.82052	63.65674	636.61925
2	1.88562	2.91999	4.30265	6.96456	9.92484	31.59905
3	1.63774	2.35336	3.18245	4.54070	5.84091	12.92398
4	1.53321	2.13185	2.77645	3.74695	4.60409	8.61030
5	1.47588	2.01505	2.57058	3.36493	4.03214	6.86883
6	1.43976	1.94318	2.44691	3.14267	3.70743	5.95882
7	1.41492	1.89458	2.36462	2.99795	3.49948	5.40788
8	1.39682	1.85955	2.30600	2.89646	3.35539	5.04131
9	1.38303	1.83311	2.26216	2.82144	3.24984	4.78091
10	1.37218	1.81246	2.22814	2.76377	3.16927	4.58689
11	1.36343	1.79588	2.20099	2.71808	3.10581	4.43698
12	1.35622	1.78229	2.17881	2.68100	3.05454	4.31779
13	1.35017	1.77093	2.16037	2.65031	3.01228	4.22083
14	1.34503	1.76131	2.14479	2.62449	2.97684	4.14045
15	1.34061	1.75305	2.13145	2.60248	2.94671	4.07277
16	1.33676	1.74588	2.11991	2.58349	2.92078	4.01500
17	1.33338	1.73961	2.10982	2.56693	2.89823	3.96513
18	1.33039	1.73406	2.10092	2.55238	2.87844	3.92165
19	1.32773	1.72913	2.09302	2.53948	2.86093	3.88341
20	1.32534	1.72472	2.08596	2.52798	2.84534	3.84952

续表

单测	0.1	0.05	0.025	0.01	0.005	0.0005
双测	0.2	0.1	0.05	0.02	0.01	0.001
21	1.32319	1.72074	2.07961	2.51765	2.83136	3.81928
22	1.32124	1.71714	2.07387	2.50832	2.81876	3.79213
23	1.31946	1.71387	2.06866	2.49987	2.80734	3.76763
24	1.31784	1.71088	2.06390	2.49216	2.79694	3.74540
25	1.31635	1.70814	2.05954	2.48511	2.78744	3.72514
26	1.31497	1.70562	2.05553	2.47863	2.77871	3.70661
27	1.31370	1.70329	2.05183	2.47266	2.77068	3.68959
28	1.31253	1.70113	2.04841	2.46714	2.76326	3.67391
29	1.31143	1.69913	2.04523	2.46202	2.75639	3.65941
30	1.31042	1.69726	2.04227	2.45726	2.75000	3.64596
40	1.30308	1.68385	2.02108	2.42326	2.70446	3.55097
50	1.29871	1.67591	2.00856	2.40327	2.67779	3.49601
60	1.29582	1.67065	2.00030	2.39012	2.66028	3.46020
70	1.29376	1.66691	1.99444	2.38081	2.64790	3.43501
80	1.29222	1.66412	1.99006	2.37387	2.63869	3.41634
90	1.29103	1.66196	1.98667	2.36850	2.63157	3.40194
100	1.29007	1.66023	1.98397	2.36422	2.62589	3.39049
110	1.28930	1.65882	1.98177	2.36073	2.62126	3.38118
120	1.28865	1.65765	1.97993	2.35782	2.61742	3.37345
∞	1.28155	1.64485	1.95996	2.32635	2.57583	3.29053

附表 2　F 分布的临界值($\alpha = 0.05$)

ν_2	ν_1															
	1	2	3	4	5	6	7	8	9	10	11	12	15	20	30	∞
1	161	200	216	225	230	234	237	239	241	242	243	244	246	248	250	254
2	18.5	19	19.2	19.3	19.3	19.3	19.4	19.4	19.4	19.4	19.4	19.4	19.4	19.5	19.5	19.5
3	10.1	9.55	9.28	9.12	9.01	8.94	8.89	8.85	8.81	8.79	8.76	8.74	8.7	8.66	8.62	8.53
4	7.71	6.94	6.59	6.39	6.26	6.16	6.09	6.04	6	5.96	5.94	5.91	5.86	5.8	5.75	5.63
5	6.61	5.79	5.41	5.19	5.05	4.95	4.88	4.82	4.77	4.74	4.7	4.68	4.62	4.56	4.5	4.36
6	5.99	5.14	4.76	4.53	4.39	4.28	4.21	4.15	4.1	4.06	4.03	4	3.94	3.87	3.81	3.67

ν_2	ν_1															
	1	2	3	4	5	6	7	8	9	10	11	12	15	20	30	∞
7	5.59	4.74	4.35	4.12	3.97	3.87	3.79	3.73	3.68	3.64	3.6	3.57	3.51	3.44	3.38	3.23
8	5.32	4.46	4.07	3.84	3.69	3.58	3.5	3.44	3.39	3.35	3.31	3.28	3.22	3.15	3.08	2.93
9	5.12	4.26	3.86	3.63	3.48	3.37	3.29	3.23	3.18	3.14	3.1	3.07	3.01	2.94	2.86	2.71
10	4.96	4.1	3.71	3.48	3.33	3.22	3.14	3.07	3.02	2.98	2.94	2.91	2.85	2.77	2.7	2.54
11	4.84	3.98	3.59	3.36	3.2	3.09	3.01	2.95	2.9	2.85	2.82	2.79	2.72	2.65	2.57	2.4
12	4.75	3.89	3.49	3.26	3.11	3	2.91	2.85	2.8	2.75	2.72	2.69	2.62	2.54	2.47	2.3
13	4.67	3.81	3.41	3.18	3.03	2.92	2.83	2.77	2.71	2.67	2.63	2.6	2.53	2.46	2.38	2.21
14	4.6	3.74	3.34	3.11	2.96	2.85	2.76	2.7	2.65	2.6	2.57	2.53	2.46	2.39	2.31	2.13
15	4.54	3.68	3.29	3.06	2.9	2.79	2.71	2.64	2.59	2.54	2.51	2.48	2.4	2.33	2.25	2.07
16	4.49	3.63	3.24	3.01	2.85	2.74	2.66	2.59	2.54	2.49	2.46	2.42	2.35	2.28	2.19	2.01
17	4.45	3.59	3.2	2.96	2.81	2.7	2.61	2.55	2.49	2.45	2.41	2.38	2.31	2.23	2.15	1.96
18	4.41	3.55	3.16	2.93	2.77	2.66	2.58	2.51	2.46	2.41	2.37	2.34	2.27	2.19	2.11	1.92
19	4.38	3.52	3.13	2.9	2.74	2.63	2.54	2.48	2.42	2.38	2.34	2.31	2.23	2.16	2.07	1.88
20	4.35	3.49	3.1	2.87	2.71	2.6	2.51	2.45	2.39	2.35	2.31	2.28	2.2	2.12	2.04	1.84
21	4.32	3.47	3.07	2.84	2.68	2.57	2.49	2.42	2.37	2.32	2.28	2.25	2.18	2.1	2.01	1.81
22	4.3	3.44	3.05	2.82	2.66	2.55	2.46	2.4	2.34	2.3	2.26	2.23	2.15	2.07	1.98	1.78
23	4.28	3.42	3.03	2.8	2.64	2.53	2.44	2.37	2.32	2.27	2.24	2.2	2.13	2.05	1.96	1.76
24	4.26	3.4	3.01	2.78	2.62	2.51	2.42	2.36	2.3	2.25	2.22	2.18	2.11	2.03	1.94	1.73
25	4.24	3.39	2.99	2.76	2.6	2.49	2.4	2.34	2.28	2.24	2.2	2.16	2.09	2.01	1.92	1.71
26	4.23	3.37	2.98	2.74	2.59	2.47	2.39	2.32	2.27	2.22	2.18	2.15	2.07	1.99	1.9	1.69
27	4.21	3.35	2.96	2.73	2.57	2.46	2.37	2.31	2.25	2.2	2.17	2.13	2.06	1.97	1.88	1.67
28	4.2	3.34	2.95	2.71	2.56	2.45	2.36	2.29	2.24	2.19	2.15	2.12	2.04	1.96	1.87	1.65
29	4.18	3.33	2.93	2.7	2.55	2.43	2.35	2.28	2.22	2.18	2.14	2.1	2.03	1.94	1.85	1.64
30	4.17	3.32	2.92	2.69	2.53	2.42	2.33	2.27	2.21	2.16	2.13	2.09	2.01	1.93	1.84	1.62
40	4.08	3.23	2.84	2.61	2.45	2.34	2.25	2.18	2.12	2.08	2.04	2	1.92	1.84	1.74	1.51
60	4	3.15	2.76	2.53	2.37	2.25	2.17	2.1	2.04	1.99	1.95	1.92	1.84	1.75	1.65	1.39

续表

ν_2	ν_1															
	1	2	3	4	5	6	7	8	9	10	11	12	15	20	30	∞
120	3.92	3.07	2.68	2.45	2.29	2.18	2.09	2.02	1.96	1.91	1.87	1.83	1.75	1.66	1.55	1.25
∞	3.84	3	2.6	2.37	2.21	2.1	2.01	1.94	1.88	1.83	1.79	1.75	1.67	1.57	1.46	1

F 分布的临界值 $(\alpha=0.01)$

ν_2	1	2	3	4	5	6	7	8	9	10	11	12	15	20	30	∞
1	4052	4999	5403	5625	5764	5859	5928	5981	6022	6056	6083	6106	6157	6209	6261	6366
2	98.5	99	99.2	99.3	99.3	99.3	99.4	99.4	99.4	99.4	99.4	99.4	99.4	99.5	99.5	99.5
3	34.1	30.8	29.5	28.7	28.2	27.9	27.7	27.5	27.4	27.2	27.1	27.1	26.9	26.7	26.5	26.1
4	21.2	18	16.7	16	15.5	15.2	15	14.8	14.7	14.6	14.5	14.4	14.2	14	13.8	13.5
5	16.3	13.3	12.1	11.4	11	10.7	10.5	10.3	10.2	10.1	9.96	9.89	9.72	9.55	9.38	9.02
6	13.8	10.9	9.78	9.15	8.75	8.47	8.26	8.1	7.98	7.87	7.79	7.72	7.56	7.4	7.23	6.88
7	12.3	9.55	8.45	7.85	7.46	7.19	6.99	6.84	6.72	6.62	6.54	6.47	6.31	6.16	5.99	5.65
8	11.3	8.65	7.59	7.01	6.63	6.37	6.18	6.03	5.91	5.81	5.73	5.67	5.52	5.36	5.2	4.86
9	10.6	8.02	6.99	6.42	6.06	5.8	5.61	5.47	5.35	5.26	5.18	5.11	4.96	4.81	4.65	4.31
10	10	7.56	6.55	5.99	5.64	5.39	5.2	5.06	4.94	4.85	4.77	4.71	4.56	4.41	4.25	3.91
11	9.65	7.21	6.22	5.67	5.32	5.07	4.89	4.74	4.63	4.54	4.46	4.4	4.25	4.1	3.94	3.6
12	9.33	6.93	5.95	5.41	5.06	4.82	4.64	4.5	4.39	4.3	4.22	4.16	4.01	3.86	3.7	3.36
13	9.07	6.7	5.74	5.21	4.86	4.62	4.44	4.3	4.19	4.1	4.02	3.96	3.82	3.66	3.51	3.17
14	8.86	6.51	5.56	5.04	4.69	4.46	4.28	4.14	4.03	3.94	3.86	3.8	3.66	3.51	3.35	3
15	8.68	6.36	5.42	4.89	4.56	4.32	4.14	4	3.89	3.8	3.73	3.67	3.52	3.37	3.21	2.87
16	8.53	6.23	5.29	4.77	4.44	4.2	4.03	3.89	3.78	3.69	3.62	3.55	3.41	3.26	3.1	2.75
17	8.4	6.11	5.18	4.67	4.34	4.1	3.93	3.79	3.68	3.59	3.52	3.46	3.31	3.16	3	2.65
18	8.29	6.01	5.09	4.58	4.25	4.01	3.84	3.71	3.6	3.51	3.43	3.37	3.23	3.08	2.92	2.57
19	8.18	5.93	5.01	4.5	4.17	3.94	3.77	3.63	3.52	3.43	3.36	3.3	3.15	3	2.84	2.49
20	8.1	5.85	4.94	4.43	4.1	3.87	3.7	3.56	3.46	3.37	3.29	3.23	3.09	2.94	2.78	2.42
21	8.02	5.78	4.87	4.37	4.04	3.81	3.64	3.51	3.4	3.31	3.24	3.17	3.03	2.88	2.72	2.36
22	7.95	5.72	4.82	4.31	3.99	3.76	3.59	3.45	3.35	3.26	3.18	3.12	2.98	2.83	2.67	2.31

续表

ν_2	1	2	3	4	5	6	7	8	9	10	11	12	15	20	30	∞
23	7.88	5.66	4.76	4.26	3.94	3.71	3.54	3.41	3.3	3.21	3.14	3.07	2.93	2.78	2.62	2.26
24	7.82	5.61	4.72	4.22	3.9	3.67	3.5	3.36	3.26	3.17	3.09	3.03	2.89	2.74	2.58	2.21
25	7.77	5.57	4.68	4.18	3.85	3.63	3.46	3.32	3.22	3.13	3.06	2.99	2.85	2.7	2.54	2.17
26	7.72	5.53	4.64	4.14	3.82	3.59	3.42	3.29	3.18	3.09	3.02	2.96	2.81	2.66	2.5	2.13
27	7.68	5.49	4.6	4.11	3.78	3.56	3.39	3.26	3.15	3.06	2.99	2.93	2.78	2.63	2.47	2.1
28	7.64	5.45	4.57	4.07	3.75	3.53	3.36	3.23	3.12	3.03	2.96	2.9	2.75	2.6	2.44	2.06
29	7.6	5.42	4.54	4.04	3.73	3.5	3.33	3.2	3.09	3	2.93	2.87	2.73	2.57	2.41	2.03
30	7.56	5.39	4.51	4.02	3.7	3.47	3.3	3.17	3.07	2.98	2.91	2.84	2.7	2.55	2.39	2.01
40	7.31	5.18	4.31	3.83	3.51	3.29	3.12	2.99	2.89	2.8	2.73	2.66	2.52	2.37	2.2	1.8
60	7.08	4.98	4.13	3.65	3.34	3.12	2.95	2.82	2.72	2.63	2.56	2.5	2.35	2.2	2.03	1.6
120	6.85	4.79	3.95	3.48	3.17	2.96	2.79	2.66	2.56	2.47	2.4	2.34	2.19	2.03	1.86	1.38
∞	6.63	4.61	3.78	3.32	3.02	2.8	2.64	2.51	2.41	2.32	2.25	2.18	2.04	1.88	1.7	1

附表 3 卡方分布临界值表

V	P						
	0.250	0.100	0.050	0.025	0.010	0.005	0.001
1	1.3233	2.70554	3.84146	5.02389	6.63490	7.87944	10.828
2	2.77259	4.60517	5.99146	7.37776	9.21034	10.5966	13.816
3	4.10834	6.25139	7.81473	9.3484	11.3449	12.8382	16.266
4	5.38527	7.77944	9.48773	11.1433	13.2767	14.8603	18.467
5	6.62568	9.23636	11.0705	12.8325	15.0863	16.7496	20.515
6	7.84080	10.6446	12.5916	14.4494	16.8119	18.5476	22.458
7	9.03715	12.0170	14.0671	16.0128	18.4753	20.2777	24.322
8	10.2189	13.3616	15.5073	17.5345	20.0902	21.9550	26.125
9	11.3888	14.6837	16.9190	19.0228	21.6660	23.5894	27.877
10	12.5489	15.9872	18.3070	20.4832	23.2093	25.1882	29.588
11	13.7007	17.2750	19.6751	21.9200	24.7250	26.7568	31.264
12	14.8454	18.5493	21.0261	23.3367	26.2170	28.2995	32.909

续表

V	P						
	0.250	0.100	0.050	0.025	0.010	0.005	0.001
13	15.9839	19.8119	22.3620	24.7356	27.6882	29.8195	34.528
14	17.1169	21.0641	23.6848	26.1189	29.1412	31.3194	36.123
15	18.2451	22.3071	24.9958	27.4884	30.5779	32.8013	37.697
16	19.3689	23.5418	26.2962	28.8454	31.9999	34.2672	39.252
17	20.4887	24.7690	28.5871	30.191	33.4087	35.7185	40.790
18	21.6049	25.9894	28.8693	31.5264	34.8053	37.1565	42.312
19	22.7178	27.2036	30.1435	32.8523	36.1909	38.5823	43.820
20	23.8277	28.4120	31.4104	34.1696	37.5662	39.9968	45.315
21	24.9348	29.6151	32.6706	35.4789	38.9322	41.4011	46.797
22	26.0393	30.8133	33.9244	36.7807	40.2894	42.7957	48.268
23	27.1413	32.0069	35.1725	38.0756	41.6384	44.1813	49.728
24	28.2412	33.1962	36.4155	39.3641	42.9798	45.5585	51.179
25	29.3389	34.3816	37.6525	40.6465	44.3141	46.9279	52.618
26	30.4346	35.5632	38.8851	41.9232	45.6417	48.2899	54.052
27	31.5284	36.7412	40.1133	43.1945	46.9629	46.6449	55.476
28	32.6205	37.9159	41.3371	44.4608	48.2782	50.9934	56.892
29	33.7109	39.0875	42.5570	45.7223	49.5879	52.3356	58.301
30	34.7997	40.2560	43.7730	46.9792	50.8922	53.6720	59.703
40	45.6160	51.8051	55.7585	59.3417	63.6907	66.7660	73.402
50	56.3336	63.1671	67.5048	71.4202.	76.1539	79.4900	86.661
60	66.9815	74.3970	79.0819	83.2977	88.3794	91.9517	99.607
70	77.5767	85.5270	90.5312	95.0232	100.425	104.215	112.317
80	88.1303	96.5782	101.879	106.629	112.329	116.321	124.839
90	98.6499	107.565	113.145	118.136	124.116	128.299	137.208
100	109.141	118.498	124.342	129.561	135.807	140.169	149.449

附表 4 Durbin-Watson 检验表 $\alpha = 0.05$

n	$k=2$		$k=3$		$k=4$		$k=5$		$k=6$	
	d_L	d_U	d_L	d_U	d_L	d_U	d_L	d_U	d_L	d_U
15	1.08	1.36	0.95	1.54	0.82	1.75	0.69	1.97	0.56	2.21
16	1.1	1.37	0.98	1.54	0.86	1.73	0.74	1.93	0.62	2.15
17	1.13	1.38	1.02	1.54	0.9	1.71	0.78	1.9	0.67	2.1
18	1.16	1.39	1.05	1.53	0.93	1.69	0.82	1.87	0.71	2.06
19	1.18	1.4	1.08	1.53	0.97	1.68	0.86	1.85	0.75	2.02
20	1.2	1.41	1.1	1.54	1	1.68	0.9	1.83	0.79	1.99
21	1.22	1.42	1.13	1.54	1.03	1.67	0.93	1.81	0.83	1.96
22	1.24	1.43	1.15	1.54	1.05	1.66	0.96	1.8	0.86	1.94
23	1.26	1.44	1.17	1.54	1.08	1.66	0.99	1.79	0.9	1.92
24	1.27	1.45	1.19	1.55	1.1	1.66	1.01	1.78	0.93	1.9
25	1.29	1.45	1.21	1.55	1.12	1.65	1.04	1.77	0.95	1.89
26	1.3	1.46	1.22	1.55	1.14	1.65	1.06	1.76	0.98	1.88
27	1.32	1.47	1.24	1.56	1.16	1.65	1.08	1.76	1.01	1.86
28	1.33	1.48	1.26	1.56	1.18	1.65	1.1	1.75	1.03	1.85
29	1.34	1.48	1.27	1.56	1.2	1.65	1.12	1.74	1.05	1.81
30	1.35	1.49	1.28	1.57	1.21	1.65	1.14	1.74	1.07	1.83
31	1.36	1.5	1.3	1.57	1.23	1.65	1.16	1.74	1.09	1.83
32	1.37	1.5	1.31	1.57	1.24	1.65	1.18	1.73	1.11	1.82
33	1.38	1.51	1.32	1.58	1.26	1.65	1.19	1.73	1.13	1.81
34	1.39	1.51	1.33	1.58	1.27	1.65	1.21	1.73	1.15	1.81
35	1.4	1.52	1.34	1.58	1.28	1.65	1.22	1.73	1.16	1.8
36	1.41	1.52	1.35	1.59	1.29	1.65	1.24	1.73	1.18	1.8
37	1.42	1.53	1.36	1.59	1.31	1.66	1.25	1.72	1.19	1.8
38	1.43	1.54	1.37	1.59	1.32	1.66	1.26	1.72	1.21	1.79
39	1.43	1.54	1.38	1.6	1.33	1.66	1.27	1.72	1.22	1.79
40	1.44	1.54	1.39	1.6	1.34	1.66	1.29	1.72	1.23	1.79
45	1.48	1.57	1.43	1.62	1.38	1.67	1.34	1.72	1.29	1.78
50	1.5	1.59	1.46	1.63	1.42	1.67	1.38	1.72	1.34	1.77
55	1.53	1.6	1.49	1.64	1.45	1.68	1.41	1.72	1.38	1.77
60	1.55	1.62	1.51	1.65	1.48	1.69	1.44	1.73	1.41	1.77
65	1.57	1.63	1.54	1.66	1.5	1.7	1.47	1.73	1.44	1.77

续表

n	k=2 d_L	d_U	k=3 d_L	d_U	k=4 d_L	d_U	k=5 d_L	d_U	k=6 d_L	d_U
70	1.58	1.64	1.55	1.67	1.52	1.7	1.49	1.74	1.46	1.77
75	1.6	1.65	1.57	1.68	1.54	1.71	1.51	1.74	1.49	1.77
80	1.61	1.66	1.59	1.69	1.56	1.72	1.53	1.74	1.51	1.77
85	1.62	1.67	1.6	1.7	1.57	1.72	1.55	1.75	1.52	1.77
90	1.63	1.68	1.61	1.7	1.59	1.73	1.57	1.75	1.54	1.78
95	1.64	1.69	1.62	1.71	1.6	1.73	1.58	1.75	1.56	1.78
100	1.65	1.69	1.63	1.72	1.61	1.74	1.59	1.76	1.57	1.78

Durbin-Watson 检验表 $\alpha=0.01$

n	k=2 d_L	d_U	k=3 d_L	d_U	k=4 d_L	d_U	k=5 d_L	d_U	k=6 d_L	d_U
15	0.81	1.07	0.7	1.25	0.59	1.46	0.49	1.7	0.39	1.96
16	0.84	1.09	0.74	1.25	0.63	1.44	0.53	1.66	0.44	1.9
17	0.87	1.1	0.77	1.25	1.67	1.43	0.57	1.63	0.48	1.85
18	0.9	1.12	0.8	1.26	0.71	1.42	0.61	1.6	0.52	1.8
19	0.93	1.13	0.83	1.27	0.74	1.41	0.65	1.58	0.56	1.74
20	0.95	1.15	0.86	1.27	0.77	1.41	0.68	1.57	0.6	1.74
21	0.97	1.16	0.89	1.27	0.8	1.41	0.72	1.55	0.63	1.71
22	1	1.17	0.91	1.28	0.83	1.4	0.75	1.54	0.66	1.69
23	1.02	1.19	0.94	1.29	0.86	1.4	0.77	1.53	0.7	1.67
24	1.04	1.2	0.96	1.3	0.88	1.41	0.8	1.53	0.72	1.66
25	1.05	1.21	0.98	1.3	0.9	1.41	0.83	1.52	0.75	1.65
26	1.07	1.22	1	1.31	0.93	1.41	0.85	1.52	0.78	1.64
27	1.09	1.23	1.02	1.32	0.95	1.41	0.88	1.51	0.81	1.63
28	1.1	1.24	1.04	1.32	0.97	1.41	0.9	1.51	0.83	1.62
29	1.12	1.25	1.05	1.33	0.99	1.42	0.92	1.51	0.85	1.61
30	1.13	1.26	1.07	1.34	1.01	1.42	0.94	1.51	0.88	1.61
31	1.15	1.27	1.08	1.34	1.02	1.42	0.96	1.51	0.9	1.6
32	1.16	1.28	1.1	1.35	1.04	1.43	0.98	1.51	0.92	1.6
33	1.17	1.29	1.11	1.36	1.05	1.43	1	1.51	0.94	1.59
34	1.18	1.3	1.13	1.36	1.07	1.43	1.01	1.51	0.95	1.59

n	$k=2$		$k=3$		$k=4$		$k=5$		$k=6$	
	d_L	d_U	d_L	d_U	d_L	d_U	d_L	d_U	d_L	d_U
35	1.19	1.31	1.14	1.37	1.08	1.44	1.03	1.51	0.97	1.59
36	1.21	1.32	1.15	1.38	1.1	1.44	1.04	1.51	0.99	1.59
37	1.22	1.33	1.16	1.38	1.11	1.45	1.06	1.51	1	1.59
38	1.23	1.34	1.18	1.39	1.12	1.45	1.07	1.52	1.02	1.58
39	1.24	1.34	1.19	1.39	1.14	1.45	1.09	1.52	1.03	1.58
40	1.25	1.38	1.2	1.4	1.15	1.46	1.1	1.52	1.05	1.58
45	1.29	1.4	1.24	1.42	1.2	1.48	1.16	1.53	1.11	1.58
50	1.32	1.43	1.28	1.45	1.24	1.49	1.2	1.54	1.16	1.59
55	1.36	1.45	1.32	1.47	1.28	1.51	1.25	1.55	1.21	1.59
60	1.38	1.47	1.35	1.48	1.32	1.52	1.28	1.56	1.25	1.6
65	1.41	1.49	1.38	1.5	1.35	1.53	1.31	1.57	1.28	1.61
70	1.43	1.5	1.4	1.52	1.37	1.55	1.34	1.58	1.31	1.61
75	1.45	1.52	1.42	1.53	1.39	1.56	1.37	1.59	1.34	1.62
80	1.47	1.53	1.44	1.54	1.42	1.57	1.39	1.6	1.36	1.62
85	1.48	1.54	1.46	1.55	1.43	1.58	1.41	1.6	1.39	1.63
90	1.5	1.55	1.47	1.56	1.45	1.59	1.43	1.61	1.41	1.64
95	1.51	1.56	1.49	1.57	1.47	1.6	1.45	1.62	1.42	1.64
100	1.52	1.57	1.5	1.58	1.48	1.6	1.46	1.63	1.44	1.65

参考文献

［1］程正源.计量经济学:理论与试验[M].上海:上海财经大学出版社,2009

［2］杜江.计量经济学及其应用[M].北京:机械工业出版社,2009

［3］高铁梅.计量经济分析方法与建模:EViews 应用及实例[M].北京:清华大学出版社,2006

［4］古亚拉提.计量经济学精要[M].3 版.张涛,译.北京:机械工业出版社,2000

［5］古扎拉蒂.计量经济学原理与方法[M].李井奎,译.北京:中国人民大学出版社,2013

［6］克里斯·布鲁克斯.金融计量经济学导论[M].邹宏元,译.四川:西南财经大学出版社,2005.

［7］拉玛纳山.应用经济计量学[M].薛菁睿,译.北京:机械工业部出版社,2003

［8］李子奈.计量经济学[M].4 版.北京:高等教育出版社,2018

［9］罗伯特·平狄克.计量经济模型与经济预测[M].钱小军,译.北京:机械工业出版社,2005

［10］潘文卿,李子奈.计量经济学学习指南与练习[M].北京:高等教育出版社,2019

［11］庞皓.计量经济学[M].2 版.成都:西南财经大学出版社,2002.

［12］孙敬水.计量经济学[M].北京:清华大学出版社,2004

［13］王文博.计量经济学[M].陕西:西安交大出版社,2004

［14］杰弗里·M.伍德里奇.计量经济学导论:现代观点[M].6 版.北京:中国人民大学出版社,2018

［15］尹希果.计量经济学原理与操作[M].重庆:重庆大学出版社,2009

［16］袁建文.经济计量实验[M].北京:科学出版社,2002

［17］詹姆斯·H.斯托克,马克·W.沃森.计量经济学导论[M].上海:上海财经大学出版社,2002

［18］张定胜.计量经济学[M].武汉:武汉大学出版社,2000

［19］张晓彤.Eviews 使用指南与案例[M].北京:科学出版社,2008